Dublin

et ses environs

2022/2023

Cofondateurs : Philippe GLOAGUEN et Michel DUVAL

Directeur de collection et auteur
Philippe GLOAGUEN

Secrétaire général
Gavin's CLEMENTE-RUIZ

Rédacteurs en chef
Amanda KERAVEL (France)
Benoît LUCCHINI (Étranger)

Directrice administrative
Bénédicte GLOAGUEN

Conseiller à la rédaction
Pierre JOSSE

Responsable voyages
Carole BORDES

Direction éditoriale
Élise ERNEST

Rédaction
Isabelle AL SUBAIHI
Emmanuelle BAUQUIS
Mathilde de BOISGROLLIER
Marie BURIN des ROZIERS
Camille CAMPET
Diane CAPRON
Véronique de CHARDON
Laura CHARLIER
Florence CHARMETANT
Fiona DEBRABANDER
Géraldine LEMAUF-BEAUVOIS
Alain PALLIER
Anne POINSOT
Alexia POULAIN

hachette

TABLE DES MATIÈRES

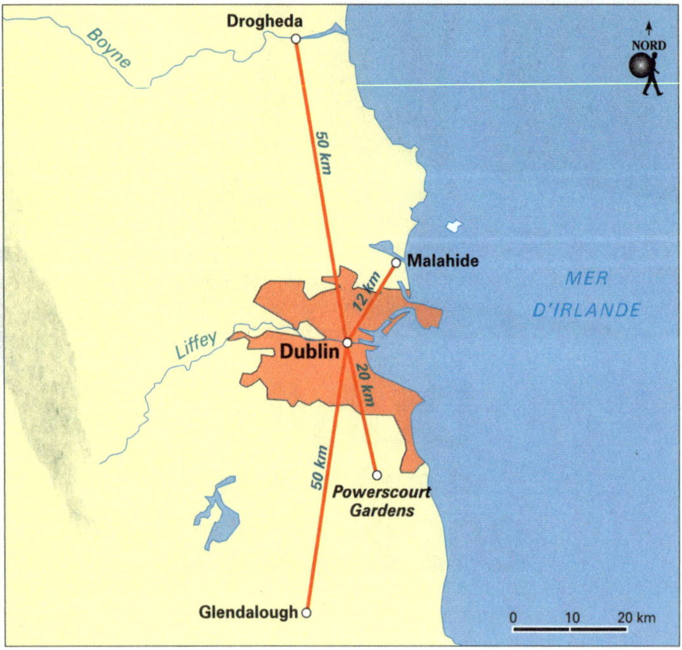

PRÉAMBULE

COMMENT Y ALLER ? 36

DUBLIN UTILE 45

Important : dernière minute

Entre deux parutions du *Routard*, des événements fortuits (conditions sanitaines, catastrophes naturelles mais aussi formalités, taux de change, conditions d'accès aux sites, fermetures inopinées, etc.) peuvent modifier vos projets de voyage. Pour éviter les déconvenues, nous vous recommandons de consulter la rubrique « Guide » par pays de notre site • **routard.com** • et plus particulièrement les dernières ***Actus voyageurs.***

☎ **112 :** c'est le numéro d'urgence commun à la France et à tous les pays de l'UE, à composer en cas d'accident, agression ou détresse. Il permet de se faire localiser et aider en français, tout en améliorant les délais d'intervention des services de secours.

L'écrivain James Joyce, immortalisé

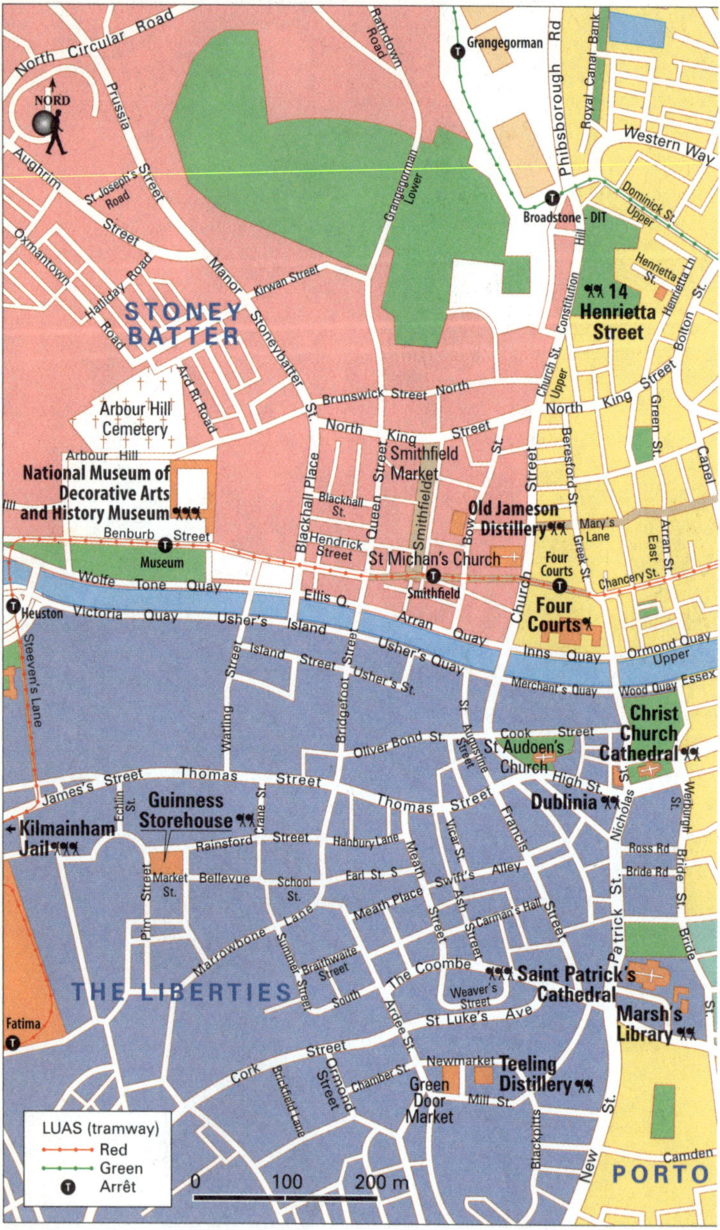
NORD
North Circular Road
Prussia Street
Aughrim Street
St Joseph's Road
Oxmantown
Halliday Road
Manor Street
Kirwan Street
Stoneybatter
STONEY BATTER
Ard Ri Road
Arbour Hill Cemetery
Arbour Hill
National Museum of Decorative Arts and History Museum
Benburb Street
Museum
Wolfe Tone Quay
Heuston
Victoria Quay
Steeven's Lane
Rathdown Road
Grangegorman
Grangegorman Lower
Phibsborough Rd
Royal Canal Bank
Western Way
Broadstone - DIT
Dominick St. Upper
Constitution Hill
Henrietta St.
Henrietta Ln
Bolton St.
14 Henrietta Street
Brunswick Street North
North King Street
Church St. Upper
Blackhall Place
Queen Street
Smithfield Market
Smithfield
Blackhall St.
Hendrick Street
Bow St.
Old Jameson Distillery
St Michan's Church
Church Street
Beresford St.
Green St.
Capel
Mary's Lane
East Arran St.
Arran St.
Four Courts
Greek St.
Chancery St.
Ellis Q.
Usher's Island
Arran Quay
Inns Quay
Ormond Quay Upper
Essex
Wood Quay
Merchant's Quay
Usher's Quay
Usher's St.
Island Street
Watling Street
Bridgefoot Street
St Augustine Street
Oliver Bond St.
Cook Street
St Audoen's Church
Christ Church Cathedral
High St.
Dublinia
Nicholas St.
Werburgh St.
James's Street
Thomas Street
Echlin St.
Guinness Storehouse
Crane St.
Kilmainham Jail
Rainsford Street
Hanbury Lane
Vicar St.
Francis Street
Ross Rd
Bride Rd
Bride St.
Market St.
Bellevue
School St.
Earl St. S
Meath Street
Swift's Alley
Ash Street
Meath Place
Carman's Hall
Patrick St.
Pim Street
Marrowbone Lane
Summer Street
Braithwaite Street
South
The Coombe
Weaver's Street
Saint Patrick's Cathedral
THE LIBERTIES
Ardee St.
St Luke's Ave
Marsh's Library
Fatima
Cork Street
Brickfield Lane
Ormond Street
Chamber St.
Newmarket
Green Door Market
Teeling Distillery
Mill St.
Blackpitts
New St.
Camden
PORTO
LUAS (tramway)
Red
Green
Arrêt
0
100
200 m

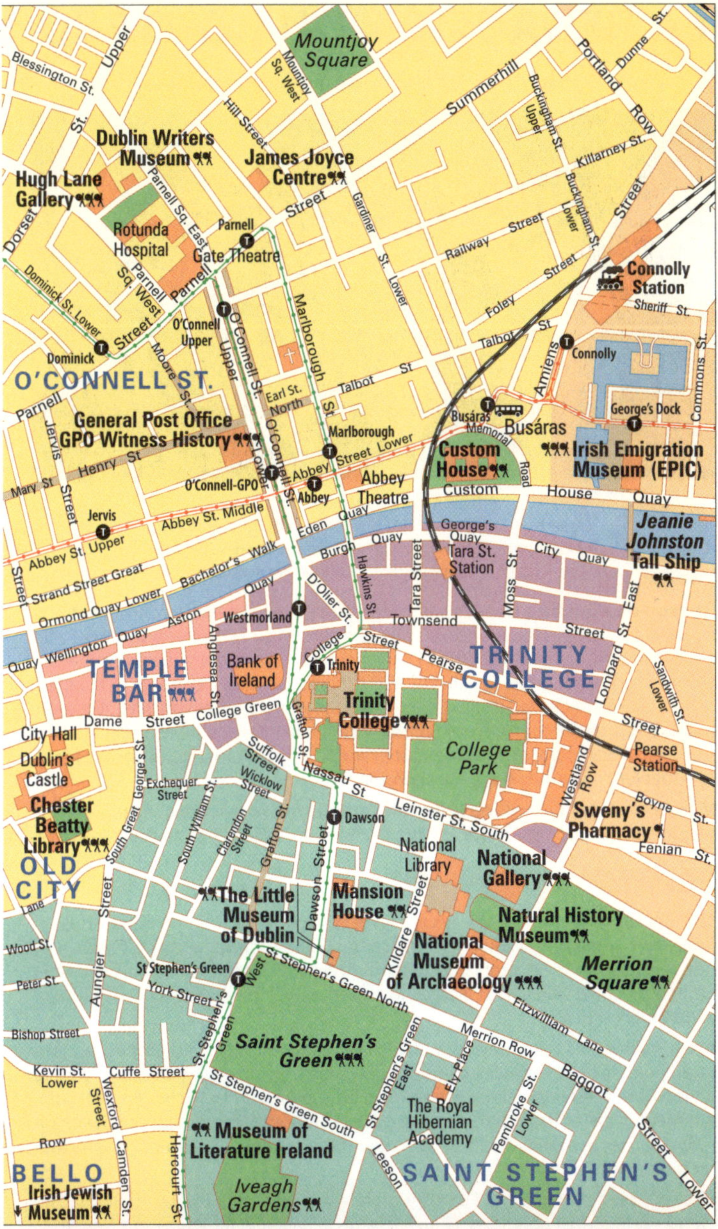
Mountjoy Square
Mountjoy Sq. West
Blessington St.
Upper
St.
Hill Street
Summerhill
Buckingham St. Upper
Portland
Row
Dunne St.
Killarney St.
Dublin Writers Museum
James Joyce Centre
Hugh Lane Gallery
Parnell Sq. East
Gardiner
St. Lower
Street
Buckingham St. Lower
Dorset
Rotunda Hospital
Parnell
Gate Theatre
Railway
Street
Connolly Station
Sheriff St.
Dominick St. Lower
Parnell Sq. West
Parnell
Marlborough
Foley
Street
O'Connell Upper
Talbot
St
Connolly
Dominick
Street
Moore St.
Upper
O'Connell St.
Amiens
Commons St.
O'CONNELL ST.
Earl St. North
Talbot
St
Parnell
Jervis
General Post Office
GPO Witness History
O'Connell St.
Lower
Marlborough
Busáras
Busáras
Memorial
George's Dock
Mary St
Henry St
Street
Abbey
Street Lower
Custom House
Road
Irish Emigration Museum (EPIC)
O'Connell-GPO
Abbey
Abbey Theatre
Custom
House
Quay
Jervis
Abbey St. Middle
Eden
Quay
George's Quay
Jeanie Johnston Tall Ship
Abbey St. Upper
Bachelor's Walk
Burgh
Quay
Tara St. Station
City
Quay
Street
Strand Street Great
Hawkins St.
Tara Street
Moss St.
Ormond Quay Lower
Quay
D'Olier St.
East
Aston
Westmorland
Townsend
Street
Quay
Wellington
Quay
College
Street
Pearse
TRINITY COLLEGE
Lombard St.
Sandwith St. Lower
TEMPLE BAR
Anglesea St.
Bank of Ireland
Trinity
Trinity College
Dame
Street
College Green
Grafton St.
Street
City Hall
Dublin's Castle
Suffolk Street
College Park
Pearse Station
George's St.
Exchequer Street
Wicklow Street
Nassau
St
Westland Row
Boyne
St.
Chester Beatty Library
South Great
South William St.
Clarendon Street
Grafton St.
Dawson
Leinster St. South
Sweny's Pharmacy
Fenian
St.
National Library
National Gallery
OLD CITY
Street
Dawson Street
Lane
The Little Museum of Dublin
Mansion House
Kildare Street
Natural History Museum
Wood St.
National Museum of Archaeology
Merrion Square
St Stephen's Green
West
St Stephen's Green North
Peter St.
Aungier
York Street
Fitzwilliam
Lane
Bishop Street
St Stephen's Green
Saint Stephen's Green
St Stephen's Green East
Merrion Row
Ely Place
Baggot
Kevin St. Lower
Cuffe
Street
Wexford Street
St Stephen's Green South
Pembroke St. Lower
The Royal Hibernian Academy
Street
Museum of Literature Ireland
Row
Camden St.
Harcourt St.
Leeson
SAINT STEPHEN'S GREEN
Lower
BELLO
Irish Jewish Museum
Iveagh Gardens

DUBLIN

LA RÉDACTION DU ROUTARD

(sans oublier nos 50 enquêteurs, aussi sur le terrain)

**Benoît, Anne, Alain, Gavin's,
Géraldine, Fiona, Mathilde, Camille, Véronique, Isabelle,
Alexia, Laura, Diane, Bénédicte, Florence, Jean-Sébastien,
Carole, Philippe, Amanda, Marie, Emmanuelle**

La saga du *Routard* : en 1971, deux étudiants, Philippe et Michel, avaient une furieuse envie de découvrir le monde. De retour du Népal germe l'idée d'un guide différent qui regrouperait tuyaux malins et itinéraires sympa, destiné aux jeunes fauchés en quête de liberté. 1973. Après 19 refus d'éditeurs et la faillite de leur première maison d'édition, l'aventure commence vraiment avec Hachette. Aujourd'hui, Le *Routard*, c'est plus d'une cinquantaine d'enquêteurs impliqués et sincères. Ils parcourent le monde toute l'année dans l'anonymat et s'acharnent à restituer leurs coups de cœur avec passion.

Merci à tous les Routards qui sont solidaires de nos convictions : liberté et indépendance d'esprit ; découverte et partage ; sincérité, tolérance et respect des autres.

NOS SPÉCIALISTES DUBLIN

Camille Campet: nourrie par les récits de voyage de sa grand-mère, elle développe très jeune une passion pour l'inconnu. Pour assouvir sa curiosité, elle sort des sentiers battus et emprunte des routes moins fréquentées, préservées et authentique. Ses adresses préférées ? Les petites pépites secrètes qui échappent au premier coup d'œil.

Alain Pallier : il a longtemps été un lecteur du *Routard,* qui l'accompagnait toujours pendant ses vacances d'enseignant. Après un premier contact, à la suite d'un courrier de lecteur, la direction l'a sollicité pour quitter le chemin de l'enseignement. Il a alors trouvé son bonheur sur les routes buissonnières en devenant rédacteur, responsable de titres. Avec, comme terres de prédilection, le pourtour méditerranéen et l'Afrique.

Pierre Josse : sa maman fut l'une des premières à adhérer aux AJ en 1936. Elle mit Pierre sur un bateau pour ses 17 ans et le laissa naviguer 14 jours pour New York. Voyage fondateur. Il y en eut plein d'autres (une centaine de pays au compteur), notamment en 37 ans de *Routard* (de correcteur à rédac' chef). Ses passions : la rencontre, l'étonnement, puis la transmission.

Pictogrammes du Routard

Établissements

- Hôtel, auberge, chambre d'hôtes
- Camping
- Restaurant
- Terrasse
- Pizzeria
- Boulangerie, sandwicherie
- Pâtisserie
- Glacier
- Café, salon de thé
- Café, bar
- Bar musical
- Club, boîte de nuit
- Salle de spectacle
- Boutique, magasin, marché

Infos pratiques

- Office de tourisme
- Poste
- Accès Internet
- Hôpital, urgences
- Adapté aux personnes handicapées

Sites

- Présente un intérêt touristique
- Point de vue
- Plage
- Spot de surf
- Site de plongée
- Recommandé pour les enfants
- Inscrit au Patrimoine mondial de l'Unesco
- Pas de côté

Transports

- Aéroport
- Gare ferroviaire
- Gare routière, arrêt de bus
- Station de métro
- Station de tramway
- Parking
- Taxi
- Taxi collectif
- Bateau
- Bateau fluvial
- Piste cyclable, parcours à vélo

Recommandation à ceux qui souhaitent profiter des réductions et avantages proposés dans le *Routard* par les hôteliers et les restaurateurs.

À l'hôtel, pensez à les demander au moment de la réservation ou bien lors de votre **arrivée.** Ils ne sont valables que pour les réservations en direct et non cumulables avec d'autres offres promotionnelles (notamment sur internet). Au restaurant, parlez-en **au moment** de la commande et surtout **avant** que l'addition soit établie. Poser votre *Routard* sur la table ne suffit pas : le personnel de salle n'est pas toujours au courant et une fois le ticket de caisse imprimé, il est souvent difficile de modifier le total. En cas de doute, montrez la notice relative à l'établissement dans *Le Routard* de l'année et, bien sûr, ne manquez pas de nous faire part de toute difficulté rencontrée.

Le *Routard* est imprimé sur un papier issu de forêts gérées.

I.S.B.N. 978-2-01-717197-3

Grattan Bridge

« Les humains vivent en trouvant refuge dans le cœur des autres. »
Proverbe irlandais

Enfin une **capitale à taille humaine,** à découvrir à pied ! Les Dublinois aiment arpenter le bitume, entre 2 emplettes sur O'Connell Street. Rien n'est jamais très loin dans ce centre historique où se côtoient quartiers flambant neufs, entrepôts délabrés, ou ruelles qui paraissent sortir du XIXe s.
La Liffey sépare la ville en 2 parties : **rive nord,** les grandes artères commerçantes, les grands monuments civils ; **rive sud,** les vestiges de la ville médiévale, l'université et les belles demeures georgiennes rappelant le **passé aristocratique** de Dublin. L'animation est grande des 2 côtés du fleuve : rive nord, elle est plus populaire autour de Talbot Street et Henry Street ; rive sud, l'atmosphère est un peu plus sophistiquée, surtout sur Grafton Street, et à la fois plus jeune avec les étudiants de Trinity College… Et partout, de **magnifiques musées** pour occuper les journées pluvieuses !
Dublin se révèle vraiment **une ville à part ;** d'ailleurs, beaucoup de gens vous diront que ce n'est pas vraiment l'Irlande. Bien qu'elle ait été le **berceau du nationalisme irlandais,** elle n'en demeure pas moins marquée par son **passé britannique.**
Prenez donc le temps de découvrir cette ville. Dublin doit être vue sous toutes ses facettes : les belles rues et les **quartiers georgiens,** bien sûr, mais aussi les aspects les moins évidents, les plus cachés, ruelles, passages, cours intérieures, terrains vagues… Bref, un **quotidien insolite** que l'on ne perçoit plus, tant l'œil l'a banalisé.
Dublin, c'est **une ville grise tout en couleurs,** aux contradictions attachantes, à l'adorable caractère décousu… Petit à petit, la ville reprend des forces, passe à la vitesse supérieure sans pour autant rompre avec son identité. Et c'est ça qui est saisissant, ce contraste entre la tradition des briques rouges, la musique folklorique et le béton brut de décoffrage ou la pop qui envahit les salles de concert.

La statue de Daniel O'Connell

NOS COUPS DE CŒUR

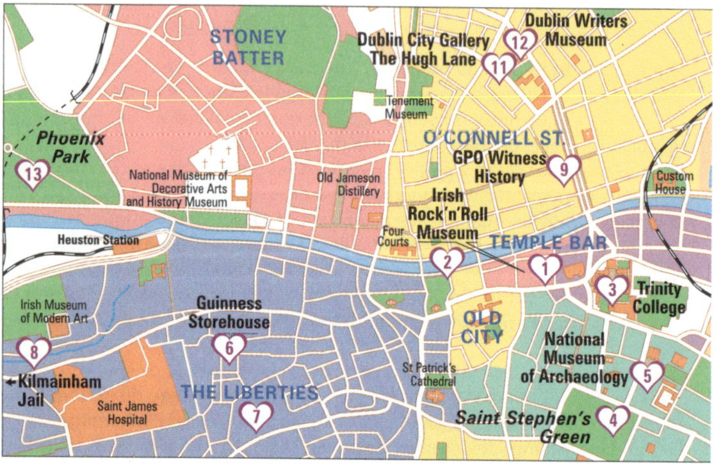

1 À Dublin, dans Temple Bar, s'entraîner (raisonnablement) au *pub crawl* (littéralement « ramper de bar en bar »).

Ce quartier, où quelques ruelles sont décorées de fresques murales, a une étonnante vitalité de jour comme de nuit. Tous les pubs ne se valent pas ; une bonne quinzaine, patinés par le temps, méritent même l'appellation d'historiques. *p. 89, 90*

***Bon à savoir :** bien sûr, on peut se fier à son instinct (ou à son guide préféré) pour sélectionner ses pubs, mais il existe aussi des tours organisés et même un* Literary Pub Crawl *qui donne l'occasion de passer par les pubs fréquentés autrefois par de grands écrivains.*

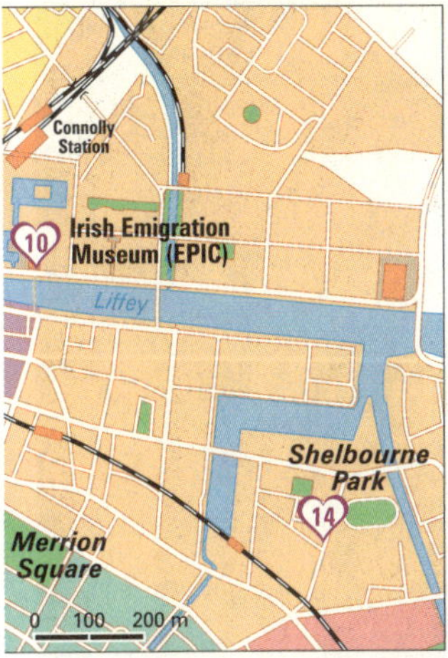

© John Warburton Lee/hemis.fr

2 **Ressentir les bonnes vibrations de l'*Irish Rock'n Roll Museum !***
L'occasion de se rendre compte de l'immense contribution de l'Irlande aux musiques du monde (par exemple, la musique country américaine et le bluegrass). De plus, sa musique traditionnelle est connue du monde entier. Tout comme le rock irlandais, d'un dynamisme époustouflant ! U2, Rory Gallagher, les Pogues, Thin Lizzy, Van Morrison, Sinéad O'Connor, les Corrs, les Cranberries… Musée riche en témoignages, anecdotes insolites, disques d'or et guitares mythiques… *p. 92*
Bon à savoir : *même si le musée s'avère très visuel, posséder un bon anglais permet de saisir tout l'humour des guides…*

3 **Dans Trinity College, admirer le fameux *Book of Kells,* un superbe manuscrit enluminé du IXe s.**

C'est le livre le plus précieux conservé en Irlande (un Nouveau Testament en latin). Pour le contempler, il suffit d'entrer dans ce haut lieu de la culture irlandaise, une des universités européennes les plus réputées. C'est aussi un îlot de verdure en centre-ville. *p. 93*

Bon à savoir : la visite de la vieille bibliothèque, où est conservé le manuscrit, est assez chère et prisée, il est conseillé de réserver en ligne.

4 **Déambuler dans la ville, à la découverte des trésors de l'architecture classique dite georgienne.**

De grands monuments publics ou privés comme la Bank of Ireland, anciennement le Parlement irlandais, la Custom House, ou de belles places, comme Saint Stephen's Green ou Merrion Square. Tous sont magnifiquement conservés. Pourquoi « georgien » d'ailleurs ? Simplement parce que les 4 rois qui se succédèrent de 1714 à 1830 s'appelaient George… Quant à l'architecture des immeubles, elle témoigne bien de la philosophie protestante : pas d'ostentation dans l'opulence, la façade est austère. Seule l'élégante porte d'entrée révélait le standing du lieu ! *p. 94, 98, 104*

Plonger dans l'histoire médiévale de la ville.

Visiter la National Museum of Archaeology (fabuleux bijoux du VIIe au IXe s, l'Âge d'or de l'Irlande, dont la célèbre broche de Tara), l'intéressante exposition Dublinia ou la cathédrale Christ Church, juste à côté, fondée par les Normands. Le passé viking de la ville est souvent méconnu et pourtant les origines de la capitale remontent à un fort édifié par les Vikings. Certes, ces derniers ont été vaincus et se sont assimilés aux Celtes, avant que les Normands (eux aussi des descendants des Vikings !) n'arrivent sur l'île. *p. 95, 99, 100*

Visiter la Guinness Storehouse pour découvrir les secrets de fabrication (enfin, pas tous !) de ce breuvage.

La *Guinness* fait partie intégrante de l'identité irlandaise et, bien sûr, vous y dégusterez cette bière (avec modération). Remarquable scénographie, sur plusieurs étages, au milieu des cuves géantes, pour comprendre l'élaboration de la plus célèbre bière brune au monde… En prime, un stout à déguster tout en haut, avec la plus belle vue qui soit ! *p. 101*

7 Arpenter le quartier des Liberties, bien différent des sages (et distingués) quartiers georgiens où vivait l'*establishment* anglais.
Et partir à la rencontre d'un Dublin populaire, à la découverte de bâtiments qui n'ont pas le même prestige, mais qui rappellent le passé ouvrier du quartier (en particulier les fameux Iveagh Buildings, HLM à la remarquable et élégante architecture), en passant par un marché aux puces (*flea market*), de vénérables boutiques hors du temps ou un pub non touristique qui a échappé à la gentrification galopante de la ville. *p. 102*

© Matthew Noble Travel/Alamy/Hemis

8 À Kilmainham Jail, découvrir le destin poignant des prisonniers républicains.

Ces personnages historiques de 1er plan en république d'Irlande ont lutté pour libérer leur pays. Pendant près de 150 ans, cette prison symbolisa la répression qui s'abattit sur les combattants de la Liberté. Elle ne ferma que lorsque la République d'Irlande fut créée. *p. 102*

***Bon à savoir :** il est nécessaire de réserver en ligne pour visiter Kilmainham ; la visite est guidée et il est préférable de bien se débrouiller en anglais.*

9 Revivre l'histoire vibrante de l'insurrection de Pâques 1916, au GPO Witness History, niché au cœur de la Grande Poste de Dublin.

Créé à l'occasion du centenaire de l'événement fondateur pour l'indépendance de l'Irlande, ce musée dispose des techniques audiovisuelles les plus pointues (avec un film sur grand écran projeté à 180°, on est littéralement plongé au cœur de l'action !). Ne manquent que les odeurs de poudre, de la poussière des décombres et du sang des héros de la Grande Poste. On en ressort étreint et ravi d'avoir pu partager cette fantastique tranche d'histoire (triste)… *p. 104*

© The Irish Image Colle/ Design Pics RM/Age fotostock

10 Découvrir l' Irish Emigration Museum (EPIC),

pour saisir la fantastique saga du peuple d'Erin, contraint de fuir, au cours des siècles, la misère et l'oppression d'une terrible situation coloniale. Destin incroyable de ces émigrés dont la plupart ont marqué de façon profonde la culture et la politique des pays qui les ont accueillis… Techniques audiovisuelles les plus vivantes et sophistiquées. On vous remet même un passeport à pointer et au bout du voyage, nul doute, vous commencerez à vous identifier aux émigrants… *p. 105*

***Bon à savoir :** audioguides en français et jeux interactifs pour les enfants.*

© travelib ireland/Alamy/Hemis

11 **À la Dublin City Gallery, visiter l'atelier du peintre Francis Bacon.** Pour connaître l'expérience exceptionnelle de côtoyer la folle énergie créatrice de ce peintre de génie. Le désordre innommable de l'atelier londonien de l'artiste (né à Dublin) a été reconstitué avec minutie, dans ses moindres détails, par des spécialistes reconnus de son œuvre et des archéologues chevronnés. Il constitue un témoignage unique de l'univers torturé d'un créateur hors norme. *p. 106*

Bon à savoir : *l'entrée est gratuite, comme dans tous les musées nationaux de la ville.*

12 Visiter le Dublin Writers Museum en ayant à l'esprit que Dublin compte 4 écrivains récompensés par le prix Nobel de littérature.

Dublin mérite bien le label, décerné par l'Unesco, de Cité de la littérature. Livres dédicacés, manuscrits, vénérables machines à écrire, la 1re édition du *Dracula* de Bram Stoker (brrrr…), l'édition originale de la *Ballad of Reading Gaol* d'Oscar Wilde, le *Journal littéraire* de Patrick Kavanagh… Intimité garantie avec tous ces grands de la littérature dans le cadre d'une superbe demeure georgienne. p. 107

13 Découvrez les nombreux parcs et jardins dublinois.

Les amoureux de la chlorophylle, les dingues d'espaces verts, les trekkeurs urbains adoreront ces agréables oasis, pleines de sentiers, de bouts de forêts, de lacs et petits ponts romantiques. En particulier Saint Stephen's Green, lieu de détente des étudiants fébriles ou stressés, les Iveagh Gardens, bien plus intimes, Merrion Square pour d'aristocratiques rêveries et, surtout, Phoenix Park, le plus grand parc urbain d'Europe (2 fois plus grand que Central Park à New York)… Vous y rencontrerez des daims peu farouches… *p. 94, 98, 99, 110*

14 Comme un vrai Dublinois, assister à des courses de lévriers, dans le Greyhound Stadium de Shelbourne Park.

Un spectacle haut en couleur qui vaut le déplacement et ravira tous les amateurs d'ambiance populaire irlandaise. L'intérêt réside autant dans l'observation des preneurs de paris (les *bookmakers*), que dans les courses elles-mêmes, qui se succèdent à un rythme rapide. *p. 112*

15 **Prendre le DART, le train de banlieue des Dublinois, et s'en aller à Malahide découvrir le Malahide Castle, entouré de magnifiques jardins botaniques.**

Les parties les plus anciennes du château datent du XIIe s. La salle des banquets est particulièrement impressionnante, mais ce sont ses jardins que l'on vient surtout voir, pour la diversité de leurs plantes et de leurs serres. *p. 113*

16 **Faire une excursion à Glendalough, un site qui mérite bien le qualificatif de romantique, perdu dans le cadre enchanteur du Wicklow Mountains National Park.**

La sérénité du lieu – une petite vallée oubliée avec les ruines, si photogéniques, d'un monastère médiéval, d'un émouvant vieux cimetière rongé par les mousses et les lichens plus 2 beaux lacs voisins – est absolument unique. *p. 116, 119*

Bon à savoir : *Glendalough est à une cinquantaine de km au sud de Dublin et peut constituer le but d'une sortie à la journée. Même si l'on n'est pas motorisé, il est possible de s'y rendre grâce à un service de bus quotidien ou tour organisé.*

17 **Se mettre au vert en visitant Powerscourt Gardens, à environ 20 km au sud de Dublin.**

Un château du XVIIIe s à l'histoire mouvementée (incendié puis reconstruit), entouré de magnifiques jardins. C'est une excursion très prisée des Dublinois le week-end. On vient aussi pour les Powerscourt Waterfalls, distantes de 5 km, qui sont les plus hautes cascades d'Irlande. Des scènes de quelques célèbres films y ont été tournées (*Moby Dick, Excalibur*). p. 120

18 **À seulement 1h de Dublin, se laisser happer par la magie des sites archéologiques de Newgrange et de Knowth, d'impressionnants tumulus de pierres datant de 3 200 ans av J.-C.**

Ils cachent des tombes de rois qu'on découvre par de mystérieuses galeries et permettent d'admirer le génie des constructeurs de l'époque. Plus les quelque 300 blocs de pierre ciselés de figures géométriques, arabesques et spirales qui restent aujourd'hui inexpliquées (représentant les 2/3 de l'art du néolithique dans le monde !)… *p. 124*

Bon à savoir : *la visite s'effectue par petits groupes et l'attente peut s'avérer fort longue l'été… Très conseillé d'arriver tôt le matin.*

Cimetière huguenot, sur Merrion Row

ITINÉRAIRES CONSEILLÉS

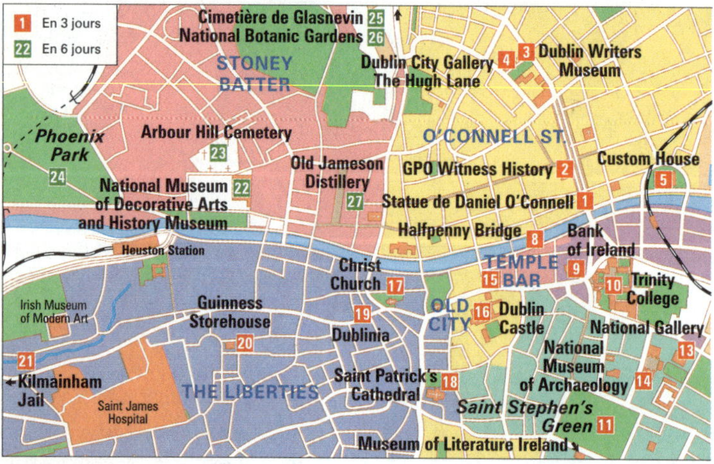

Dublin en 3 jours

Jour 1

On commence nécessairement à la **statue de Daniel O'Connell (1),** le grand héros de l'Irlande, sur la rue du même nom. D'autres héros vous attendent plus haut, à la **GPO (2),** la Grande Poste, théâtre de l'Insurrection de Pâques 1916. S'y niche un émouvant musée qui vous replongera dans ce moment fondateur de l'histoire de la République. Plus haut, dans le quartier de Parnell Square, l'indispensable **Writers Museum (3),** une rencontre intime avec les plus grands écrivains d'Irlande qui donnèrent 4 Nobel de littérature au pays (record du monde par habitant)… Et comment ne pas rendre visite au génial peintre voisin, Francis Bacon, à la **Dublin City Gallery (4)** où l'on transféra son extraordinaire atelier londonien… Un peu de jus encore dans les jambes, on redescendra sur les bords de la Liffey où l'on trouve la **Custom House (5),** bel exemple de l'architecture du XVIIIe s. Un peu plus loin, à ne pas manquer, l'**Irish Emigration Museum (6),** magnifique et didactique présentation de l'émigration irlandaise durant les siècles. Dans la foulée, à côté, embarquement sur le **Jeanie Johnston (7),** où l'on revivra les dures conditions de voyage des émigrants dans les tristement célèbres *coffin boats* (bateaux cercueils)…

Jour 2

Direction la rive sud, en empruntant le **Halfpenny Bridge (8),** plus romantique que le O'Connell Bridge. On longera ensuite ce lourd bâtiment de style néo-classique, la **Bank of Ireland (9),** l'ancien Parlement irlandais, pour parvenir à **Trinity College (10),** la célébrissime université où étudièrent Swift, Synge, Oscar Wilde, Bram Stoker… On y découvre, à la Old Library, une des merveilles de l'Irlande et son *Book of Kells,*

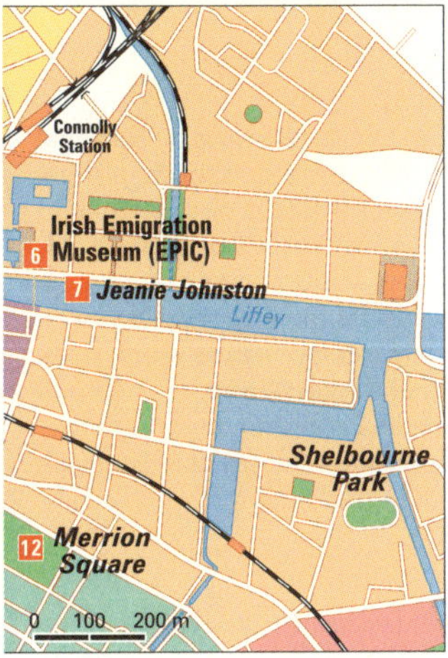

le livre d'images le plus précieux au monde, dit-on ! Puis balade dans le **parc de Saint Stephen's Green (11),** véritable poumon vert de la ville au sud duquel se trouve le nouveau Museum of Literature of Ireland. On continue la cure de chlorophylle au **Merrion Square (12),** tout en admirant l'ordonnancement de la plus élégante place georgienne de la ville (et ses fameuses portes). Toute proche, la **National Gallery (13)** vous livre ses chefs-d'œuvre de la peinture irlandaise et européenne. À 2 pas, l'immense **National Museum of Archaeology (14),** riche de la plus fabuleuse collection de joyaux celtiques connus.

La soirée se termine naturellement dans le quartier le plus vivant et touristique de la ville, **Temple Bar (15),** qui concentre une grande partie de la vie nocturne dublinoise.

Jour 3

On accède à la vie de château au **Dublin Castle (16),** symbole pendant des siècles de la domination anglaise. Direction le quartier des Liberties pour visiter **Christ Church (17),** 1 des 2 cathédrales anglicanes, pour admirer sa crypte et les *pews* sculptés (bancs des notables). Dans la foulée, **Saint-Patrick (18),** l'autre cathédrale, pour ses nombreux imposants monuments funéraires. Puis, pour revivre 4 siècles médiévaux de la vie de Dublin, ne pas manquer **Dublinia (19).** Plus loin, les fans de stout ne manqueront pas la **Guinness Storehouse (20),** le musée consacré au célèbre breuvage. Puis, la **Kilmainham Jail (21),** la grande prison historique qui eut comme locataires tous les rebelles et patriotes irlandais.

Dublin en 6 jours

Reprendre d'abord l'itinéraire des 3 jours précédents.

Jour 4

Au circuit de la rive nord réalisé le 1er jour, on pourra ajouter, la visite du **National Museum of Decorative Arts and History (22).** Objets d'art, mobilier, histoire militaire de l'Irlande… Tout proche, le **Arbour Hill Cemetery (23),** où sont inhumés les héros de l'insurrection de Pâques 1916. Puis c'est l'immense **Phoenix Park (24)** pour aller tutoyer les daims. Un coup de bus pour le bucolique cimetière de **Glasnevin (25),** le Père Lachaise local, où des guides sauront vous passionner en racontant la vie (et les petits secrets) de grands hommes de l'Irlande. À proximité, les sous-bois rafraîchissants des superbes **National Botanic Gardens (26)** où se mêlent les parfums de milliers de plantes et de fleurs. Enfin, retour vers le centre-ville avec l'**Old Jameson Distillery (27)** dont on visitera le musée et le populaire centre de dégustation dans l'ancienne usine.

Jour 5

Direction le nord : à 1h de route, découverte du fascinant **site archéologique de Brú na Bóinne (28),** avec Newgrange, un des plus imposants tumulus préhistoriques d'Europe. La vallée de la Boyne offre d'autres sites intéressants, comme le **Monasterboice cemetery (29),** qui peuvent permettre de compléter votre journée. Retour par le beau **château de Malahide (30).**

Jour 6

À 1h de voiture également (ou avec un tour organisé), balade dans les magnifiques Wicklow Mountains avec l'incontournable visite du site romantique de **Glendalough (31)**. Retour possible par les **Powerscourt Gardens (32)** en voiture ou en taxi.

Sur les bords de la rivière Liffey

SI VOUS ÊTES…

… plutôt fou de musique : entre musique traditionnelle et rock, vous allez être gâté. Ça explose de toutes parts dans les quartiers de Temple Bar et de Camden… Ne surtout pas manquer le musée du Rock, à la hauteur de la prestigieuse réputation de l'Irlande.

… plutôt famille : certains musées, comme le National Museum of Archeology et le Natural History Museum, proposent de superbes dioramas et de fabuleuses collections d'animaux naturalisés. Dans Temple Bar, visite obligatoire à l'Ark, le 1er centre culturel en Europe totalement consacré aux enfants… Le parcours interactif et ludique de Dublinia, plongée audiovisuelle réussie dans 4 siècles d'histoire, les enchantera, comme Phoenix Park et ses balades à vélo au milieu des daims ainsi que son zoo.

… plutôt shopping : la rive sud est à vous. D'abord, Grafton Street puis l'immense centre commercial Powerscourt et les boutiques sophistiquées des rues alentour. Dans les Liberties, magasins d'occase et puces… Rive nord, les grands magasins populaires sur Henry et Talbot Street.

… plutôt passionné d'histoire de l'Irlande : vous la retrouverez au Dublin Castle, au GPO (la Grande Poste), lieu de l'insurrection de Pâques 1916 et dans son musée, à la prison de Kilmainham où séjournèrent tous les héros de l'Irlande, au musée de l'Émigration et sur le bateau *Jeanie Johnston*… Sans oublier le Little Museum of Dublin, un riche musée de la vie quotidienne dublinoise au XXe s.

… plutôt fana de littérature : le Dublin Writers Museum, le Museum of Literature Ireland, Trinity College et son magnifique *Book of Kells*, la National Library et l'expo Yeats, le James Joyce Centre, la Sweny's Pharmacy pour de chaleureuses lectures joyciennes… Sans oublier le Dublin Literary Pub Crawl, chaude tournée des pubs littéraires…

… plutôt intéressé par l'architecture : les monuments ne manquent pas. GPO (Grande poste), Four Courts (l'imposant palais de Justice), Custom House (chef-d'œuvre de J. Gandon), Leinster House (actuel Parlement), longtemps la plus jolie « maison » particulière de Dublin, Mansion House, Bank of Ireland (ancien Parlement d'Irlande), National Museum of Decorative Arts, une ancienne caserne anglaise du XVIIIe s.

Admirer Saint Stephen's Green

Cathédrale Saint-Patrick

Interview #experienceroutard

Par la rédaction du *Routard*

En quoi cette destination est-elle unique ?

Dublin ne possède ni les plus beaux monuments ni les plus beaux musées d'Europe. Ni le climat le plus attractif qui soit. Mais côté accueil, Dublin remporte sans doute la palme. Cette ville très jeune et cosmopolite vous insuffle une belle énergie. Il faut dire qu'avec près de 1 000 pubs à Dublin, à ce qu'on dit, on peut se faire beaucoup de nouveaux amis au comptoir !

Un moment à partager ?

La Saint-Patrick, bien sûr. Un événement quasi planétaire, fêté comme il se doit à Dublin. Ne pas manquer tout d'abord la grande parade. Tout le monde s'habille en vert, il paraît que ça porte chance. Immanquable, le chapeau de *leprechaun* (ce lutin de la mythologie celtique). Très en vue aussi, les collants à motif de trèfles... Tout ou presque est permis ! Les pubs sont remplis dès 11h et il faut parfois attendre de longues minutes pour atteindre le comptoir... Une ambiance de folie.

Le meilleur souvenir ?

Un match de *hurling* au Croke Park. Les Irlandais adorent ce sport d'équipe (15 joueurs amateurs) assez fou, au jeu très rapide exigeant une sacrée adresse technique. Assez brutal aussi, mais on est loin du rugby (pas de placage et le gabarit des joueurs n'est pas le même). Le *hurling* ne manque pas d'élégance, avec ces crosses qui virevoltent et ces balles qui fusent. Un sport qui puise profondément dans les racines celtiques du pays (il aurait 2 000 ans d'âge !). D'ailleurs, il est classé au Patrimoine mondial immatériel de l'Unesco. Il en existe aussi une version féminine, le *camogie*.

Un livre à emporter ?

On aimerait pouvoir dire *Ulysse* de James Joyce. Mais c'est un livre difficile, et un peu lourd à trimbaler. Une chance, *Dublinois (Gens de Dublin)*, du même auteur, est beaucoup plus accessible. 15 nouvelles qui parlent de la vie quotidienne de la petite bourgeoisie, vue comme étouffante par un auteur qui n'en disait du mal que pour exprimer son amour pour les habitants de Dublin.

Un souvenir à ramener ?

Des *wacky woolies,* ces petits moutons colorés qui jouent un peu le rôle de smileys ! On en trouve sur tous les supports possibles : sacs, T-shirts, mugs, porte-clés, crayons et on en passe... Un clin d'œil aux moutons irlandais qui seraient presque aussi nombreux que les Irlandais eux-mêmes...

LES QUESTIONS QU'ON SE POSE AVANT LE DÉPART

➢ Quels sont les documents nécessaires ?

Pour les ressortissants de l'Union européenne, de la Suisse et du Canada, carte nationale d'identité ou passeport en cours de validité. Pour les mineurs non accompagnés, autorisation de sortie du territoire nécessaire.

➢ Quelle est la meilleure saison ?

Mai, juin et septembre sont les meilleurs mois pour bénéficier d'un temps ensoleillé – autant que possible – sans souffrir d'une présence touristique estivale excessive. Au printemps, les rhododendrons fleurissent et subliment les paysages ! Évidemment, la ville se visite toute l'année, et les nombreux musées vous permettront d'échapper à la pluie ! Et comme partout en Irlande, la Saint-Patrick (le 17 mars) est un grand moment.

➢ Quel est le meilleur moyen pour y aller ?

On trouve des billets d'avion assez bon marché, au départ de Paris ou de la province. En bateau puis voiture, bus ou train, c'est bien plus long...

➢ Quel budget prévoir ?

Pour se loger, de bons compromis possibles avec les AJ qui proposent souvent des chambres privées. Les *B & B* pratiquent des tarifs plutôt intéressants, mais sont bien moins nombreux que les hôtels et se situent plutôt en banlieue. Ces derniers, avec la crise, offrent des prix attractifs sur Internet (surveiller les promotions). Prévoir large pour les restos, du moins le soir, de 20 à 40 % plus chers qu'en France, ou dîner tôt pour profiter des menus *early bird* à moindre coût. Autre possibilité : manger dans les pubs, moins chers.

➢ Comment se déplacer ?

Le réseau des transports en commun (bus, *Luas,* le tramway local et *Dart,* une sorte de train de banlieue) n'est pas mauvais et il existe des formules très économiques de billets à la semaine ou au mois. Mais le centre-ville n'est pas si étendu et sa plus grande partie peut se visiter à pied.

➢ Y a-t-il des problèmes de sécurité ?

Non, même si, comme dans toute capitale, quelques règles de prudence sont à observer.

➢ Quel est le décalage horaire ?

1h de moins qu'en France toute l'année. Quand il est 13h en France, il est 12h à Dublin. Du moins tant que la réforme européenne n'est pas mise en œuvre.

➢ Quel est le temps de vol ?

Dublin est à environ 1h30 de Paris.

➢ Côté santé, quelles précautions ?

Rien de particulier à signaler. Bien penser à se munir de sa carte européenne d'assurance maladie.

➢ Peut-on partir avec les enfants ?

Pas de souci. Beaucoup de *B & B* et d'hôtels proposent des chambres familiales, et les pubs acceptent les têtes blondes jusqu'en début de soirée. Pour occuper les journées, certains musées proposent des activités et des tarifs famille.

➢ Comment payer sur place ?

L'usage des cartes de paiement est généralement répandu en Irlande et encore plus à Dublin. Si vous avez besoin de monnaie (pour le bus, par exemple), il est possible de demander un *cashback* dans un pub : la somme d'argent souhaitée sera prélevée sur votre carte bancaire, et vous sera rendue en billets ou en petite monnaie, selon votre choix.

➢ Quelle(s) langue(s) parle-t-on ?

L'anglais, bien sûr ! Le gaélique n'est plus guère parlé que dans certaines zones où, il faut le savoir, les panneaux de signalisation sont en gaélique seulement.

➢ Quels sont les meilleurs endroits pour écouter de la musique irlandaise ?

Un peu partout dans Dublin ! De nombreux pubs proposent des *music sessions* toute l'année.

COMMENT Y ALLER ?

EN AVION

Les compagnies régulières

Vols au départ de la France et de la Belgique

▲ **AIR FRANCE**
Rens et résas au ☎ 09-69-39-36-54 (appel non surtaxé), sur • airfrance.fr •, en agences de voyages. Également à votre écoute tlj, 24h/24, sur Messenger, Facebook et Twitter.
➢ Entre Paris-CDG et Dublin, Air France propose jusqu'à 4 vols directs/j. Air France permet de rejoindre Paris depuis de nombreuses villes de province avant de continuer sur l'Irlande.
Air France propose à tous des tarifs attractifs toute l'année. Pour consulter les offres et promotions du moment sur Internet, consultez la page « Nos meilleures offres » sur *• airfrance.fr •*
Flying Blue, le programme de fidélité gratuit d'Air France-KLM, permet de gagner des *Miles* en voyageant sur les vols Air France, KLM et grâce à de nombreux partenaires aériens et non aériens. Les *Miles* peuvent ensuite être échangés contre des billets d'avion ou des services (surclassement, bagage supplémentaire, Menu à la Carte...) ainsi qu'auprès des partenaires. Pour en savoir plus, rendez-vous sur *• flyingblue.com •*

▲ **KLM**
Rens et résas : ☎ 0892-70-26-08 (0,35 €/mn + prix appel) • klm.fr • Résas par tél, Internet, dans les agences Air France ou les agences de voyages.
KLM propose jusqu'à 6 vols directs/j. au départ d'Amsterdam Schiphol. Pour se rendre à Amsterdam, il existe de nombreux départs depuis la France ou la Belgique.

▲ **AER LINGUS**
• aerlingus.com •
– France : ☎ 01-86-99-57-28 (lun-ven 9h-17h).
– Belgique : ☎ 02-25-85-5243 (lun-ven 9h-17h).
➢ Aer Lingus, compagnie nationale irlandaise, dessert Dublin au départ de 10 villes en France : Paris, Bordeaux Lyon et Toulouse (toute l'année) ; Marseille, Nantes, Nice, Perpignan, Montpellier et Rennes (en saison). Une liaison vers Cork est également assurée en saison au départ de Paris ainsi que de Rennes et Nice.
➢ Vols biquotidiens de Bruxelles vers Dublin et Cork.

▲ **BRITISH AIRWAYS**
Rens et résas : ☎ 0825-825-400 (0,18 €/mn) ou 01-86-99-00-01. • britishairways.com •
➢ Assure des vols vers Dublin via Londres ou Birmingham au départ de Paris, Bordeaux, Lyon, Marseille, Montpellier, Mulhouse, Nantes, Nice et Toulouse.

Vols au départ de la Suisse

▲ **AER LINGUS**
– Zurich : ☎ 044-52-46-766 (lun-ven 9h-17h). • aerlingus.com •
➢ 1 liaison/j. Genève-Dublin ainsi que 1 vol/j. Zurich-Dublin, en partage de code avec *Swiss.*

▲ **SWISS INTERNATIONAL AIRLINES**
Rens et résas : ☎ 0848-700-700 (en Suisse) ou ☎ 0892-232-501 (depuis la France ; 0,34 €/mn). • swiss.com •
➢ 1 vol/j. Zurich-Dublin.

Les compagnies *low-cost*

Plus vous réservez vos billets à l'avance, plus vous aurez des tarifs avantageux. Des frais de dossier, ainsi que des frais pour le paiement par carte

bancaire, peuvent vous être facturés. En outre, les pénalités en cas de changement d'horaires sont assez importantes. Plusieurs compagnies facturent maintenant les bagages en soute ou limitent leurs poids. En cabine également le nombre de bagages est strictement limité (attention même le plus petit sac à main est compté comme un bagage à part entière). À bord, c'est service minimum et tous les services sont payants (boissons, journaux...). Attention également au moment de la résa par Internet à décocher certaines options qui sont automatiquement cochées (assurances, etc.). Finalement, même si les prix de base restent très attractifs, il convient de prendre en compte tous ces frais annexes pour calculer le plus justement son budget.

▲ RYANAIR

De France

Rens : ☎ 0892-562-150 (0,34 €/mn ; lun-ven 7h-19h, sam 9h-18h, dim 10h-18h). • ryanair.com • Accueil en anglais, mais ttes les infos sont disponibles en français. Les meilleurs tarifs sont accessibles seulement sur Internet (promos ponctuelles).

➢ Ryanair propose jusqu'à 6 vols directs/j. vers Dublin au départ de Paris-Beauvais. Service de navettes entre Paris-Porte Maillot et l'aéroport de Paris-Beauvais ; départ 3h avt le vol Ryanair. Billet à acheter à la boutique *Paris-Beauvais (1, bd Pershing, 75017 Paris ; ☎ 0892-682-066, 0,34 €/mn).* Coût : 15,90 € l'aller simple.

➢ En province, Ryanair assure des vols quotidiens vers Dublin (ou Cork, Knock, Kerry, Shannon et Derry) via Londres-Stansted ou Londres-Luton au départ d'une quinzaine d'aéroports en France. Des vols directs également (certains saisonniers) : Bâle (Mulhouse)-Dublin, Biarritz-Dublin, Bordeaux-Dublin, Carcassonne-Dublin, Carcassonne-Cork, Grenoble-Dublin, La Rochelle-Dublin, Lourdes-Dublin, Nantes-Dublin, Nice-Dublin, Poitiers-Dublin, Rodez-Dublin et Tours-Dublin.

De Belgique

– Charleroi : à env 60 km au sud de Bruxelles. Infos et résas : ☎ 09-02-33-660 ; 1 €/mn ; lun-ven 7h-19h, sam 9h-18h, dim 10h-18h. • brussels-charleroi-airport.com •

➢ Vols de Bruxelles-Charleroi vers Dublin. Un service analogue à Beauvais-Dublin (voir ci-dessus « De France ») existe pour l'aéroport de Charleroi pour env 14,20 € l'aller simple. Navette Bruxelles-Charleroi (billet à acheter à la gare du Midi, à Bruxelles). Départ à l'angle de la rue de France et de la rue de l'Instruction, 3h avt l'heure du vol. Infos : *• flibco.com •*

LES ORGANISMES DE VOYAGES

En France

▲ ALAINN TOURS

☎ 09-70-71-8000 ou 00-353-71-91-50345. • alainntours.fr •

Spécialiste des Pays celtes depuis 1991 (Écosse, pays de Galles et Irlande) Alainn Tours, basé en Irlande, est à votre disposition tous les jours pour faire de vos vacances, individuelles ou en groupe, un moment inoubliable en toute sécurité. Son équipe est à votre écoute pour composer des séjours « sur mesure » et selon vos souhaits. Grâce à un grand choix d'hébergements (du château aux *B & B* en passant par des demeures de charme ou de petits hôtels familiaux), en maîtrisant toutes les activités (randonnée, pêche, golf, équitation...) avec tous les thèmes possibles (culture, nature, gastronomie, ornithologie, archéologie...), en utilisant tous les modes de locomotion (à pied, à vélo, à cheval, en voiture standard ou de collection, en bateau, en autocar...). Alainn Tours a les moyens de répondre à tous vos désirs.

▲ COMPTOIR DES VOYAGES

• comptoir.fr • Lun-sam 9h30-18h30.
– Paris : 2-18, rue Saint-Victor, 75005. ☎ 01-53-10-30-06. Ⓜ Maubert-Mutualité.

– Bordeaux : 26, cours du Chapeau-Rouge, 33800. ☎ 05-35-54-31-40.
– Lille : 76, rue Nationale, 59160. ☎ 03-28-04-68-20.
– Lyon : 10, quai Tilsitt, 69002. ☎ 04-72-44-13-40. Ⓜ Bellecour.
– Marseille : 12, rue Breteuil, 13001. ☎ 04-84-25-21-80. Ⓜ Estrangin.
– Nice : 62, rue Gioffredo, 06000. ☎ 04-97-03-64-80.
– Toulouse : 43, rue Peyrolières, 31000. ☎ 05-62-30-15-00. Ⓜ Esquirol.

En plus de 30 ans, Comptoir des Voyages s'est imposé comme la référence incontournable du voyage sur mesure en immersion, avec plus de 90 destinations sur les 5 continents. Ses conseillers-spécialistes construisent des voyages uniques en s'adaptant à votre budget, vos goûts et vos envies. Pour favoriser les rencontres et l'immersion dans la vie locale, ils privilégient des hébergements typiques et des expériences authentiques. Sur place, des *Greeters* francophones partagent avec vous conseils et bonnes adresses le temps d'un café. Sur votre smartphone, l'application mobile Luciole vous informe sur le déroulé de votre voyage et vous guide grâce à un GPS hors connexion.
Comptoir des Voyages est membre d'Agir pour un Tourisme Responsable depuis 2009, labellisation ATR renouvelée par Ecocert Environnement en 2019.

▲ LA ROUTE DES VOYAGES

• laroutedesvoyages.com • Agences ouvertes lun-jeu 9h-19h, ven 18h. Rdv conseillé.
– Paris : 10, rue Choron, 75009. ☎ 01-55-31-98-80. Ⓜ Notre-Dame de Lorette.
– Angers : 6, rue Corneille, 49000. ☎ 02-41-43-26-65.
– Annecy : 4 bis, av. d'Aléry, 74000. ☎ 04-50-45-60-20.
– Bordeaux : 19, rue des Frères-Bonie, 33000. ☎ 05-56-90-11-20.
– Lyon : 59, rue Franklin, 69002. ☎ 04-78-42-53-58.
– Toulouse : 9, rue Saint-Antoine-du-T, 31000. ☎ 05-62-27-00-68.

Plus de 25 ans d'expérience de voyage sur mesure sur les 5 continents, dont 15 pays en Europe ! Cette équipe de voyageurs passionnés a développé un vrai savoir-faire du voyage personnalisé : écoute, conseils, voyages de repérage réguliers et des correspondants sur place soigneusement sélectionnés avec qui ils travaillent en direct. Son engagement à promouvoir un tourisme responsable se traduit par des possibilités de séjours solidaires à insérer dans les itinéraires de découverte individuelle. Elle a aussi créé un programme de compensation solidaire qui permet de financer des projets de développement locaux.

▲ TERRES D'AVENTURE

N° Indigo : ☎ 0825-700-825 (0,15 €/mn + prix d'appel). • terdav.com •
– Paris : 30, rue Saint-Augustin, 75002. ☎ 01-70-82-90-00. Ⓜ Opéra ou Quatre-Septembre. Lun-sam 10h-18h.
– Agences également à Bordeaux, Grenoble, Lille, Lyon, Marseille, Nantes, Rennes, Rouen, Strasbourg et Toulouse.

Depuis 1976, Terres d'Aventure, spécialiste du voyage à pied, propose aux voyageurs passionnés de marche et de rencontres des randonnées hors des sentiers battus à la découverte des grands espaces de notre planète. Voyages à pied, à cheval, en bateau, à raquettes... Sur tous les continents, des aventures en petits groupes ou en individuel, encadrées par des professionnels expérimentés. Les hébergements dépendent des sites explorés : camps d'altitude, bivouac, refuge ou petits hôtels. Les voyages sont conçus par niveaux de difficulté : de la simple balade en plaine à l'expédition sportive en passant par la course en haute montagne.
En province, certaines de leurs agences sont de véritables *Cités des Voyageurs* dédiées au voyage. Consultez le programme des manifestations sur leur site internet.

▲ VOYAGEURS DU MONDE

Voyageurs en Irlande et dans les îles Britanniques (Angleterre, Écosse, Irlande) : ☎ 01-42-86-17-60. • voyageursdumonde.fr •
– Paris : La Cité des Voyageurs, 55, rue Sainte-Anne, 75002. ☎ 01-42-86-16-00. Ⓜ Opéra ou Pyramides. Lun-sam 9h30-19h. Avec une librairie spécialisée sur les voyages.

– Également des agences à Bordeaux, Grenoble, Lille, Lyon, Marseille, Montpellier, Nantes, Nice, Rennes, Rouen, Strasbourg et Toulouse. Également à Bruxelles et à Genève.

Parce que chaque voyageur est différent, que chacun a ses rêves et ses idées pour les réaliser, Voyageurs du Monde conçoit, depuis plus de 30 ans, des projets sur mesure. Les séjours proposés sur 120 destinations sont élaborés par leurs 180 conseillers voyageurs. Spécialistes par pays et même par région, ils vous aideront à personnaliser les voyages présentés à travers une trentaine de brochures d'un nouveau type et sur le site internet où vous pourrez également découvrir les hébergements exclusifs et consulter votre espace personnalisé. Au cours de votre séjour, vous bénéficierez des services spécifiques Voyageurs du Monde, dont la possibilité de modifier à tout moment votre voyage, l'assistance d'un concierge local, l'organisation de rencontres et de visites privées et l'accès à votre carnet de voyage via une application iPhone et Android. Voyageurs du Monde est membre de l'association ATR (Agir pour un tourisme responsable) et a obtenu sa certification Tourisme responsable AFAQ AFNOR.

Comment aller à Roissy et à Orly ?

Toutes les infos sur notre site *• routard.com •* à l'adresse suivante : *• bit.ly/aeroports-routard •*

Conservez dans votre bagage cabine vos médicaments, vos divers chargeurs et appareils ainsi que vos objets de valeur (clés et bijoux). Et on ne sait jamais, ajoutez-y de quoi vous changer si vos bagages n'arrivaient à bon port avec vous.

En Belgique

▲ CONNECTIONS

☎ 070-233-313 (0,30 €/mn + prix d'appel). • connections.be • Lun-ven 9h-19h, sam 10h-17h.

Fort d'une expérience de plus de 20 ans dans le domaine du voyage, Connections dispose d'un réseau de 32 *travel shops,* dont un à Brussels Airport. Connections propose des vols dans le monde entier à des tarifs avantageux et des itinéraires destinés à des voyageurs désireux de découvrir la planète de façon autonome et de vivre des expériences uniques. Également une gamme complète de produits : vols, hébergements, locations de voitures, autotours, vacances sportives, excursions...

▲ TERRES D'AVENTURE

– Bruxelles : 23, chaussée de Charleroi, 1060. ☎ 02-543-95-60. • terdav.com • Lun-sam 10h-19h.

Voir le texte dans la partie « En France ».

▲ VOYAGEURS DU MONDE

– Bruxelles : 23, chaussée de Charleroi, 1060. ☎ 02-543-95-50. • voyageursdumonde.com •

Voir le texte dans la partie « En France ».

En Suisse

▲ ROUTE DES VOYAGES

☎ 022-552-34-46. • laroutedesvoyages.com •

Voir le texte dans la partie « En France ».

▲ TERRES D'AVENTURE

– Genève : 19, rue de la Rôtisserie, 1204. ☎ 022-518-05-13. • geneve@terdav.com • Lun-ven 10h-19h, sam 9h30-18h30.

Voir le texte dans la partie « En France ».

▲ VOYAGEURS DU MONDE

• voyageursdumonde.ch •

– Genève : rue de la Rôtisserie, 19, 1204. ☎ 022-514-12-10. Ouv lun-ven 9h30-19h, sam 9h30-18h30.

– Lausanne : rue du Bourg 6, 1003 Lausanne (2e étage). Ouv lun-ven 9h-18h30 et sam sur rdv uniquement.

Voir le texte dans la partie « En France ».

Au Québec

▲ KARAVANIERS

– Montréal : 4035, rue Saint-Ambroise, local 220N, H4C 2E1. ☎ (514)

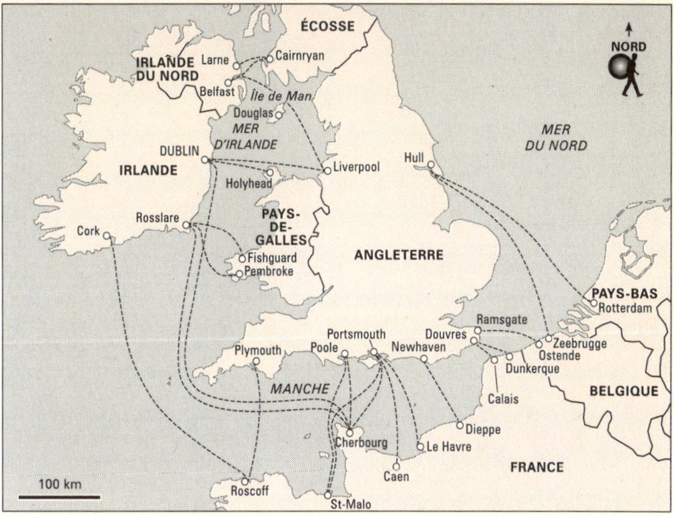

LES LIAISONS MARITIMES

281-0799. • *karavaniers.com* • *Lun-ven 9h-18h, sam 10h-15h.*
L'agence québécoise Karavaniers a pour but de rendre accessibles des expéditions aux quatre coins de la planète. Toujours soucieuse de respecter les populations locales et l'environnement, Karavaniers favorise la découverte d'une quarantaine de destinations à pied et en kayak de mer, en petits groupes accompagnés d'un guide francophone et d'un guide local, avec hébergement en auberge ou sous la tente.

▲ TOURS CHANTECLERC
• *tourschanteclerc.com* •
Tours Chanteclerc est un tour-opérateur qui publie différentes brochures de voyages : Europe, Amérique du Nord, Amérique du Sud, Asie et Pacifique sud, Afrique et le Bassin méditerranéen en circuits ou en séjours. Il s'adresse aux voyageurs indépendants qui réservent un billet d'avion, un hébergement (dans toute l'Europe), des excursions ou une location de voiture. Également spécialiste de Paris, le tour-opérateur offre une vaste sélection d'hôtels et d'appartements dans la capitale française.

EN TRAIN

Oui, il est possible de se rendre en Irlande en train (suivi du bateau, bien évidemment), mais il n'existe pas, comme c'est le cas pour la Grande-Bretagne, de tarification commune (billet unique train + bateau).

Au départ de Paris

Pour vous aider à calculer la durée de votre voyage, voici le temps que met le train au départ de Paris pour joindre les différents ports.

➢ ***Le Havre :*** 2h20 en Intercités.
➢ ***Cherbourg :*** 3h20-3h40 en Intercités.
➢ ***Boulogne :*** 2h30 en TGV ou en Intercités.
➢ ***Calais (Fréthun) :*** 1h50 en TGV, 3h en Intercités.
➢ ***Dieppe :*** 2h20 en Intercités avec changement à Rouen.

➢ ***Roscoff :*** 4h15 en TGV et bus avec changement à Morlaix.
➢ ***Saint-Malo :*** 3h-3h30 en TGV avec changement à Rennes.

Pour voyager au meilleur prix

La SNCF propose des tarifs adaptés à chacun de vos voyages.

Vous voyagez au-delà des frontières

Avec les ***Pass InterRail,*** les résidents européens peuvent voyager dans 30 pays d'Europe, dont l'Irlande. Plusieurs formules et autant de tarifs, en fonction de la destination et de l'âge. À noter que le *Pass InterRail* n'est pas valable dans votre pays de résidence. Cependant, l'*InterRail Global Pass* offre une réduction de 50 % depuis votre point de départ jusqu'au point frontière en France. • *interrail.eu* •
– Pour les grands voyageurs, l'*InterRail Global Pass* est valable dans l'ensemble des 30 pays concernés ; intéressant si vous comptez parcourir plusieurs pays au cours du même périple. Il se présente sous 7 formes au choix. 3, 5 ou 7 j. sur une période de 1 mois ; 10 j. sur 2 mois, 15 j. en continu ou sur 2 mois, 22 j. en continu, 1 mois en continu, 2 ou 3 mois (185-902 € selon formule et âge). Ces formules existent aussi en version 1re classe ! Les voyageurs de moins de 12 à 27 ans et de plus de 60 ans bénéficient d'une réduction sur le tarif de l'*InterRail Global Pass* en 1re et 2de classes.

– Si vous ne parcourez que l'Irlande, le *One Country Pass* vous suffira. D'une période de validité de 1 mois et utilisable, selon les formules, 3, 4, 6 ou 8 j. en discontinu : à vous de calculer avant votre départ le nombre de jours que vous passerez sur les rails. Là encore, ces formules existent en version 1re classe. Pour voyager dans 2 pays, vous pouvez combiner 2 *One Country Pass.* Au-delà, il est préférable de prendre l'*Inter Global Pass.*
– *InterRail* offre également la possibilité d'obtenir des réductions ou avantages à travers toute l'Europe avec ses partenaires bonus (musées, chemins de fer privés, hôtels, etc.).
Tous ces prix ne sont qu'indicatifs.
Pour plus de renseignements, adressez-vous à la gare ou boutique SNCF la plus proche de chez vous.

Renseignements et réservations

– ***Internet :*** • *oui.sncf* •
– ***Téléphone :*** ☎ *36-35 (gratuit).*
– Également dans les gares, les boutiques SNCF et les agences de voyages agréées.

EN BATEAU

• Carte *p. 41*

Différents itinéraires

Si vous choisissez le bateau, les possibilités d'itinéraires sont extrêmement nombreuses. Votre choix dépendra :
– *de votre point de départ et de votre point d'arrivée :* par exemple, pour les Bretons ou les Normands, un départ de Cherbourg pour Dublin est logique. Pour les Bruxellois, un trajet jusqu'à Hull, puis l'autoroute jusqu'à Holyhead (bateau pour Dublin) s'imposent ;
– *de la saison :* certains bateaux fonctionnent avec régularité toute l'année, d'autres sont saisonniers ;
– *de vos contraintes budgétaires :* étudiez bien les offres de billets combinés. Cherchez les réductions applicables à votre cas (âge, période de voyage, etc.). Bien sûr, les prix sont proportionnellement moins élevés lorsqu'on part à 3 ou 4 dans une voiture.

Quelques conseils

– Choisissez et réservez longtemps à l'avance. Vous aurez les dates qui vous conviennent et vous trouverez la meilleure formule pour votre portefeuille.

LIAISONS MARITIMES

Départ	Arrivée	Durée moyenne	Compagnie	Fréquence
De France en république d'Irlande				
Roscoff	**Cork**	14h	Brittany Ferries	2 par semaine de fin mars à début nov (1 par semaine en hiver).
Cherbourg	**Rosslare**	17h	Stena Line	Tous les 2-3 jours, en moyenne
Cherbourg	**Dublin**	19h	Irish Ferries	3-4 par semaine en moyenne
De France en Grande-Bretagne				
Roscoff	**Plymouth**	6h-8h	Brittany Ferries	1 à 2 par jour de mars à nov. 1 traversée par semaine de mi-novembre à mi-décembre.
Saint-Malo	**Portsmouth**	10h45	Brittany Ferries	1 par jour. Toute l'année.
Cherbourg	**Poole**	4h30 (en ferry classique)	Brittany Ferries	1 par jour. Toute l'année.
Cherbourg	**Portsmouth**	3h (ferry rapide)	Brittany Ferries	1 par jour de mai à sept.
Caen/Ouistreham	**Portsmouth**	6h-7h (en ferry classique)	Brittany Ferries	2 à 3 par jour. Toute l'année.
Calais	**Douvres**	de 35 mn à 1h30	Plusieurs compagnies : P & O Ferries, DFDS Seaways	Nombreux départs quotidiens.
Dunkerque	**Douvres**	2h10	DFDS Seaways	Nombreux départs quotidiens.
Dieppe	**Newhaven**	4h	DFDS Seaways	2 à 3 par jour.
De Grande-Bretagne en république d'Irlande				
Holyhead	**Dublin**	3h15	Irish Ferries (ferry), Stena Line	6 par jour.
		2h15	Irish Ferries (catamaran)	2 par jour (4 en été).
Liverpool	**Dublin**	7h30	P & P Ferries	2 à 3 par jour.
Pembroke	**Rosslare**	4h	Irish Ferries	2 départs quotidiens (dont un de nuit).
Fishguard	**Rosslare**	3h30-4h	P & O Ferries (ferry), Stena Line	4 départs quotidiens.
		1h45	P & O Ferries (catamaran), Stena Line	Départs quotidiens en saison, 6 en juillet-août.

– Petits budgets, prévoyez un pique-nique, car la nourriture à bord est souvent très chère.

Compagnies maritimes

▲ BRITTANY FERRIES

– Roscoff : port de Bloscon, CS 60072, 29688 Roscoff Cedex. ☎ 02-98-24-47-01 (lun-ven 8h30-19h, sam 9h-18h). • brittany-ferries.fr •

➢ Traversée directe Roscoff-Cork et liaisons France-Angleterre (Roscoff-Plymouth, Saint-Malo-Portsmouth, Caen-Ouistreham-Portsmouth, Cherbourg-Portsmouth, Le Havre-Portsmouth et Cherbourg-Poole combinées avec Fishguard-Rosslare). Brittany Ferries propose des formules associant traversée et hébergement (*B & B, guesthouses,* hôtels, demeures de caractère, hôtels d'exception, maisons de vacances). Également des circuits autotours dans toutes les régions et des séjours à thème (rando, pêche, golf). Voir précédemment « Les organismes de voyages ».

▲ IRISH FERRIES

Rens et résas : ☎ 01-70-72-03-26. • irishferries.com •
– Cherbourg : gare maritime, 50100. ☎ 02-33-23-44-44.
– Belgique : ☎ 02-400-14-85.
– Eire (Rosslare) : ☎ (053) 91-33-158.
– Dublin : ☎ 01-607-55-19.

➢ Irish Ferries propose jusqu'à 3 ou 4 traversées/sem au départ de Cherbourg (toute l'année) à destination de Dublin, à bord du W.B. Yeats. Irish Ferries opère aussi sur 2 lignes depuis la Grande-Bretagne : Holyhead-Dublin et Pembroke-Rosslare.

▲ P & O FERRIES ET P & O IRISH SEA

– Rens et résas de France : centre d'appel ☎ 03-66-74-03-25 (lun-ven 9h-17h30, w-e 10h-16h).
– Rens et résas de Belgique : ☎ (00-31) 280-85-020 (lun-ven 9h-17h30). Également sur • poferries.com • ou dans votre agence de voyages.

Lignes maritimes :

➢ ***France/Grande-Bretagne :*** Calais-Douvres.

➢ ***Belgique/Grande-Bretagne :*** Zeebrugge-Hull.

➢ ***Pays-Bas/Grande-Bretagne :*** Rotterdam-Hull.

➢ ***Grande-Bretagne/république d'Irlande :*** Liverpool-Dublin.

▲ STENA LINE

– Cherbourg : gare maritime 1. ☎ 01-74-31-58-58 (lun-ven 9h30-17h). • stenaline.fr •

➢ ***Cherbourg-Rosslare :*** 2-3 liaisons/sem.

▲ EURO-MER

– Central de résa en France : 5, quai de Sauvages, 34078 Montpellier Cedex 3. ☎ 04-67-65-10-10. • euromer.com • Envoi gratuit de devis et brochures.

Spécialiste en Europe des traversées maritimes, Euro-Mer revend *Brittany Ferries, Irish Ferries Stena Line* et *P & O Ferries ainsi que DFDS Seaways et LD Lines.*

➢ Au départ de Cherbourg pour Dublin ou Rosslare, ou de Roscoff pour Cork, en traversée directe pour l'Irlande, ou bien via l'Angleterre avec traversée de la mer d'Irlande. Nombreuses réductions pour les groupes, clubs de camping-cars, jeunes de moins de 26 ans, 4x4 et familles.

DUBLIN UTILE

ABC de Dublin

- ***Superficie :*** 115 km².
- ***Population :*** 554 500 hab. (recensement 2016) ; 1 347 400 hab. pour le comté de Dublin et 1 904 800 hab. pour le Grand Dublin).
- ***Densité de la population :*** 4 811 hab./km².
- ***Langues officielles :*** l'anglais et le gaélique.
- ***Monnaie :*** l'euro.
- ***Heure :*** GMT en hiver et GMT + 1 en été, soit 1h de retard sur la France métropolitaine toute l'année.
- ***Statut :*** capitale de la république d'Irlande.

AVANT LE DÉPART

Adresses utiles

En France

Office de tourisme irlandais : *☎ 01-70-20-00-20. • ireland.com/fr-fr •* Les offices de tourisme de la république d'Irlande et d'Irlande du Nord ont eu la bonne idée de se réunir sous la bannière unique du « Tourisme irlandais ». Pas d'accueil du public, mais l'office propose des brochures téléchargeables. De quoi préparer intelligemment votre voyage, la doc de l'office dans une main, *Le Routard* dans l'autre.

■ ***Ambassade d'Irlande :*** *12, av. Foch, 75116 Paris (entrée 4, rue Rude). ☎ 01-44-17-67-00. • dfa.ie/irish-embassy/france • Ⓜ Charles-de-Gaulle-Étoile. Lun-ven 9h30-12h. Par tél, lun-ven 9h30-12h30, 14h30-17h30.*

■ ***Centre culturel irlandais :*** *5, rue des Irlandais, 75005 Paris. ☎ 01-58-52-10-30. • centreculturelirlandais.com • Ⓜ Cardinal-Lemoine ou Place-Monge. Expos tlj 14h-18h (20h mer). Médiathèque ouv lun-ven 14h-18h (20h mer).* La vitrine de la culture irlandaise est installée en plein Quartier latin, dans le magnifique bâtiment longtemps connu comme le collège des Irlandais. Expos, débats-conférences, rencontres avec des écrivains, concerts (programme consultable sur le site) et riche médiathèque, tout pour prendre un premier bol d'Eire avant d'aller voir sur place, ou pour garder le contact avec la culture gaélique après son retour.

■ ***Association irlandaise :*** *Maison Basque, 59, av. G.-Péri, 93400 Saint-Ouen. • association-irlandaise.org • Ⓜ Garibaldi. Pas de tél, passer un jeu soir (18h30-22h) pour prendre contact.* Association ouverte aux Français et aux Irlandais. Organise des cours de *tin whistle,* de *fiddle,* de cornemuse irlandaise et de *bodhran,* ainsi que de danse irlandaise.

En Belgique

Tourism Ireland : *av. Louise, 66, 1050 Bruxelles. ☎ 02-643-21-21. • ireland.com/fr-be • Lun-ven 9h-12h30, 13h-17h.*

■ ***Ambassade d'Irlande :*** *rue Froissart 50, 1040 Bruxelles. ☎ 02-28-23-400. • dfa.ie/irish-embassy/belgium • Lun-ven 10h-13h, 14h-16h.*

En Suisse

Tourism Ireland : *☎ 044-210-41-53. • ireland.com •*

■ ***Ambassade d'Irlande :*** *Kirchenfeldstrasse 68 (2e étage), PO Box 262,*

3000 Berne 6. ☎ 031-350-03-80. • dfa.ie/irish-embassy/switzerland •

Au Canada

Tourism Ireland : 2, Bloor St West, suite 3403, Toronto M4W 3E2. ☎ 1-416-925-6368. • ireland.com/en-ca • Lun-ven 9h-16h30.

■ **Ambassade d'Irlande :** 130, Albert St, suite 1105, Ottawa (Ontario) K1P 5G4. ☎ (613) 233-6281. • dfa.ie/irish-embassy/canada •

Formalités

– Pour les majeurs, une carte d'identité en cours de validité suffit. ATTENTION, LES PASSEPORTS ET LES CARTES D'IDENTITÉ PÉRIMÉS NE SONT PAS ACCEPTÉS. Des dizaines de touristes se font encore refouler chaque année pour défaut de papiers en règle. À bon entendeur...
– Les ***mineurs*** doivent être munis de leur propre pièce d'identité (carte d'identité ou passeport). Pour l'autorisation de sortie de territoire lorsque les enfants ne sont pas accompagnés par un de leurs parents, chaque pays a mis en place sa propre régulation. Ainsi, pour ***les mineurs français,*** une loi entrée en vigueur en janvier 2017 a ***rétabli l'autorisation de sortie du territoire.*** Pour voyager à l'étranger, ils doivent être munis d'une pièce d'identité (carte d'identité ou passeport), d'un formulaire signé par l'un des parents titulaires de l'autorité parentale et de la photocopie de la pièce d'identité du parent signataire. Renseignements auprès des services de votre commune et sur • service-public.fr •
– Pour la voiture, faut-il le rappeler, carte grise et carte verte internationale, et plaque de nationalité à l'arrière. Le permis de conduire français est accepté.
– Interdiction formelle d'importer des viandes et produits laitiers (fromages compris).
– Le passeport européen pour animaux de compagnie permet de transporter les animaux (chiens, chats et pourquoi pas les... furets !) satisfaisant aux exigences (puce électronique, vaccin contre la rage, etc.). Il est conseillé d'entamer la procédure auprès de votre vétérinaire au moins 7 mois à l'avance et de vérifier auprès des compagnies (maritimes ou aériennes) si elles sont agréées pour le transport des animaux de compagnie. Si vous venez en Irlande en transitant par l'Angleterre, pas de quarantaine non plus, à condition de satisfaire aux exigences du « *Pet Travel Scheme* » sur les liaisons directes entre le continent européen et l'Irlande (néanmoins suivre d'éventuelles annonces à l'issue des négociations du Brexit). Consulter le site • ireland.com •

Santé

Pour un séjour temporaire en Irlande, pensez à vous procurer la carte européenne d'assurance maladie. Il vous suffit d'appeler votre centre de Sécurité sociale (ou de vous connecter au site internet de votre centre, encore plus rapide !), qui vous l'enverra sous une quinzaine de jours. Cette carte fonctionne avec tous les pays membres de l'Union européenne, ainsi qu'en Islande, au Liechtenstein, en Norvège et en Suisse. C'est une carte plastifiée bleue du même format que la carte Vitale. Elle est valable 2 ans, gratuite et personnelle (chaque membre de la famille doit avoir la sienne, y compris les enfants), mais n'est pas valable pour les soins délivrés dans les établissements privés.

Assurances voyages

■ ***Routard Assurance par AVI International :*** Le Colisée Gardens, 10 avenue de l'Arche, CS 70126, 92419 Courbevoie Cedex. ☎ 01-44-63-51-00.

● *avi-international.com* ● *routard@avi-international.com* ● Ⓜ *La Défense.* Enrichie au fil des années par les retours des lecteurs, *Routard Assurance* reste l'assurance voyage référence des globe-trotters. Tout y est inclus, même le Covid : frais médicaux, assistance rapatriement, bagages, responsabilité civile... Avant votre départ, appelez *AVI* pour un conseil personnalisé. Besoin d'une attestation Covid, d'un avis médical, d'une prise en charge dans un hôpital ? Téléchargez l'appli mobile AVI international pour garder le contact avec *AVI Assistance* et disposez de l'un des meilleurs réseaux médicaux à travers le monde. *AVI Assistance* est disponible 24h/24 pour une réponse en temps réel. De simples frais de santé en voyage ? Envoyez les factures à votre retour, *AVI* vous rembourse sous une semaine.

■ ***AVA :*** *25, rue de Maubeuge, 75009 Paris.* ☎ *01-53-20-44-20.* ● *ava.fr* ● Ⓜ *Cadet.* Un autre courtier fiable pour ceux qui souhaitent s'assurer en cas de décès-invalidité-accident lors d'un voyage à l'étranger, mais surtout pour bénéficier d'une assistance rapatriement, perte de bagages et annulation. Attention, franchises pour leurs contrats d'assurance voyage.

■ ***Pixel Assur :*** *18, rue des Plantes, BP 35, 78601 Maisons-Laffitte.* ☎ *01-39-62-28-63.* ● *pixel-assur.com* ● *RER A : Maisons-Laffitte.* Assurance de matériel photo et vidéo tous risques (casse, vol, immersion) dans le monde entier. Devis en ligne basé sur le prix d'achat de votre matériel. Avantage : garantie à l'année.

Numéro d'urgence européen

☎ ***112 :*** c'est le numéro d'urgence commun à la France et à tous les pays de l'UE, à composer en cas d'accident, agression ou détresse. Il permet de se faire localiser et aider en français, tout en améliorant les délais d'intervention des services de secours.

Pensez à scanner passeport, visa, carte bancaire, billets d'avion et *vouchers* d'hôtel. Ensuite, adressez-les-vous par mail, en pièces jointes. En cas de perte ou de vol, vous pourrez facilement les récupérer. Les démarches administratives seront bien plus rapides.

Carte internationale d'étudiant (carte ISIC)

Elle prouve le statut d'étudiant dans le monde entier et permet de bénéficier d'avantages, services et réductions dans les domaines du transport, de l'hébergement, de la culture, des loisirs, du shopping...

La carte ISIC permet aussi d'accéder à des avantages exclusifs (billets d'avion spécial étudiants, hôtels et auberges de jeunesse, assurances, cartes SIM internationales, locations de voiture...).

Renseignements et inscriptions

- ***En France :*** ● *isic.fr* ● *13 € pour 1 année scolaire.*
- ***En Belgique :*** ● *isic.be* ●
- ***En Suisse :*** ● *isic.org/switzerland* ●
- ***Au Canada :*** ● *isiccanada.ca* ●

Carte d'adhésion internationale aux auberges de jeunesse (carte FUAJ)

Cette carte vous ouvre les portes des 4 000 auberges de jeunesse du réseau HI-Hostelling International en France et dans le monde. Vous pouvez ainsi loger dans plus de 80 pays à des prix avantageux et bénéficier de tarifs préférentiels avec les partenaires des Auberges de Jeunesse *HI* (location de voitures, excursions et activités variées). Enfin, vous intégrez une communauté mondiale de voyageurs partageant les mêmes valeurs : plaisir de la rencontre, respect des différences et échanges dans un esprit convivial. Carte valable 1 an à compter de la date d'achat. Il n'y a pas de limite d'âge pour séjourner en auberge de jeunesse, il suffit d'être adhérent.

Renseignements et inscriptions

- ***En France :*** • *hifrance.org* • *Tarif 11 €.*
- ***En Belgique :*** • *lesaubergesdejeunesse.be* •
- ***En Suisse :*** • *youthhostel.ch* •
- ***Au Canada :*** • *hihostels.ca* •

Si vous prévoyez un séjour itinérant, vous pouvez réserver plusieurs auberges en une seule fois en France et dans le monde : • *hihostels.com* •

ARGENT, BANQUES, CHANGE

En république d'Irlande (Eire), depuis début 2002, l'euro est dans toutes les poches et dans tous les portefeuilles des Irlandais.

Cartes de paiement

Avertissement

Si vous comptez effectuer des retraits d'argent aux distributeurs, il est très vivement conseillé d'avertir votre banque avant votre départ (pays visités et dates). En effet, votre carte peut être bloquée dès le premier retrait pour suspicion de fraude. C'est de plus en plus fréquent. Bonjour les tracasseries administratives pour faire rentrer les choses dans l'ordre et on se retrouve vite dans l'embarras !

Quand vous partez à l'étranger, pensez à téléphoner à votre banque pour relever le plafond de retrait aux distributeurs et pour les paiements par carte, quitte à le faire rebaisser à votre retour.
Avant de partir, notez bien le numéro d'opposition propre à votre banque (il figure souvent au dos des tickets de retrait, sur votre contrat, ou à côté des distributeurs de billets), ainsi que le numéro à 16 chiffres de votre carte. Bien entendu, conservez ces informations en lieu sûr et séparément de votre carte.
Par ailleurs, l'assistance médicale se limite aux 90 premiers jours du voyage et l'assistance véhicule aux cartes haut de gamme (renseignez-vous auprès de votre banque). Et surtout, n'oubliez pas aussi de VÉRIFIER LA DATE D'EXPIRATION DE VOTRE CARTE BANCAIRE avant votre départ !
En zone euro, pas de frais bancaires sur les paiements par carte. Les retraits sont soumis aux mêmes conditions tarifaires que ceux effectués en France (gratuits pour la plupart des cartes).
Une carte perdue ou volée peut être rapidement remplacée. En appelant sa banque, un système d'opposition, d'avance d'argent et de remplacement de carte pourront être mis en place afin de poursuivre son séjour en toute quiétude.
En cas de perte, de vol, ou de fraude, quelle que soit la carte que vous possédez, chaque banque gère elle-même le processus d'opposition et le numéro de téléphone correspondant.

Le plus simple est de faire opposition en ligne via le site de votre agence bancaire ou leur application mobile, ou en les appelant directement. Sinon, voici les numéros des centres d'assistance des différentes cartes.

- **Carte Bleue Visa :** *numéro d'urgence (Europ Assistance) ☎ (00-33) 1-41-85-85-85 (24h/24). • visa.fr •*
- **Carte MasterCard :** *numéro d'urgence ☎ (00-33) 0-800-90-13-87. • mastercard.fr/fr-fr.html •*
- **Carte American Express :** *numéro d'urgence ☎ (00-33) 1-47-77-72-00. • americanexpress.fr •*

Il existe un serveur interbancaire d'opposition qui en cas de perte ou de vol vous met en contact avec le centre d'opposition de votre banque : *en France : ☎ 0892-705-705 (prix d'un appel + 0,35 €/mn) ; depuis l'étranger : ☎ + 33 442 605 303.*

Petite mesure de précaution : si vous retirez de l'argent dans un distributeur, utilisez de préférence les distributeurs attenants à une agence bancaire. En cas de pépin avec votre carte (carte avalée, erreurs de code secret...), vous aurez un interlocuteur dans l'agence, pendant les heures ouvrables.

Il existe aussi un serveur interbancaire d'opposition qui, en cas de perte ou de vol, vous met en contact avec le centre d'opposition de votre banque. Depuis la France : *0892-705-705 (prix d'un appel + 0,35 €/min)* ; depuis l'étranger : *+33-442-605-303.*

Besoin urgent d'argent liquide

Vous pouvez être dépanné en quelques minutes grâce au système ***Western Union Money Transfer*** présent dans les supérettes *7-Eleven* et les bureaux de change *Forex*. L'argent vous est transféré en moins de 1h. La commission, assez élevée, est payée par l'expéditeur. Possibilité d'effectuer un transfert auprès d'un des bureaux *Western Union* ou, plus rapide, en ligne, 24h/24 par carte de paiement (*Visa* ou *MasterCard*).

Même principe avec d'autres organismes de transfert d'argent liquide comme ***MoneyGram, PayTop*** ou ***Azimo.*** Transfert en ligne sécurisé, en moins de 1h.

Dans tous les cas, se munir d'une pièce d'identité. Toutefois, en cas de perte/vol de papiers, certains organismes permettent de convenir d'une question/réponse-type pour que vous puissiez récupérer votre argent. Chacun de ces organismes possède aussi des applications disponibles sur téléphone portable. Consulter les sites internet pour connaître les pays concernés, les conditions tarifaires (frais, commission) et trouver le correspondant local le plus proche :

• westernunion.com • moneygram.com/mgo/fr/fr • paytop.com • azimo.com/fr •

– Autre solution, envoyer de l'argent par ***la Poste*** : le bénéficiaire, muni de sa pièce d'identité, peut retirer les fonds dans n'importe quel bureau du réseau local. Le transfert s'effectue avec un mandat ordinaire international (jusqu'à 3 500 €) et la transaction prend 4-5 jours en Europe. Plus cher, mais plus rapide, le mandat express international permet d'envoyer de l'argent (montant variable selon la destination) sous 2 jours maximum, 24h lorsque la démarche est faite en ligne. *Infos : • labanquepostale.fr •*

ACHATS

À Dublin, vous trouverez tout ce que les différentes régions du pays produisent. Évidemment, c'est plus intéressant de s'approvisionner à la source !

– ***Les pulls :*** ne croyez pas qu'en Irlande tout le monde porte les pulls tricotés en laine du pays suivant les motifs compliqués de l'île d'Aran. C'est en réalité plutôt

les touristes qui les arborent. Dans les magasins de souvenirs, ils ne sont pas toujours *Made in Ireland...* Pour de l'authentique, soyez prêt à mettre le prix.
- ***Le tweed (vestes, casquettes, couvertures, écharpes, etc.) :*** les plus beaux tweeds viennent du Donegal.
- ***La pure laine (100 %) :*** non dégraissée ou dégraissée (blanche ou de couleur), pour tricotage ou tissage. Là encore, la qualité dépend du prix qu'on est prêt à mettre.
- ***Les bijoux, la dentelle, le lin, les poteries... aux motifs celtiques ou non, traditionnels ou design :*** la capitale compte pas mal de boutiques et d'ateliers d'artistes. N'hésitez pas à pousser les portes !
- ***Les instruments de musique :*** ils ne sont pas trop chers, encore faut-il savoir où les acheter et à quel prix. Demandez donc à un musicien rencontré dans un pub ou dans un festival, il pourra vous donner les meilleurs tuyaux.
- ***Le whiskey :*** il est tellement taxé qu'il vous coûtera moins cher dans n'importe quel supermarché de France !

BUDGET

Recommandation à ceux qui souhaitent profiter des réductions et avantages proposés dans ***Le Routard*** par les hôteliers et les restaurateurs.

À l'hôtel, pensez à les demander au moment de la **réservation** ou bien lors de votre **arrivée.** Ils ne sont valables que pour les réservations en direct et non cumulables avec d'autres offres promotionnelles (notamment sur Internet). Au restaurant, parlez-en **au moment** de la commande et surtout avant que l'addition soit établie. Poser votre *Routard* sur la table ne suffit pas : le personnel de salle n'est pas toujours au courant et une fois le ticket de caisse imprimé, il est souvent difficile de modifier le total. En cas de doute, montrez la notice relative à l'établissement dans ***Le Routard* de l'année** et, bien sûr, ne manquez pas de nous faire part de toute difficulté rencontrée.

L'Irlande est devenue un pays assez cher et Dublin, en tant que capitale, n'échappe pas à la « règle ». Les hébergements ont beaucoup augmenté ces dernières années. Plus cher même qu'en France ou en Belgique, également pour les restaurants.
- ***Pour les voyageurs à petit budget :*** prévoir un budget moyen de 50 à 60 € par jour et par personne, soit 15 à 25 € pour un lit en dortoir, 10-15 € par repas (pris dans des snacks, sandwicheries, pubs bon marché ou, mieux, à l'AJ, en cuisinant) et 10 à 20 € pour le reste (transports, visites, etc.).
- ***Pour les voyageurs à budget moyen :*** à 2, en logeant dans les *B & B* et en mangeant au restaurant, prévoir 100 à 130 € par jour et par personne (50 à 65 € par personne pour le *B & B,* 10 à 15 € le midi pour un plat du jour, 20 à 35 € le soir pour un repas un peu plus élaboré et 10 à 20 € pour d'éventuelles visites ou une virée dans un pub).

Hébergement

- ***Très bon marché :*** le camping, qui revient à 20-25 € pour 2 avec voiture et tente. Mais il faut s'éloigner de Dublin.
- ***Bon marché :*** le dortoir dans une AJ, pour lequel il faut prévoir de 15 à 30 € par personne et par nuit (parfois beaucoup plus en fin de semaine ou lors de certaines fêtes). À noter que la plupart des AJ proposent aussi des chambres doubles ou familiales, mais le rapport qualité-prix n'est pas évident.

– ***Prix moyens :*** le *B & B* standard. Ils sont peu nombreux à Dublin, sauf dans les quartiers résidentiels ou banlieues. Ils sont presque tous au même prix, à savoir de 80 à 100 € pour 2 selon la saison (en chambre double avec salle de bains). Bien sûr, le petit déj est toujours compris.
– ***Chic :*** de 100 à 200 € la double, prix d'un *B & B* de charme ou d'un petit hôtel.
– ***Plus chic :*** plus de 200 € la double. C'est le tarif minimum d'une chambre d'hôtel, hors promotions.

Nourriture

On peut facilement se restaurer à prix raisonnables, notamment grâce aux pubs qui proposent une cuisine copieuse (appelée *bar food* ou *pub grub*), correcte le plus souvent, voire délicieuse, à défaut d'être très diététique ! Certains pubs disposent d'une salle de resto à part... et proposent alors une carte distincte (plus chère) de celle du pub. Quel que soit le type d'établissement (pub ou resto), il y a presque toujours une carte pour le midi et une carte pour le soir. Le midi, on peut s'en tirer pour 10-15 € en se contentant d'un plat et d'une carafe d'eau. Le soir, en revanche, un repas au resto peut atteindre facilement les 20-30 €, et ce, pour un seul plat et une boisson. Pour un repas complet, on arrive facilement à 40-50 €. Enfin, certains restaurateurs proposent, en fin d'après-midi, un *early bird menu,* sorte de repas précoce à prix cassés... Intéressant à condition d'avoir envie de dîner avant 19h.
Nos fourchettes de prix ***sont données pour un plat principal,*** généralement assez copieux pour satisfaire un appétit normal.
– ***Bon marché :*** environ 10-15 €. Le midi, dans les snacks, les pubs et les petits restos. Le soir, c'est plus difficile à trouver, sauf bien sûr dans les fast-foods et autres sandwicheries ou certains pubs en prenant les plats de base (vive les *fish & chips* et les hamburgers !)... Aux routards qui cherchent à dépenser le moins possible, on conseille de se préparer le petit déj à l'AJ *(hostel),* de manger sur le pouce le midi et de remettre le couvert à l'auberge le soir... en utilisant la cuisine du lieu (il y a des épiceries et des supermarchés un peu partout).
– ***Prix moyens :*** de 15 à 25 €.
– ***Chic :*** de 25 à 40 €.
– ***Plus chic :*** plus de 40 €.

Musées

Le prix d'entrée varie le plus souvent entre 5 et 18 €. Mais quelques grands musées ou sites pratiquent des tarifs plus élevés. Heureusement, la plupart offrent aussi des réductions étudiants et seniors et il existe à peu près partout des billets famille. Vous pouvez aussi acheter en ligne un **Dublin Pass** donnant accès à une trentaine d'« attractions » (musées, monuments...). À vous de calculer, en fonction des prix d'entrée, si l'offre est valable (en 2021, 70 € pour 1 jour ; réduc pour les enfants ; tarif dégressif pour plusieurs journées : par exemple, 110 € pour 5 jours). Tarif enfant également. • *dublinpass.ie* •
Il peut aussi s'avérer économique d'investir dans une *Duchás Heritage Card* (valable 1 an). Nombreux sont les musées, monuments et sites auxquels on a ainsi accès librement (environ 65 pour le pays tout entier, dont une vingtaine pour Dublin et ses proches environs). Coût en 2021 : 40 € par adulte, 10 € par enfant, 30 € pour les plus de 60 ans et 90 € pour une famille. Un conseil : achetez-la dans le premier site où elle est en vente (on peut aussi la commander sur le site internet ci-dessous). Pour tout renseignement : ***Heritage Centre*** *• heritageireland.ie •).* Ne pas confondre avec l'*Heritage Island* *(• heritageisland.com •),* qui regroupe à peu près autant de sites patrimoniaux irlandais et qui est un « marketing consortium ». Par ailleurs, les titulaires de la carte internationale des AJ peuvent souvent obtenir des réductions sur les droits d'entrée à des activités proches de l'AJ.

CLIMAT

La verte Érin ne serait pas aussi verte sans la pluie qui arrose généreusement ses terres ! Et les éléments y offrent un show permanent. Après la pluie, le soleil. Après le soleil, la pluie. Entre les 2, crachin, brume, brouillard, arcs-en-ciel, et même des effets de soleil en cours d'averse qui projettent votre ombre sur les nuages... et tout ça parfois en moins de 1h ! Les premiers jours, la rapidité d'évolution du temps stupéfie les petits continentaux fraîchement débarqués. Bref, le coupe-vent vraiment imperméable, les chaussures étanches et le parapluie y seront vos meilleurs alliés (et gardez-les toujours à portée de main). Les voyageurs sac à dos veilleront, quant à eux, à bien protéger leurs affaires (en mettant, par exemple, leurs vêtements dans des sacs plastiques au cas où l'étanchéité de leur bagage se révélerait faillible).
Le mieux, à cet égard, est de découvrir Dublin en mai ou en juin : ce sont les mois les plus ensoleillés. Au contraire, c'est en décembre que les cieux dispensent le plus largement leurs douches quotidiennes. À part ça, il ne fait ni chaud ni froid, plutôt bon en été. Au milieu, quoi !
Pour des nouvelles fraîches, consulter le site ● *met.ie* ●

DANGERS ET ENQUIQUINEMENTS

Pour profiter sereinement de son voyage, le routard doit, comme dans la plupart des pays européens, appliquer quelques règles de bon sens.
Ne laissez rien dans votre voiture, gardez votre argent et vos papiers sur vous à l'AJ. Ne vous garez pas dans certains quartiers, comme celui des Liberties, surtout avec une plaque étrangère.

DÉCALAGE HORAIRE

En Irlande, on est à GMT en hiver et GMT + 1 en été, soit 1h de retard toute l'année par rapport à la France. Quand il est 12h en France, il est donc 11h en Irlande. En attendant la réforme européenne des heures d'été et d'hiver...

DUBLIN GRATUIT

Bonne nouvelle ! Dublin compte de nombreux musées nationaux gratuits. Une petite participation vous sera parfois demandée, sous forme de *donation,* mais rien d'obligatoire. Parmi ces musées, on compte la *Chester Beatty Library*, l'*Irish Museum of Modern Art,* les *National Archives,* la *National Gallery,* la *National Library,* la *National Photographic Archive,* le *National Museum of Decorative Arts and History* et le *National Museum of Archaeology.* C'est le cas aussi de *The Hugh Lane,* qui expose l'atelier de Francis Bacon.

ÉLECTRICITÉ

Ah, ces insulaires ! Incapables de faire comme tout le monde ! En plus de conduire à gauche et d'inverser les robinets « eau chaude » et « eau froide », voilà-t'y pas qu'ils ont des prises de courant incompatibles avec celles du continent ! La plupart se composent de 3 fiches et distribuent du courant de 220 volts. Pour votre rasoir, vous trouverez dans toutes les salles de bains des prises adéquates. Elles peuvent aussi servir pour recharger la batterie de votre téléphone portable ou de votre appareil photo. Pour le reste, vous trouverez un adaptateur *(adapter)* au supermarché du coin.

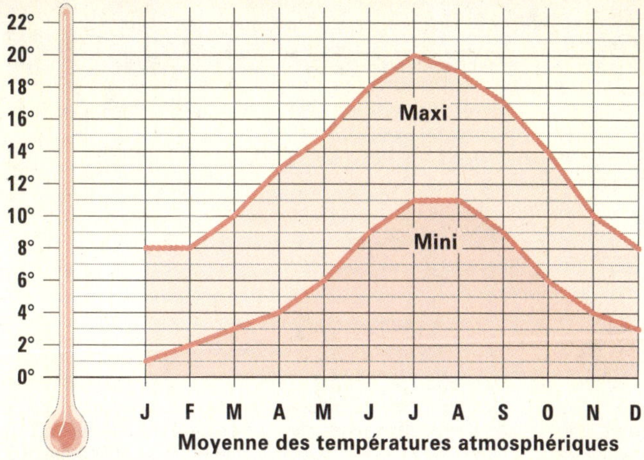

Moyenne des températures atmosphériques

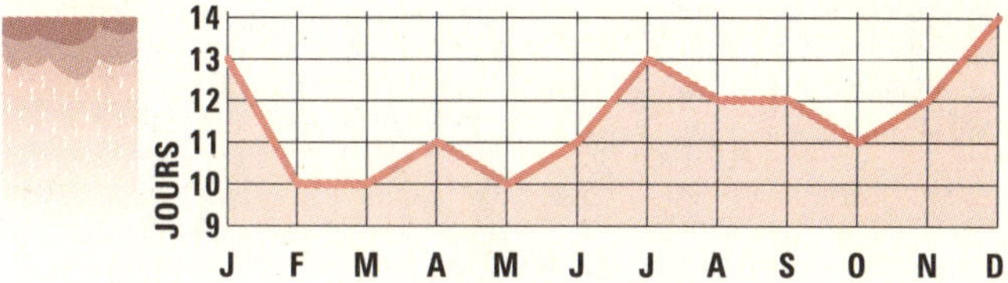

Nombre de jours de pluie

IRLANDE (Dublin)

FÊTES, FESTIVALS ET JOURS FÉRIÉS

Parmi les nombreux festivals et fêtes organisés à Dublin, voici une sélection, dans différents genres. Pour l'exhaustivité, consulter • *discoverireland.ie/whats-on* •
– ***Fin janvier :*** *Temple Bar Trad Festival,* dans Temple Bar. Consacré à la musique et à la culture irlandaises. • *tradfest.ie* •
– ***Fin février-début mars :*** *Dublin International Film Festival.* • *diff.ie* •
– ***17 mars :*** la Saint-Patrick, fête nationale irlandaise.
– ***Mai :*** *Dublin Dance Festival.* • *dublindancefestival.ie* • Festival international de danse contemporaine.
– ***Juin :*** *Bloom Festival,* Phoenix Park. • *bordbiabloom.com* • *Bloomsday* (célébration de l'*Ulysse* de Joyce) à Dublin, le 16 (et quelques jours auparavant) • *bloomsdayfestival.ie* •
– ***Août :*** *Dublin Horse Show,* compétition internationale d'équitation à Ballsbridge. • *dublinhorseshow.com* •
– ***Septembre :*** finales du championnat de *hurling* (1er dimanche) et de foot gaélique (3e dimanche) à Dublin.
Dublin Fringe Festival : consacré aux approches artistiques innovantes. • *fringefest.com* •
– ***Fin septembre-début octobre :*** *Dublin Theatre Festival.* • *dublintheatrefestival.ie* •

Jours fériés

- ***1er janvier.***
- ***17 mars :*** Saint-Patrick, fête nationale de la république d'Irlande.
- ***Lundi de Pâques.***
- ***Vendredi saint :*** ce jour n'est pas férié en république d'Irlande, mais de nombreux pubs et magasins sont fermés.
- ***Fête du 1er mai :*** 1er lundi après le 1er mai, si celui-ci n'en est pas un.
- ***1er lundi de juin.***
- ***1er lundi d'août.***
- ***Dernier lundi d'octobre.***
- ***25 décembre.***
- ***26 décembre :*** *Boxing Day.*

GÉOGRAPHIE URBAINE

Il n'est pas très difficile de se repérer dans le centre-ville de Dublin : la Liffey qui coule d'ouest en est le sépare en 2 moitiés. De la rive nord, O'Connell Street, l'artère commerçante névralgique, se déploie selon un axe nord-sud pour rejoindre Parnell Square. C'est là le cœur du tout premier Dublin georgien. Les principales gares (routière et ferroviaire) se trouvent un peu plus à l'est. Au sud, à l'opposé de O'Connell Street, Westmoreland Street, qui longe Trinity College, mène à Grafton Street, l'autre grande (et piétonne) « *shopping street* ». À l'est de cet axe, des quartiers chics, autour de Merrion Square et Saint Stephen's Green, prolongés, au-delà du Grand Canal, par Ballsbridge où se trouvent de nombreux hébergements. À l'ouest, une fois passé le trépidant quartier de Temple Bar, coincé entre Liffey et Dame Street, les rares vestiges du Dublin normand et médiéval se trouvent autour du Dublin Castle : on arrive ensuite, toujours en poursuivant vers l'ouest, au quartier nommé The Liberties, bien plus populaire.

HÉBERGEMENT

Les *Bed & Breakfast (B & B)*

Il en existe assez peu à Dublin même (et la plupart sont en périphérie de la ville). Prix correspondant, pour 2 personnes, aux 2-3-étoiles bien d'chez nous (voir précédemment « Budget »). Le petit déjeuner est compris (comme son nom l'indique). Attention, il y a une forte majoration si l'on voyage seul. Vous serez, de manière assez générale, considéré comme un client, et parfois comme un véritable ami de la famille. Dans beaucoup de *B & B,* la générosité de l'*Irish breakfast* permet d'alléger le repas de midi. Certains lecteurs marchandent le prix des *B & B.* Ça peut marcher, surtout hors saison. D'ailleurs, les prix indiqués dans ce guide sont les prix officiels fixés par le ministère du Tourisme. Les proprios font parfois des remises, surtout à partir de la 2e ou 3e nuit.

Il est d'usage de se présenter avant 18h ou 19h dans les *B & B* préréservés. Sinon, téléphonez pour prévenir de l'heure de votre arrivée et évitez, par courtoisie et respect, d'arriver après 22h, sauf cas de force majeure. De même, le matin, vos hôtes n'apprécieront guère que vous demandiez votre petit déj à l'aube.

Les différentes catégories de Bed & Breakfast

- Ceux avec le trèfle sont agréés par le *Bord Fáilte.* Cela garantit au moins qu'ils sont à jour de leur cotisation. Consulter le site de l'association ***B & B Ireland*** (● bandbireland.com ●).

– Ceux qui ne sont pas agréés sont généralement bien tenus, aussi confortables et propres que les *B & B « approved »*. Toutefois, ils ne satisfont pas totalement aux normes des organismes officiels (pour d'obscures raisons techniques le plus souvent). D'autres *B & B* n'ont tout simplement pas envie de payer la cotisation au *B & B Ireland,* soit par souci d'économie, soit par incompatibilité « idéologique »... Bref, ne pas se poser trop de questions sur ces *B & B* non agréés, d'autant que c'est dans ceux-là que l'on a le plus de chances de tomber sur des gens originaux.
– Le site • *bedandbreakfast.eu* • propose plus de 3 000 *B & B,* agréés ou pas.

Quelques conseils

– Les *standard rooms* sont des chambres avec salle de bains à l'extérieur (mais elle peut être privée). Celles *en suite* possèdent salle de bains et w-c à l'intérieur. La différence de prix va de 5 à 10 € environ.
– Une *double* à un seul lit et une *twin* à deux petits lits.
– Il existe parfois des disparités de qualité de confort importantes entre deux *B & B* de même prix. En revanche, certains offrent, pour quelques euros de plus, des prestations dignes d'établissements chics.

Les hôtels

Les hôtels en Irlande sont chers, très chers. L'*Irish Hotels Federation* en regroupe un panel varié, allant de la *guesthouse* de charme à l'établissement de luxe dernier cri.

■ ***Irish Hotels Federation :*** • *irelandhotels.com* •

Le camping

On trouve un seul camping dans les environs de Dublin. On vous indique le prix pour 2 personnes avec tente et voiture.

■ ***Irish Caravan and Camping Council :*** • *camping-ireland.ie* •

Les auberges de jeunesse *(youth hostels)*

Il est difficile de donner une appréciation globale à l'ensemble des AJ de Dublin. La qualité de l'accueil, des locaux et de leur entretien sont extrêmement variables d'un établissement à l'autre et même d'une année à l'autre.
Pour le reste, il faut savoir que les très grands dortoirs se raréfient, la norme étant plutôt aujourd'hui ceux de 4 à 8 lits. Des chambres pour couples et pour familles sont disponibles dans la plupart des établissements. Les facilités de lavage et de séchage et l'accès à une cuisine font partie de l'équipement standard.
Il existe plusieurs associations.

– ***Les AJ officielles :*** gérées par an *Óige* pour l'Eire (une bonne vingtaine, dont quelques-unes franchisées), affiliées au réseau *Hostelling International.* Il y en a 1 à Dublin et 3 vers Glendalough et le Wicklow Mountains National Park. La carte de membre n'est pas obligatoire, mais elle permet de bénéficier d'une réduction de 2 € par nuitée. Mieux vaut l'acheter en France, car, en Irlande, elle coûte un peu plus cher (voir précédemment « Avant le départ »). Elles pratiquent en général 3 tarifs différents : 18 ans ou moins, haute et basse saison.
Attention, la réception est souvent fermée de 10h30 à 17h.

■ ***An Óige, Irish Youth Hostel Association :*** *61, Mountjoy St, Dublin 7.* • *anoige.ie* •

– ***Les AJ privées :*** les plus sympa. Elles sont souvent plus petites, il y a moins de monde (et pas de groupes !), l'ambiance y est plus familiale et l'aménagement plus personnalisé. Pas de limite d'âge et aucune carte de membre requise. Niveau de confort très variable. Certaines AJ sont affiliées aux 2 !

■ ***Independent Hostels (IHI) :*** ● *independenthostelsireland.com* ● Une sélection libre et originale d'AJ privées. Environ 60 AJ référencées, dont 2 à Dublin.

■ ***Independent Holidays Hostels (IHH) :*** ● *hostels-ireland.com* ● Environ 30 AJ, dont 6 à Dublin, approuvées par le *Tourist Board* et pratiquant le *book ahead.*

– Enfin, 4 AJ dublinoises sont affiliées à **Celtic Group Hostels** : ● *celticgrouphostels.com* ●

Spécial « en fauteuil »

♿ Ceux qui voyagent en fauteuil trouveront certains établissements prêts à les accueillir. En particulier, beaucoup d'AJ privées récentes sont superbement conçues, leur rendant aisés vie quotidienne et déplacements. Pour toute précision, contacter l'organisme suivant :

■ ***National Disability Authority :*** ☎ *(00-353-1) 608-04-00.* ● *nda.ie* ●

LANGUE

Vous parlerez évidemment en anglais (pour vous aider à communiquer, n'oubliez pas notre *Guide de conversation du routard* en anglais), mais, même si la langue de l'ancien colonisateur s'est imposée, les Irlandais gardent au fond de leur cœur une grande affection pour leur langue historique, le gaélique (« *Irish* » pour les Irlandais). Contrairement aux idées reçues, le gaélique parlé en Irlande n'est pas proche du breton, il appartient au groupe qui comprend le gaélique d'Écosse et le manxois (de l'île de Man). Le breton fait partie du groupe comprenant le gallois et le cornique (de Cornouailles).
Majoritaire pendant des siècles, le gaélique amorça son déclin au XIXe s avec la pénétration massive de l'occupant britannique. Un coup fatal lui fut porté par la Grande Famine de 1844 à 1850, qui provoqua près de 1 million de morts et força 1,5 million d'Irlandais à émigrer, désorganisant complètement la société rurale irlandaise.
Aujourd'hui, si ***30 % d'Irlandais parlent plus ou moins couramment le gaélique*** (obligatoire à l'école primaire), celui-ci ne survit comme langue maternelle que chez les 3 ou 4 % de la population vivant dans le *Gaeltacht,* mosaïque de petits bouts du territoire où il prend le pas sur l'anglais. Les poches principales se situent dans le Kerry, le Connemara et le Donegal, mais on trouve aussi quelques villages de langue gaélique dans le comté de Meath, à moins de 50 km de Dublin ! Cette langue très complexe aurait fini par s'éteindre tout doucement si, à la fin du XIXe s, un mouvement culturel n'avait tenté de la sauver pour redécouvrir une identité culturelle nationale.
Aujourd'hui, le gaélique vit une grande contradiction. D'une part, chaque été, plusieurs milliers d'élèves extrêmement motivés se rendent dans le *Gaeltacht* et renouent avec une pratique vivante de la langue ; il existe aussi depuis quelques années des *Gaelic schools* : le gaélique y est parlé en permanence et l'anglais n'est qu'une matière comme les maths ou la musique. D'autre part, le gaélique n'apparaît plus comme indispensable aux yeux de beaucoup, et son usage quotidien ne concerne guère plus de 140 000 personnes. Imposé à l'école, vécu comme une corvée, sa nécessité dans la vie sociale n'étant pas perçue, il provoque chez certains une réaction de rejet. Une étude récente montre qu'au rythme où vont les choses, ***la langue sera véritablement en danger d'ici à 2025.*** Pour qu'on se reprenne à l'aimer, mieux vaudrait qu'on l'interdise !

Petit vocabulaire de base (avec prononciation !)

Fáilte	« fôltieu »	Bienvenue
Slainte	« slauntcha »	À votre santé
Slàn	« slaun »	Au revoir
Go raibh maith agat	« gorêve mahagate »	Merci (littéralement : « que le bien soit avec vous »)
Conas ta tù ?	« conaçe ta tou ? »	Comment vas-tu ? (cela, pour les personnes qu'on connaît un peu)

Et n'oubliez pas de rouler les « r » !

Les étrangetés du gaélique

– Certains mots comportent un nombre impressionnant de lettres qui ne se prononcent pas, ou alors pas de la façon que vous pourriez imaginer. Ainsi, la ville de Dún Laoghaire se prononce quelque chose comme « Doune Liri ».
– Il vous arrivera de voir des majuscules ailleurs qu'en début de mot. Explication : on forme les cas en ajoutant un préfixe (par exemple, « n » pour le génitif). Si c'est à un nom propre, le « n » est placé avant la majuscule, comme dans « Dún na nGall » signifiant « le fort de l'étranger » (qui a donné « Donegal »).
– La lettre « h » après une lettre remplace un point sur cette lettre, destiné à en modifier la prononciation dans l'écriture traditionnelle.
– Dans de nombreux noms de lieux et de gens d'origine gaélique, le groupe « gh » se prononce comme un « h » fortement expiré : Omagh, Gallagher, Ballyvaughan...

Toponymie gaélique

Ard	Haut	*Ardagh*
Baile, bally	Ville	*Ballyshannon*
Caher, cahir	Château	*Caherdaniel, Cahirciveen*
Carrick	Rocher	*Carrickmacross*
Droichead	Pont	*Droicheadnva*
Drum	Crête	*Drumshanbo*
Dun	Fort	*Donegal, Dún Laoghaire*
Glen	Vallée	*Glenmore*
Inish	Île	*Inishmore*
Kill	Bois ou église	*Killarney, Kilkenny*
Knock	Colline	*Knocknagree, Castleknock*
Lough	Lac	*Glendalough*
Mona	Tourbe	*Monavullagh*
Rath	Tumulus	*Mountrath*
Sean, shan	Vieux	*Shankill, Shanagolden*
Slieve	Montagne	*Slieve League*
Trá	Plage	*Tramore*

LIVRES DE ROUTE

Romans, nouvelles

– ***Dublinois,*** de James Joyce (nouvelles, 1914 ; Gallimard, coll. « Folio » n° 2439, 2013). L'auteur décrit la vie quotidienne des Dublinois du début du XXe s avec un réalisme psychologique très subtil. Sous la peinture de mœurs et la monotonie des milieux bourgeois, l'auteur met au jour fêlures et lézardes que la fatalité vient imprimer à l'existence quotidienne. *Dublinois* inspira à John Huston son ultime film *Gens de Dublin.*

– ***Ulysse,*** de James Joyce (roman, 1922 ; Gallimard, coll. « Folio » n° 2830, 1996). Un des chefs-d'œuvre de la littérature mondiale. Au travers des déambulations de Leopold Bloom dans le Dublin de 1904, c'est une relecture, parodie, transposition de *L'Odyssée* qui nous est proposée. Mais le projet de Joyce va bien plus loin : tous les styles, tous les langages se rassemblent en une sorte d'encyclopédie du verbe, comme si l'auteur avait voulu faire de ce livre une somme de la culture et du langage de notre temps. Intimidant ? Beaucoup, c'est vrai, s'y sont cassé le nez. Il faut une bonne boussole pour suivre cette longue et zigzagante (car très arrosée !) croisière dublinoise. À noter qu'une nouvelle traduction est parue, également chez Gallimard, à l'occasion du « centenaire » de 2004.

– ***La Trilogie de Barrytown (The Commitments, The Snapper, The Van)*** de Roddy Doyle (romans, 1987-1991 ; *coll. « Pavillons poche », 2009*). Aventures et mésaventures de la famille Rabbitte de Barrytown (quartier ouvrier imaginaire du nord de Dublin). Romans populaires, loufoques, pleins de vie. Tous les 3 ont été adaptés pour le grand écran.

– ***À l'irlandaise,*** de Joseph O'Connor (roman, 1999 ; Robert Laffont, coll. « Pavillons Poche » 2016). Par un jeune romancier talentueux, par ailleurs frère de Sinéad O'Connor, le récit douloureux de la quête d'un père à la recherche de l'agresseur de sa fille. Sur fond de violence dublinoise, une approche paradoxale du pardon.

Récits de voyage

– ***L'Irlande dans un verre (McCarthy's Bar),*** de Pete McCarthy (2003 ; Hoëbeke, coll. « Étonnants Voyageurs »). De pub en pub, l'errance d'une sorte de routard à l'anglo-saxonne qui va du comté de Cork à celui de Donegal en passant par le Connemara. Une bien belle balade.

Récit autobiographique

– ***Un peuple partisan,*** de Brendan Behan (1958 ; Gallimard, coll. « Du Monde Entier », 1996). Ce livre relate l'expérience pénitentiaire de l'auteur, condamné à l'âge de 16 ans pour actes « terroristes » – il faisait partie de l'IRA – et resta emprisonné de 1939 à 1942. Au travers de sa propre histoire, c'est le peuple d'Irlande, frondeur, épris de liberté, amoureux de la vie, qui est évoqué.

Quelques maisons spécialisées et autres titres à lire

– ***Les éditions Terre de Brume*** *(• terredebrume.com •)* éditent une collection nommée « La Bibliothèque irlandaise ». Citons, entre autres, *Le Seigneur de la montagne,* de Walter Macken. De ce dernier également : *Les Enfants de la pluie et du vent* et *La Quête de belle terre,* ou l'histoire hallucinante des massacres de Cromwell en Irlande et de leurs conséquences sur le peuple irlandais.

– Autres merveilleux ***classiques*** de la littérature irlandaise : *Insurrection* et *Famine,* de Liam O'Flaherty (Rivages poche), et *L'Homme tranquille* de Maurice Walsh *(10/18).*

– Sur l'***histoire*** : *La Question d'Irlande* de Jean Guiffan (Complexe, 2006) et ***Histoire de l'Irlande et des Irlandais,*** par Pierre Joannon (Perrin 2005), le plus grand spécialiste français de l'Irlande. Presque obligatoire à tout amoureux de la verte Érin. Une véritable somme d'une rigoureuse précision et d'une lecture aisée et passionnante.

MAGASINS

Les boutiques sont ouvertes en général de 9h ou 10h à 17h30 ou 18h. En ville, le jeudi ou le vendredi sont les soirs de « nocturnes », le plus souvent jusqu'à 20h. De plus en plus de magasins (les centres commerciaux et supermarchés notamment) ouvrent le dimanche de 12h à 17h ou 18h.

POSTE

– Les bureaux de poste sont ouverts du lundi au vendredi de 9h à 18h et le samedi de 9h à 13h. La poste principale, sur O'Connel St, est, quant à elle, ouverte du lundi au samedi de 8h à 20h.
– Une carte postale ou une lettre vers l'Europe vous coûtera 1,70 €.

POURBOIRES

L'usage du pourboire s'est raréfié en Eire, mais personne ne vous en voudra si vous laissez 10 % de plus dans un restaurant ou un taxi. La plupart du temps, le service est déjà inclus dans l'addition, ou vous sera proposé au moment du paiement par carte.

SANTÉ

– En cas de gros pépin, l'Irlande faisant partie de l'Union européenne, les résidents des autres pays de l'Union peuvent être traités gratuitement dans le service des urgences des hôpitaux publics. Condition : avoir avec soi la carte européenne d'assurance maladie (voir précédemment « Avant le départ »). Sinon, vous devrez avancer les frais d'hospitalisation.
– En cas de consultation de médecine en clinique privée, les frais médicaux sont remboursés aux assurés sociaux des autres pays de l'Union, à leur retour par leur caisse de rattachement (au barème en vigueur en France).

STAGES

Derrière les verts paysages et les pubs se cache une riche culture. Vous pouvez vous inscrire à des stages d'archéologie, de gaélique, de littérature, de peinture, de photo ou encore de musique et de danse traditionnelles. Tout concourt à ce qu'un séjour linguistique en Irlande soit une franche réussite : la qualité de l'enseignement et l'accueil légendaire des familles irlandaises. Large choix, du plus prudent à l'immersion complète. Activités complémentaires : tennis, golf, voile, équitation, musique, on ne peut pas tout citer. Infos dans les rubriques « Apprendre l'anglais en Irlande » ou « Séjours linguistiques » sur ● *ireland.com* ●

TABAC

Il est absolument interdit de fumer dans les lieux publics. Les aéroports, les gares, mais aussi les restaurants, pubs et *hostels* sont entièrement non-fumeurs. Et la loi est respectée. Seules exceptions à cette règle : les *B & B* (considérés comme domiciles privés) et les prisons... Mais les *B & B* sont non-fumeurs dans 99 % des cas ; quant aux prisons, on espère que vous n'irez pas vérifier !
Les cigarettes sont vendues à environ 12 € le paquet.

TÉLÉPHONE, INTERNET

Téléphone

L'indicatif (area code) de Dublin est le 01. Il est nécessaire de faire précéder le numéro de votre correspondant de l'indicatif de sa circonscription téléphonique pour lui téléphoner depuis une autre circonscription. Lorsque vous faites un appel

dans la circonscription où vous vous trouvez, vous n'avez pas à composer l'indicatif de circonscription téléphonique (depuis un téléphone fixe, bien sûr).
- ***Les portables :*** les numéros de mobiles irlandais commencent par 085 à 088.

Pour appeler

- ***France → Eire :*** composer le 00 + 353 (indicatif du pays) + indicatif de la ville ou de la circonscription (sans le 0) + numéro du correspondant.
- ***Eire → France :*** composer le 00 + 33 (indicatif du pays) + numéro du correspondant (sans le 0 initial).
- *Renseignements : ☎ 11.*

Le téléphone portable en voyage

Depuis juin 2017, un voyageur européen titulaire d'un forfait dans son pays d'origine peut utiliser son téléphone mobile ***au tarif national*** dans les 27 pays de l'Union européenne, sans craindre de voir flamber sa facture. Des plafonds sont néanmoins fixés par les opérateurs pour éviter les excès... Cet accord avantageux signé entre l'UE et ses opérateurs télécoms concerne aussi la consommation de ***données internet 3G ou 4G,*** dont le volume utilisable sans surcoût dépend du prix du forfait national (se renseigner). Par ailleurs, si le voyageur réside plusieurs mois en dehors de son pays, des frais peuvent lui être prélevés...
Dans ces pays donc, plus besoin d'acheter une carte SIM locale pour diminuer ses frais.
Une fois connecté au wifi, vous avez accès à tous les services de la ***téléphonie par Internet***. ***Whatsapp, Messenger*** (la messagerie de *Facebook*), ***Viber, Skype*** permettent d'appeler, d'envoyer des messages, des photos et des vidéos aux quatre coins de la planète, sans frais. Il suffit de télécharger – gratuitement – l'une de ces applis sur son smartphone. Elle détecte automatiquement dans votre liste de contacts ceux qui utilisent la même appli.

Urgence : en cas de perte ou de vol de votre téléphone portable

Suspendre aussitôt sa ligne permet d'éviter de douloureuses surprises au retour du voyage ! Voici les numéros des 4 opérateurs français, accessibles depuis la France et l'étranger :

- ***SFR :*** *depuis la France ☎ 1023 ; depuis l'étranger 📱 +33-6-10-00-10-23.*
- ***Bouygues Télécom :*** *depuis la France ☎ 1064 ; depuis l'étranger ☎ +33-6-60-61-46-14.*
- ***Orange :*** *depuis la France ☎ 3900 ; depuis l'étranger ☎ +33-9-69-39-39-00.*
- ***Free :*** *depuis la France ☎ 3244 ; depuis l'étranger ☎ +33-1-78-56-95-60.*

Vous pouvez aussi demander la suspension de votre ligne depuis le site internet de votre opérateur.

Avant de partir, notez (ailleurs que dans votre téléphone portable !) votre numéro IMEI utile pour bloquer à distance l'accès à votre téléphone en cas de perte ou de vol. Comment avoir ce numéro ? Il suffit de taper sur votre clavier *#06#.

TRANSPORTS

Comme dans beaucoup de villes, les meilleurs moyens de transport pour visiter Dublin sont les transports en commun, ici bus et le *DART,* ainsi qu'un tramway récent *(LUAS).*

Les bus

Les bus dublinois sont une vraie institution. Les horaires sont le plus souvent respectés et de plus en plus d'arrêts présentent un tableau lumineux avec les temps de trajet. Force est de constater également qu'ils roulent bien, grâce aux nombreux couloirs qui leur sont dévolus. Mais ajoutez à cela qu'ils ont, les bougres, une forte tendance à débouler sur votre gauche, et vous aurez tout intérêt à vous en méfier et à obéir aux doux sons de *game boy* des passages piétons...

– *Bureau de renseignements (Dublin Bus Head Office) : 59, Upper O'Connell St, en face de l'annexe de l'office de tourisme. ☎ 01-873-42-22. Lun 8h30-17h30, mar-ven 9h-17h30, sam 9h-14h, dim 9h30-14h.*

Des fiches horaires disponibles sur place. Sinon, *timetables* de chaque ligne et infos détaillées sur le site officiel • *dublinbus.ie* •

– Les bus circulent en général de 6h à 23h30 en semaine, moins fréquemment le week-end. Le samedi soir, pour éviter la foule du dernier bus, prendre l'avant-dernier. Le dimanche, un peu moins de bus en principe. Les jours fériés, les bus se calquent le plus souvent sur les horaires du dimanche.

– *Attention :* de nombreux kiosques et autres boutiques vendent des tickets dans toute la ville. Mais le plus simple est d'acheter votre ticket dans les bus, **en mettant la somme exacte** – soit de 2,15 à 3,80 €, selon la longueur du trajet dans une petite tirelire, car les chauffeurs ne rendent pas la monnaie. Les billets sont refusés. Réduc pour les moins de 16 ans. Une carte magnétique prépayée, la *Leap Card,* permet d'obtenir un tarif réduit (environ 20-30 %).

– *Trajets illimités :* avec la *Leap Visitor Card Dublin* (carte magnétique), trouvable dans de nombreuses boutiques de la ville. Cette dernière, prépayée, valable 24h, coûte 10 € pour l'ensemble des transports en commun dublinois (bus, *LUAS* et *DART*)... Pour 1 semaine, compter 40 €. Quant à la *Leap Visitor Card* prépayée à 19,50 €, elle donne droit aux trajets illimités à tous les transports en commun de la ville pendant 3 jours (trajet de/vers l'aéroport *Airlink 747* inclus). Détails sur • *leapcard.ie* • Il existe aussi le billet *5 Day Rambler* qui coûte 33 € (tarif adulte) et est valable 5 j.

– Pour les noctambules, certains bus se muent en *Nitelink,* qui circulent les vendredi et samedi, toutes les 20 mn de 0h30 à 4h30. Départs sur Westmoreland Street, College Street et D'Olier Street (selon les destinations). Il en existe à peu près pour toutes les directions. Prévoir un minimum de 6,60 € *(prepaid ticket).* Détails sur • *dublinbus.ie* •

– Sachez enfin, en vrac, que les arrêts n'ont d'autre nom (quand ils en ont) que celui de la rue sur laquelle ils se trouvent, qu'ils abritent rarement des plans précis et qu'il est préférable de se manifester (en usant de son pouce, par exemple) à l'arrivée d'un bus pour qu'il s'arrête.

Le DART (Dublin Area Rapid Transit)

Entre le RER et un train de banlieue moderne. Le *DART,* géré par *Irish Rail,* n'a qu'une seule ligne (côtière) qui part de Malahide ou de Howth (au nord) et va jusqu'à Greystones dans le comté de Wicklow. Trajet très panoramique. Hyper pratique en tout cas pour se rendre à Malahide, Howth, Dún Laoghaire ou Bray. Dans Dublin même, 5 stations : Connolly, Tara Street, Pearse, Grand Canal Dock et Lansdowne Road. ☎ *01-703-35-04.* • *irishrail.ie/about-us/services/dart-commuter* • Fonctionne du lundi au samedi de 6h à 23h30 environ et le dimanche à partir de 9h20. De 5 à 20 mn d'attente selon les heures. Par exemple, le trajet Connolly-Malahide coûte 3,30 €. Réduction en achetant un aller-retour et avec la *Smart Cart* ou la *Leap Card.* Il existe plusieurs *Integrated Tickets* valables à la fois sur les réseaux de bus et de *DART.* Là encore, ticket pour 1, 3 ou 7 jours.

Le LUAS

Ce tramway a d'abord compté 2 lignes sans interconnexion. ☎ *461-49-11.* • *luas.ie* • Glisse du lundi au samedi de 5h30 (6h30 le samedi) à 0h30 ; le dimanche, 1er tram à 7h et dernier à 23h30. Fréquence variable (entre 5 et 10 mn le plus souvent). Tickets disponibles aux bornes automatiques des arrêts, à partir de 2 € le trajet simple, dans une même zone, valable 90 mn (et jusqu'à 3,20 € selon le nombre de zones tarifaires franchies). Surcharge de 0,10 € aux heures de pointe. Carte magnétique à la journée *(daily leap card)* : 7 €.
La ligne rouge relie Connolly Station au quartier de Tallaght, au sud-ouest de Dublin, en traversant la rive nord du centre-ville (arrêts notamment à Busáras, sur Abbey Street, Smithfield Village et à la gare Heuston). La ligne verte part de Saint Stephen's Green et file au sud sur 9 km vers Cherrywood. Possibilité d'acheter des *Flexi-Tickets* pour circuler sur les 2 lignes.
La ligne verte jusqu'à Broombridge (au nord-ouest de Dublin) a été prolongée par 8 nouvelles stations au nord de Saint Stephen's Green (cette section étant appelée Luas Cross City) et est interconnectée à la ligne rouge, en gros à l'angle de O'Connell Street et d'Abbey Street.

Les transports en commun

En Irlande, si vous devez quitter Dublin, c'est le meilleur moyen de circuler : entre *Bus Eireann,* compagnies privées et train, on y arrive.

Le train

Réseau assez peu développé, s'étendant en toile d'araignée de Dublin vers la plupart des grandes villes. Assez lent, horaires peu respectés et plus cher que le bus (surtout les vendredi et dimanche, avec jusqu'à 50 % de majoration !). Il existe des forfaits kilométrage illimité, uniquement en 2de classe. Parfois, un aller-retour coûte moins cher qu'un aller simple. Horaires dans les gares et offices de tourisme. Pour plus d'infos :

■ ***Irish Rail :*** *Connolly Station, Dublin 1.* ☎ *01-50-836-62-22.* • *irishrail.ie* •

Le bus

– ***La compagnie nationale :*** en Eire, la compagnie nationale s'appelle *Bus Eireann.* Liaisons entre toutes les villes et la plupart des gros villages, mais, d'une part, en dehors de l'été, beaucoup de lignes réduisent leur trafic ou ferment et, d'autre part, dans certains coins très isolés, le trajet n'est effectué qu'une fois par jour... et encore. Le bus est moins cher que le train, plus rapide et son réseau nettement plus étendu. De plus, les bus s'arrêtent, même en pleine campagne, sur un simple signe : on peut donc aller à peu près partout.

■ ***Bus Eireann :*** *Central Bus Station, Store St, Dublin 1.* ☎ *1850-836-611.* • *buseireann.ie* • *(ts les horaires, prix et réduc disponibles seulement sur Internet).*

– ***Les compagnies privées :*** il existe des compagnies privées qui proposent des liaisons beaucoup moins chères que la compagnie nationale. La libre concurrence a ses bons côtés ! Les offices de tourisme possèdent toujours les infos les plus à jour sur les petites compagnies.

La voiture

Conduire en Irlande

Pour visiter Dublin, on ne conseille pas la voiture. Néanmoins, si vous louez une voiture pour vous rendre à Glendalough ou à Newgrange, les lignes qui suivent peuvent s'avérer utiles.

C'est loin d'être une partie de plaisir. 1re constatation : on roule à gauche. Plus facile à dire qu'à faire. À vrai dire, on s'habitue assez vite. Prudence, donc !
Les conducteurs sont en général assez cool au volant et, à l'inverse de chez nous, un minimum courtois. Mais le pays évolue, le trafic augmente et les chauffards sévissent, avec leur portable à la main et leur hâte d'arriver, tout en restant d'un optimisme ravageur lorsqu'il s'agit de doubler sans visibilité...
Autre ennui permanent : les traditionnels bouchons du centre-ville. Évitez si possible les horaires d'entrée et de sortie des bureaux, car c'est infernal !
Dublin s'est dotée d'un réseau routier suffisant, avec l'autoroute périphérique M50, pour absorber l'explosion du nombre de nouveaux véhicules, mais il y a encore du boulot !
Attention au péage « dématérialisé » (M 50 Toll) sur le périphérique de Dublin, entre les *Junctions* 6 et 7, soit entre les M 4 et N 7, une caméra enregistre votre plaque d'immatriculation et vous avez jusqu'à 20h le lendemain pour payer votre dû sur le site • *eflow.ie* •, via l'application *M 50 Quick Pay,* à la borne *eflow* de votre agence de location de voiture ou dans les magasins labellisés *Payzone* (liste complète sur • *payzone.ie* •), notamment dans de nombreuses stations-service. Possibilité de pré-paiement.

Limitations de vitesse

La vitesse est limitée à 50 km/h en ville et dans les agglomérations, à 100 km/h sur les routes nationales et à 120 km/h sur les autoroutes.

Essence

Les carburants, à savoir gazole et essence (sans-plomb 95, appelé *unleaded*), sont vendus à des prix équivalents à ceux de nos régions. Attention, ils ne sont en vente que dans les stations-service (pas de pompes dans les supermarchés).

Stationnement

Se garer est un réel souci et les amendes sont fréquentes, attention ! 2 solutions : les emplacements équipés de parcmètres *(Pay and Display),* qui sont chers et limités à 2h ou 3h, ou les parkings privés souterrains ouverts 24h/24, tout aussi chers.
Pour les **parkings** 24h/24, compter dans les 4 € pour 1h et jusqu'à 40 € pour 24h pour les *Q-parks* vers Temple Bar, un peu moins cher pour les parkings APCOA (rive nord). Tarifs promotionnels en soirée ou le dimanche.
Voici quelques parkings du centre-ville (liste non exhaustive) :
Southside (au sud de la Liffey) :
- Dawson *(zoom détachable D4)* : entrée School House Lane.
- Setanta *(zoom détachable E4)* : Setanta Place.
- Fleet St *(zoom détachable D4)* : entrée par Parliament Row (en face du *Hard Rock Cafe*)
- St Stephen's Green *(zoom détachable D4)* : entrée sur Cusack Corner.
- Christchurch *(zoom détachable D4)* : entrée sur Werburg St.

Attention, le parking de Drury Street (zoom détachable D4), aux tarifs intéressants si l'on a réservé online ne fonctionne pas 24h/24. Bien vérifier les horaires !
Northside (au nord de la Liffey) :
- Jervis St *(zoom détachable D3)* : 61-68 Jervis St.
- 7 Benburn St *(plan détachable B-C3).*

Amendes

Vous risquez une amende si l'un des passagers n'a pas mis sa ceinture de sécurité. Attention, l'amende pour stationnement illicite coûte 40 € (voire 80 €) pour un simple défaut de ticket ! On peut la payer soit sur place (aux horaires étriqués du *town council*), soit sur Internet, une fois rentré à la maison. Quant aux stationnements gênants... méfiez-vous des sabots !

La location de voitures

Conditions de location

– Le chauffeur doit avoir plus de 25 ans et posséder son permis depuis plus de 2 ans. Il arrive que quelques rares agences proposent la location dès 21 ans, mais elles en profitent pour multiplier par 2 le prix des assurances.
– Le permis de conduire français est reconnu en Irlande, mais il ne peut servir de document d'identité ou de nationalité.
– Considérées comme un espace public, les voitures de location sont une zone non-fumeurs.
– Les loueurs demandent toujours de fournir une carte bancaire pour régler la location de voiture et bloquer une somme en guise de caution. Mais attention, il existe une ***différence entre une carte de débit et une carte de crédit*** et il arrive que certaines agences refusent votre location de voiture en cas de paiement par carte de débit. Certains loueurs acceptent quand même les cartes de débit mais ils vous demanderont alors de souscrire une assurance complémentaire souvent très chère en supplément. Il faut donc avoir une carte de crédit. Vérifiez bien si une mention « CRÉDIT » (débit différé) ou « DÉBIT » (débit immédiat) est inscrite sur votre carte bancaire, sinon renseignez-vous auprès de votre banque (avant votre départ).
– Vous pouvez accéder à ces informations concernant les conditions de location des loueurs sur le site • *bsp-auto.com* • après avoir lancé votre recherche dans la rubrique « informations détaillées ».

Quelques conseils

– Si possible, arriver en Irlande avec un mail du loueur, confirmant les tarifs accordés.
– Attention à certaines pratiques peu commerciales des agents des comptoirs : insistance pour faire accepter toutes les assurances, pour une voiture de catégorie supérieure moyennant un petit supplément journalier, facturation abusive d'essence même lorsque le réservoir est plein à la restitution...

Sociétés de location

Chez les grands loueurs, les locations faites à partir de France sont nettement moins chères que sur place. À l'aéroport de Dublin, les agences de location, situées à 2 km du terminal, sont desservies par une navette. Au retour, prévoir un temps supplémentaire, car il vous faudra aussi la prendre.
Le site de l'organisme professionnel de la location de véhicules en Irlande est • *carrentalcouncil.ie* •

■ ***BSP Auto :*** ☎ *01-86-26-90-80 (tlj).* • *bsp-auto.com* • Les prix proposés sont attractifs et comprennent le kilométrage illimité et les assurances. *BSP Auto* propose exclusivement les grandes compagnies de location sur place, assurant un très bon niveau de service. Les plus : vous ne payez votre location que 5 jours avant le départ. Remise spéciale de 5 % aux lecteurs de ce guide avec le code « ROUTARD22 ».

URGENCES

■ ***Irish Tourist Assistance Service :*** ☎ *1-890-365-700.* • *itas.ie* • *2 bureaux : Pearse St, Dublin 2 (Garda Station ; lun-sam 10h-18h, dim 12h-18h).* ☎ *(01) 666-93-54. Et au 6-7, Hanover St East, Dublin 2.* ☎ *(01) 661-05-62 (lun-ven).* En cas de vol, de perte de papiers, d'incident grave, cette association s'occupe de vous faire refaire une pièce d'identité, un billet d'avion ou de ferry pour le retour et soutient moralement les victimes.

– En cas d'accident, s'il y a des blessés, appelez le ☎ *999* ou le ☎ *112.*

■ Sinon, pour des raisons d'assurance, signalez votre crash à ***Motor Insurers Bureau of Ireland :*** *5, Harbourmaster Place, Dublin 1.* ☎ *01-676-99-44.* • *mibi.ie* • Ils se chargent de faire l'intermédiaire entre votre assurance et celle des autres protagonistes de l'accident.

DUBLIN (BAILE ÁTHA CLIATH)

• Plan et zoom détachables en fin de guide. • Plan Le Grand Dublin *p. 67*

ADRESSES ET INFOS UTILES

Voici Dublin, une capitale à taille humaine que l'on a plaisir à découvrir à pied. Une offre culturelle importante et renouvelée (fort pratique quand il pleut, car ça arrive... !), des restos dans tous les coins et recoins, dont la qualité n'a plus grand chose à envier à celle des tables de nombre de grandes capitales, et, évidemment, ses pubs riches de patrimoine... bref, de quoi occuper pleinement quelques jours de découverte !

Arrivée à l'aéroport

✈ ***Aéroport*** *(hors plan détachable par D1)* **:** *à 10 km au nord du centre-ville.* ☎ *01-814-11-11.* • *dublinairport.com* •

■ ***Change et distributeurs*** **:** *en plusieurs endroits de l'aéroport.*

■ ***Location de voitures*** **:** *agences internationales dans le hall des arrivées, ou compagnies locales moins chères réunies dans une petite salle sur le côté (repérer le panneau « Car Hire »). Coordonnées sur le site de l'aéroport.* Tarifs souvent plus intéressants qu'en ville et possibilité de louer une voiture pour une seule journée.

Pour aller au centre-ville

➢ Le ***bus Airlink nº 747*** *(☎ 01-873-42-22 ; • dublinbus.ie •)* gagne directement le centre-ville (une dizaine d'arrêts dont la gare routière Busáras, O'Connell St au centre-ville, ou la gare Heuston, son terminus). Compter 7 € l'aller et 12 € l'A/R (réduc d'1 € en ligne). Départ ttes les 15-20 mn 5h-23h30 (7h-23h30 dim). Le nº 757 passe par Pearse St, Merrion Sq et va jusqu'à Camden. On peut aussi prendre l'***Aircoach nº 700*** *(☎ 01-844-71-18 ; • aircoach.ie •)*, qui fonctionne 24h/24, avec un seul arrêt entre l'aéroport et O'Connell St et dessert ensuite plusieurs points dans le centre-ville. Départs ttes les 15 mn (ttes les 30 mn 23h55-3h25). Compter 7-10 € l'aller, 9-16 € l'A/R selon la destination (tarifs dans le bus, réduc en ligne).

➢ Sinon, différentes lignes ***omnibus*** assurent la liaison avec O'Connell St et South Great George Street, au sud de la Liffey (la nº 16) et Lower Abbey St (la nº 41). Ticket moins cher, mais trajet plus long (env 50 mn, voire davantage). Penser à faire de la monnaie, car les chauffeurs de bus n'ont pas accès à l'argent pour des raisons de sécurité. Une borne permet de payer son ticket par carte bancaire, mais elle ne fonctionne pas toujours.

➢ ***En taxi*** **:** compter 25-30 € pour se rendre dans le centre. Possibilité de partager un taxi collectif avec d'autres usagers.

Circuler en voiture et se garer

– La circulation à Dublin n'est pas toujours facile. Beaucoup de sens uniques auxquels on n'a guère le temps de s'habituer, des conducteurs au

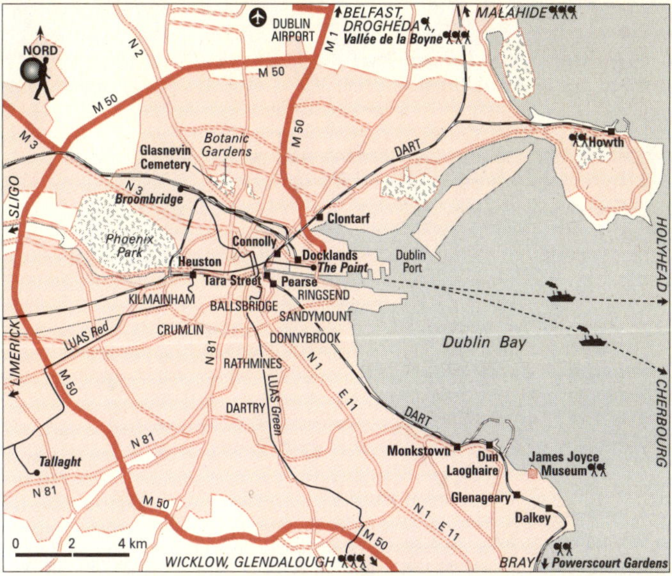

LE GRAND DUBLIN

tempérament assez retors, des chauffeurs de bus sans pitié... et peu de places pour se garer. Évitez la voiture dans le centre : presque tout peut se faire à pied.

– Se garer est un autre souci et les amendes sont fréquentes, attention ! 2 solutions : les emplacements équipés de parcmètres *(Pay and Display)*, chers et limités à 2h ou 3h, ou les parkings privés souterrains ouverts 24h/24, tout aussi chers.

– Ne laissez aucun objet de valeur dans votre véhicule quand vous vous garez ailleurs que dans un parking gardé. Il suffit en fait d'appliquer le principe suivant : je ne laisse rien qui puisse être volé, donc on ne me volera rien.

Il ne reste plus qu'à trouver un secteur gratuit un peu en dehors du centre et faire le reste à pied.

Transports en commun

Voir la rubrique « Transports » dans « Dublin Utile ».

Infos touristiques

Office de tourisme *(Dublin Discover Ireland Centre ; zoom détachable D4,* ***1****)* **:** *25, Suffolk St.* ☎ *1-890-342-583.* • *visitdublin.com* • *Lun-sam 9h-17h30 (18h30 juil-août), dim 10h30-15h.* Demander le *Dublin Pocket Guide*. Nombreux services : vente de tickets de concerts, change, petite librairie, vente des billets et des *passes* de la compagnie nationale *Bus Eireann*, réservation de lits (service payant mais bien pratique le vendredi soir ou le week-end).

Autre bureau *(zoom détachable D3,* ***2****)* **:** *14, O'Connell St Upper.* ☎ *même numéro. Lun-sam 9h-17h.*

Poste

✉ ***Poste principale*** *(General Post Office ; zoom détachable D3) : O'Connell St (et Henry St). ☎ 01-705-88-33. Lun-sam 8h30-18h, dim 12h15-15h45.* Riche section philatélique *(jusqu'à 17h).*

Représentations diplomatiques

■ ***Ambassade de France*** *(plan détachable E5,* ***20****) : 66, Fitzwilliam Lane, Dublin 2. ☎ 01-277-50-00. Permanence : 086-603-13-80. • ie.ambafrance.org •* DART, *arrêt Pearse Station. Lun-ven 9h30-12h ; possibilité de les joindre par tél 14h-15h30.*

■ ***Ambassade de Belgique*** *(plan détachable F5) : 1, Elgin Rd, Ballsbridge, Dublin 4. ☎ 01-660-08-80. N° d'urgence : 086-837-74-79. • diplomatie.belgium.be/ireland • Lun-ven 9h-13h, 14h-15h.*

■ ***Ambassade de Suisse :*** *6, Ailesbury Rd, Ballsbridge, Dublin 4. ☎ 01-218-63-82 ou 83. • eda.admin.ch/dublin • Lun-ven 9h-12h.*

■ ***Ambassade du Canada :*** *7-8, Wilton Terrace, Grand Canal Dock, Dublin 2. ☎ 01-234-40-00. • international.gc.ca • Lun-ven 9h-13h, 14h-16h30.*

Culture

– ***Infos locales :*** pour tout savoir sur les concerts, pièces de théâtre, expos... consulter plutôt *Totally Dublin* ou *The Dublin Tourist Guide.* Très bien informé et gratuit. On les trouve dans les hôtels et dans certains bars.

■ ***Comhaltas Ceoltóirí Eireann*** *(Institut culturel irlandais) : 32, Belgrave Sq, Monkstown. ☎ 01-280-02-95. • comhaltas.ie • À env 6 km au sud-est du centre. Bus nos 7, 7a ou 8 depuis O'Connell Street.* DART, *arrêt Sea Point. Lun-ven 9h30-13h, 14h-17h30.* C'est la maison de la culture irlandaise, principalement dédiée à la musique traditionnelle. Quelques disques, livres, instruments traditionnels, et renseignements sur les stages de musique. Bar et *music sessions* dans une belle salle de concert les mardi et vendredi vers 21h. Encore plus de soirées festives l'été.

■ ***Alliance française*** *(zoom détachable E4,* ***22****) : 1, Kildare St. ☎ 01-676-17-32. • alliance-francaise.ie • À l'angle de Nassau St. Lun-ven 9h30-19h30, sam 9h30-14h.* Abrite une bibliothèque-médiathèque française libre d'accès pour la consultation *(lun 16h30-19h30, mar-jeu 12h-19h30, ven 12h-17h, sam 9h30-14h).*

Urgences

■ ***Hickey's Pharmacy*** *(zoom détachable D3,* ***24****) : 55, Lower O'Connell St. ☎ 01-873-04-27. Tlj jusqu'à 20h30. Également une* ***autre pharmacie*** *à l'angle de Duke's St et Grafton St. ☎ 01-679-04-67. Tlj jusqu'à 18h.*

✚ ***Secours médical urgent*** *(plan détachable A-B4-5) : ☎ 01-410-30-30 (Saint James Hospital). • stjames.ie •*

■ ***Médecins francophones :***

– Dr Conor Maguire, médecin-conseil de l'ambassade de France en Irlande, au Glencairn Medical Centre à Sandyford : ☎ 01-295-87-50.

– Dr Kevin John O'Flynn ou Dr Margaret Grainger : ☎ 01-454-13-57 ou 830-02-44 (soir et w-e).

Location de bicyclettes

N'hésitez pas à louer des vélos : c'est très pratique et ça vous évitera les interminables queues aux arrêts de bus.

■ ***Just Eat Dublin Bikes :*** *☎ 1-850-777-070 ou 424-76-05. • dublinbikes.ie • Carte annuelle 35 € ; ticket 3 j. 5 €. Les premières 30 mn sont gratuites, puis compter 1,50 € pour 2h.* Une centaine de stations.

Tours organisés

Plusieurs compagnies organisent des *Hop On-Hop Off City Tours* : un bus à étage découvert suit un itinéraire touristique dans Dublin et à l'entrée de la plupart des musées, monuments et quartiers renommés. On peut ainsi descendre à n'importe quelle étape puis prendre le bus suivant (passage toutes les 15 mn) durant 24h. Pratique pour visiter un bon nombre de lieux intéressants sans courir aux 4 coins de la ville ni se rendre fou dans les transports en commun. Les visites thématiques sont mentionnées plus loin au début de la rubrique « À voir ».

■ ***Dublin Bus Tour/Do Dublin :*** *☎ 01-844-42-65. • dublinsightseeing.ie • dodublin.ie • Circule tlj 9h-19h (17h en hiver). Point de départ officiel sur O'Connell St, mais on peut l'intercepter à chacun des 33 arrêts du parcours. Le tour complet dure env 2h. Tarif : 22 € (24h), 26 € (48h) ; réduc étudiants et réduc de 20 % pour ts pour les achats en ligne.* À bord, commentaire live des chauffeurs, plutôt drôles, ou audioguide en français. Également des *combos* (billets combinés avec la visite de Guinness et de la distillerie Jameson) ainsi qu'un *Night Tour (Ghostbus Tour)* : 28 €.

OÙ DORMIR ?

À moins de loger en AJ ou d'avoir de gros moyens, la meilleure solution consiste à choisir un logement dans les quartiers résidentiels comme Glasnevin ou Ballsbridge. Calmes et verdoyants, ils s'avèrent moins excentrés qu'il n'y paraît. Si l'on veut vraiment séjourner dans le centre, il reste à choisir entre la rive sud et la rive nord de la Liffey. Attention : dans la plupart des établissements, on profite du moindre événement, comme le Bloom's Day, la Saint-Patrick ou les matchs internationaux de rugby pour afficher une nette majoration. Autre formule possible : la location d'appartements, proposée par exemple par *City Break Apartments (☎ 01-443-39-20 ; • citybreakapartments.com •).*

Camping

⛺ ***Camac Valley Tourist Caravan & Camping Park :*** *Corkagh Park, Naas Rd, à* ***Clondalkin,*** *Dublin 22. ☎ 01-464-06-44. • camacvalley.com • À 15 km au sud-ouest de Dublin, sur la N 7. Bus n° 69 depuis Essex Quay/Ormond Quay Upper ; demander au chauffeur de s'arrêter à Camac Valley : prévoir env 1h de trajet. Tte l'année. Résa conseillée. Compter 24-27 € pour 2 pers avec tente. Cyclistes 11-12 €. Douches payantes.* En pleine campagne, un camping de 160 places environ, assez venté et parfois bruyant à cause de la route. Demander une place au fond. Pas mal d'espace. Accueil sympa. À proximité, belles balades.

Auberges de jeunesse – Youth Hostels

Attention, de nombreuses AJ sont restées en sommeil en 2020 et 2021 ou ont adapté leur offre et continueront à le faire selon l'évolution de la situation sanitaire.

Il est très difficile de s'y retrouver dans les tarifs des AJ : ceux qui sont communiqués par les *hostels* ne sont guère qu'***indicatifs*** et varient énormément en fonction de la capacité du dortoir, de la saison, du jour de la semaine, des « événements » (un week-end de match à domicile de l'équipe nationale de rugby dans le cadre du Tournoi des 6 Nations, ce sera bien plus cher). Bien consulter les sites des AJ et ne pas oublier qu'il y a souvent des réductions pour des réservations en ligne.

Dans le centre, rive sud

Four Courts Hostel *(zoom détachable C4,* ***30****) : 15-17, Merchant's Quay. ☎ 01-672-58-39 et 40. • fourcourtshostel.com • Selon taille du dortoir 15-38 €/pers ; doubles 30-55 €/pers ; petit déj compris.* Dans un édifice fort bien rénové et décoré de fresques amusantes. Impossible de rater sa façade bleue et ses briques vertes ! Chambres, dortoirs, sanitaires corrects. Laverie, cuisine équipée, consigne à bagages, garage à vélos et beaucoup d'autres services.

Kinlay House *(zoom détachable D4,* ***31****) : 2-12, Lord Edward St, Dublin 2. ☎ 01-679-66-44. • kinlaydublin.ie • Dortoirs 12-24 lits 16-25 €/pers, chambres 4-6 lits 20-40 €/pers ; doubles sans ou avec sdb 35-60 €/pers, petit déj compris. Moins cher en ligne.* Installé dans un bel immeuble victorien en brique rouge en bordure de Temple Bar. Chambres basiques (les douches privées se résument à une poire et un rideau) mais dortoirs bien tenus et ambiance joyeuse et fraternelle dans la salle commune, autour de la TV ou de la machine à café. Petite cuisine à disposition (peu de matériel), lave-linge, consigne à bagages, *lockers* pour les papiers (payant)... Gros inconvénient : la majorité des chambres donnent sur Lord Edward Street... mieux vaut avoir le sommeil lourd.

The Oliver St John Gogarty's Hostel *(zoom détachable D4,* ***34****) : 18-21, Anglesea St. ☎ 01-671-18-22. • gogartys.ie • Compter 12-35 € en dortoir selon nombre de lits (4-12) et j. de la sem ; doubles 60-140 € ; petit déj compris.* Une adresse gérée par l'énorme pub et le restaurant du même nom en plein cœur de Temple Bar, où débarquent les touristes par vagues successives. Assez bruyant du coup (certains soirs, aux portes du pub, c'est carrément l'émeute). Chambres pas bien grandes mais la plupart *en suite.* Ensemble confortable, alliance harmonieuse de l'alu et de la brique. Cuisine équipée. Location de coffres. Quelques appartements à louer, avec 1 à 3 chambres.

Ashfield House *(zoom détachable E3-4,* ***36****) : 19-20, D'Olier St. ☎ 01-679-77-34. • ashfieldhostel.com • Dortoir et chambres 4-8 lits 12-35 €/pers ; doubles avec douche à partir de 40-60 €/pers ; petit déj compris.* Dans une artère bruyante, un *Youth hostel* bien tenu, qui mériterait toutefois un petit rafraîchissement. Lits en bois clair et tissus colorés pour les chambres les plus chères. Petits coffres personnels, consigne à bagages, petite cuisine équipée.

The Times Hostel *(plan détachable, D5,* ***42****) : 8, Camden Pl. ☎ 01-475-85-88. • timeshostels.com • Dortoirs 4-10 lits 25-32 €/pers. Doubles 70-100 €. Petit déj compris.* Sympathique *hostel* pour celles et ceux souhaitant résider dans le quartier bohème (et beaucoup moins touristique) de Camden. Très bien tenu, bonne sécurité, décor contemporain, sanitaires nickel, cuisine équipée. *Lockers* et consigne à bagages.

Dans le centre, rive nord

Generator Hostel *(plan détachable C3,* ***38****) : Smithfield Sq. ☎ 01-901-02-22. • staygenerator.com/hostels/dublin • LUAS, Smithfield. Compter 15-35 €/pers en dortoir 4-8 lits, plus des singles et doubles ; petit déj-buffet en sus.* Une AJ gigantesque : 540 lits ! Fort bien située, puisqu'accolée à la distillerie *Jameson.* Accueil pro. Chambres à la blancheur immaculée avec belle salle de bains, lumière et grand coffre personnel (prévoir son cadenas). Un dortoir avec.... jacuzzi ! Hall, immense bar (décor port industriel), cafétéria lumineuse sous atrium, espaces communs vraiment accueillants. Petit bémol tout de même : pas de cuisine.

Abbey Court (zoom détachable D3, **41**) : 29, Bachelors Walk. ☎ 01-878-07-00. • abbey-court.com • Dortoirs 4-12 lits env 15-35 €/pers, doubles en suite 79-179 €, petit déj compris. Également des apparts avec kitchenette (dans un autre bâtiment). Tarifs majorés le w-e. Vaste AJ qui draine tous les types de population, mais qui a su nous séduire. Très centrale et bien conçue, c'est une débauche de couloirs, coursives, escaliers ornés de fresques colorées (parfois surprenantes) menant aux dortoirs et chambres. Attention : certains dortoirs sont plutôt petits ! Préférez ceux donnant sur l'arrière, plus calmes. Belle cuisine équipée, salle à manger agréable... et des tas d'autres petits avantages, comme la petite salle de cinéma, le bar style cottage, la *hamac room,* la salle informatique... Casiers personnels, consigne à bagages.

Abraham House (zoom détachable E3, **43**) : 82-83, Lower Gardiner St. ☎ 01-855-06-00. • abrahamshostel.com • À 2 pas de Busáras et de Connolly Station. Dortoirs env 12-28 €/pers ; chambres 4 pers 16-35 €/pers ; doubles 30-60 €/pers ; petit déj compris. AJ dans une maison georgienne en brique. Dortoirs, fonctionnels, colorés et confortables (tous *en suite*), mais assez mal isolés. Quelques-uns pour femmes seules. Cuisine bien équipée, coffres individuels et consigne à bagages.

Jacob's Inn (zoom détachable E3, **44**) : 21-28, Talbot Pl. ☎ 01-855-56-60. • jacobsinn.com • À côté de Connolly et Busáras. Dortoirs 4-12 lits 28-53 €/pers ; doubles 115-145 €/pers selon saison, moins cher en ligne. Petit déj en sus. Cette AJ est la seule à Dublin à avoir été entièrement conçue et construite dans ce but. Fonctionnelle donc, avec un hall et un accueil dignes d'un hôtel. Chambres spacieuses. Belle cuisine équipée. Terrasse sur toit avec vue. À 2 pas, l'*Isaac Hostel* (même direction), installé dans un ancien entrepôt en brique, est l'une des plus « vieilles » AJ de Dublin (très bruyante, strictement en dépannage). Bien vérifier d'ailleurs que vous avez bien réservé pour *Jacob's Inn* (si c'est complet, il reverse parfois la clientèle sur l'*Isaac Hostel* !).

DUBLIN

Logements à l'université

Trinity College Accommodation (zoom détachable E4, **45**) : Accommodation Office, Trinity College. ☎ 01-896-11-77. • tcd.ie/summeraccommodation • Au cœur de la ville. Seulement de mi-mai à fin août. Bureau ouv lun-ven 9h-12h45, 14h-17h. Résa bien à l'avance conseillée. Singles 60-87 € ; doubles 65-144 €, petit déj en sus. Plusieurs formules d'hébergements, sur 2 sites : l'historique (Trinity College) et un campus moderne à Dartry (4 km au sud du centre-ville).

Bed & Breakfast, hôtels

Comme pour les AJ, les tarifs des hôtels varient énormément (en semaine, le week-end, lors de manifestations...) au point qu'il est devenu quasi impossible de donner une fourchette de prix pour la plupart d'entre eux ! Les établissements n'ont pas de grille tarifaire : ils font leur offre de prix au moment de la demande. Surveiller les promos en ligne (régulières) pour pallier les tarifs qui ne cessent de grimper...

De prix moyens à chic

Dans le centre, rive nord

Clifden House (plan détachable D2, **64**) : 32, Gardiner Place. ☎ 01-874-63-64. • clifdenhouse.com • En sem, doubles 100-135 €, plus cher le w-e. Surveiller les offres sur Internet. Ce petit hôtel discret propose une vingtaine de chambres de taille moyenne, dans une gamme de prix moyens... pour Dublin du moins !

Hotel 7 *(plan détachable D2, **63**) : 7 Gardiner Row. ☎ 873-77-77. • hotel7dublin.com • Doubles env 130-200 €.* Dans un bâtiment de 1770 rénové avec goût, une cinquantaine de chambres de style contemporain, bien équipées, à la déco soignée. Bonne insonorisation (de toute façon, le quartier est plutôt tranquille). Restaurant.

Dans le centre, au sud de Saint Stephen's Green

Kilronan House *(plan détachable D5, **49**) : 70, Adelaide Rd, Dublin 2. ☎ 475-52-66. • kilronanhouse.com • Un peu au sud de Saint Stephen's Green. Accès par le LUAS (arrêt Harcourt) ou à 5 mn de l'arrêt du bus Airlink n° 757. En sem, doubles 99-159 €, petit déj compris. Ajouter 30-40 € le w-e. Parking gratuit.* Cette belle maison bourgeoise de 1854 est située dans une rue calme, à 5 mn de Saint Stephen's Green. Une dizaine de chambres confortables et bien tenues, à la déco souvent un peu vieillotte (ce qui n'est pas sans charme). Accueil charmant et petit déjeuner très généreux, à base de produits frais et en partie bio.

À Ballsbridge

Pour les *B & B* de Pembroke Park : bus n°s 39a et 46a. Sinon, l'*Aircoach* (route 700, terminus Leopardstown) ne passe pas loin.

Aaron Court *(hors plan détachable par G6, **50**) : 144, Merrion Rd. ☎ 01-260-26-31. 📱 086-252-70-21. À 5 mn du DART (Sydney Parade). Arrêt de bus devant (n°s 4 et 7). Doubles 110-170 €, petit déj compris. Parking privé.* Au cœur du quartier des ambassades. Au fond d'un vaste jardin, une grande demeure familiale peu séduisante de l'extérieur, mais où, une fois à l'intérieur, on se sent tout de suite bien. Mobilier de caractère, chambres méticuleusement tenues. Copieux *breakfast* servi dans une salle à manger de charme (superbe vaisselier de famille).

Oaklodge *(plan détachable F6, **51**) : 4, Pembroke Park, Ballsbridge, Dublin 4. ☎ 01-660-60-96. Bus n° 46a. Tte l'année sauf autour de Noël. Doubles 80-90 €, petit déj compris. CB refusées. Parking.* Adorable maison en brique rouge dans une rue tranquille et un environnement agréable, entre Herbert Park et Wellington Place. Petit *B & B* de 4 chambres, confortable et joliment décoré dans les tons clairs. Seulement 2 places de parking, pensez à réserver.

Donnybrook Hall *(hors plan détachable par F6, **54**) : 6, Belmont Ave. ☎ 01-269-16-33. • donnybrookhall.com • Bus n° 46a. Doubles env 90-170 € (surveiller les promos sur Internet). Parking gratuit.* Dans une rue calme, encore proche du centre, ce bâtiment victorien, entre *B & B* et hôtel, offre une petite dizaine de chambres douillettes, dont 3 donnent sur un jardin. Toutes *en suite* sauf une. Certaines un peu petites, tandis que d'autres communiquent pour former des familiales. Excellent petit déjeuner.

À Glasnevin (nord de Dublin)

De nombreux bus pour s'y rendre : sur Botanic Road, n°s 4, 9 et 83 ; sur Drumcondra Road, n°s 11, 16 et 41 ; les n°s 41A et 41B vont, en outre, à l'aéroport. Quartier calme, proche du Jardin botanique.

Egan's House *(plan détachable D1, **47**) : 7, Iona Park, Glasnevin, Dublin 9. ☎ 01-830-36-11. • eganshouse.ie • Perpendiculaire à Iona Rd. Doubles env 80-130 € selon saison ou j. de la sem ; petit déj en sus. Parking 7 €.* Grande demeure très élégante avec sa façade en brique rouge et son petit jardin. Elle abrite une trentaine de chambres très classiques mais tout confort, dont quelques familiales. *Dublin lounge* avec cheminée en cuivre et céramique, flanquée d'un joli piano ciselé.

Botanic View B & B *(plan détachable C1, **48**) : 3, Iona Rd, Glasnevin, Dublin 9. ☎ 01-860-01-95. • botanicview.com • Doubles avec sdb partagée 90-110 €, en suite 100-140 €.* Cette maison de brique rouge ne dépare pas dans le quartier. En fait, rien n'indique, de l'extérieur, qu'il s'agit d'un *B & B* ! Les chambres, simples et relativement petites, sont suffisamment confortables, à l'image de la literie. Bernadette, l'hôtesse, est très prévenante et prodigue, avec son mari, de bons conseils.

Chic

Dans le centre, rive sud

🏠 ***Grafton Guesthouse*** *(zoom détachable D4,* ***58****) : 26-27, Great George's St. ☎ 01-648-00-25. • graftonguesthouse.com • Doubles 100-210 € ; petit déj en sus, servi au resto* L'Gueuleton *(même maison).* Élégante bâtisse à la façade victorienne en brique rouge, offrant une vingtaine de chambres pimpantes et douillettes. Quelques éléments du décor ancien ont été conservés dans les parties communes, ce qui renforce le charme des lieux. Une bonne adresse pour nos lecteurs et lectrices les plus romantiques. Un bémol toutefois : le bruit venant de la rue (l'hôtel fournit les bouchons d'oreille... moins romantique !).

🏠 ***Central Hotel*** *(zoom détachable D4,* ***56****) : Exchequer St, Dublin 2. ☎ 01-679-73-02. • centralhoteldublin.com • Lun-jeu doubles 110-160 €, env le double le w-e ; petit déj en sus.* Idéalement situé au cœur de Dublin, cet hôtel conçu par l'architecte de la Banque d'Irlande accueille des visiteurs depuis 1887. L'atmosphère des salons rappelle un peu celle des années 1920 ! Et que dire du bar à l'étage avec ses grands fauteuils et ses élégantes bibliothèques tout droit sorties d'un roman d'Oscar Wilde ? Quant aux chambres (doubles, triples et familiales), elles sont de bon confort. Sèche-cheveux, possibilité de faire le café...

🏠 ***Dublin Citi Hotel*** *(zoom détachable D4,* ***61****) : 46-49, Dame St. ☎ 01-679-44-55. • dublincitihotel.com • Doubles 100-210 €, petit déj en sus. Plus cher le w-e. Excellents prix en ligne pour 2 ou 3 nuits.* Bel immeuble du XIXe s, de style éclectique et, bien sûr, au cœur de l'action. Chambres douillettes mélangeant sereinement mobilier cossu et design contemporain, et salles de bains impeccables. Donnent sur la rue, ne pas avoir le sommeil trop léger (pas de double vitrage, façade classée oblige).

À Ballsbridge

🏠 ***Pembroke Townhouse*** *(plan détachable F5,* ***57****) : 90, Pembroke Rd, Ballsbridge, Dublin 4. ☎ 01-660-02-77. • pembroketownhouse.ie • Fermé autour de Noël. Doubles env 130-180 € en sem, plus cher le w-e. Parking.* Jolie maison de style georgien (à l'origine, 3 maisons réunies en une seule), convertie en hôtel de charme aux lignes intérieures contemporaines séduisantes. Décoration cosy, tons doux... on s'y sent particulièrement bien. Quelques familiales avec mezzanine. Excellent *Irish breakfast.*

🏠 ***Waterloo House*** *(plan détachable F5,* ***52****) : 8-10, Waterloo Rd, Ballsbridge. ☎ 01-660-18-88. • waterloohouse.ie • Doubles 110-220 €, petit déj compris. Parking gratuit.* Dans un quartier résidentiel, cet hôtel réunissant 2 maisons georgiennes offre une vingtaine de chambres, toutes très bien tenues, de bon confort, dans un style classique. Une bonne adresse où poser ses valises, d'autant que l'accueil est charmant, et le petit déjeuner sous la verrière délicieux.

À Glasnevin (nord de Dublin)

Pour l'accès à ce quartier résidentiel, voir plus haut dans « De prix moyens à chic ».

🏠 ***Maples House Hotel*** *(plan détachable D1,* ***62****) : 79-81, Iona Rd, Glasnevin, Dublin 9. ☎ 01-830-42-27. • mapleshousehotel.ie • Fermé autour de Noël. Doubles 160-250 €, petit déj en sus (continental ou Irish).* Une élégante demeure edwardienne du début du XXe s, faite de brique rouge. Raffinement et charme y sont les maîtres mots, des chambres épurées au petit salon avec cheminée, en passant par le bar et le restaurant aux tables impeccablement dressées. Le tout dans une certaine intimité puisque l'hôtel ne compte qu'une vingtaine de chambres.

Plus chic

À Ballsbridge

🏠 ***Ariel House*** *(plan détachable G5,* ***59****) : 50-54, Lansdowne Rd, Ballsbridge, Dublin 4. ☎ 01-668-55-12. • ariel-house.net • Au pied du Rugby Stadium. Le bus* Aircoach *de l'aéroport s'arrête à 2 pas. Par le* DART, *s'arrêter* *à la station Lansdowne Rd. Doubles standards 90-160 € ; supérieures et suites 110-250 € ; petit déj en sus. Parking gratuit.* Dans le quartier verdoyant et calme (sauf les soirs de match) de Ballsbridge, une belle et grande demeure victorienne en brique rouge, construite en 1850 pour un riche armateur. Une petite quarantaine de chambres décorées avec goût, pourvues d'un beau mobilier de style. Les plus « économiques », plus petites, se trouvent derrière la maison principale, dans une annexe moderne. Parmi les plus belles chambres, la n° 228, avec son adorable salle de bains chinoise, et la n° 239, qui donne sur le jardin, équipée d'une baignoire-jacuzzi. Copieux petit déj, continental ou irlandais (excellents produits du marché et recettes élaborées), que l'on prend sous une agréable véranda. Sans parler de l'*afternoon tea* servi, lui, dans la *Drawing Room,* autour du grand piano.

Très, très chic

À Ballsbridge

🏠 ***Dylan*** *(plan détachable F5,* ***53****) : Eastmoreland Pl. ☎ 01-660-30-00. • dylan.ie • Doubles 180-440 €.* Haut de gamme, certes, mais design jusqu'au moindre détail ! La façade en impose avec ses briques rouges, ses bow-windows et fenêtres en arcades, l'extension moderne respectant soigneusement les volumes plus anciens. L'intérieur ressemble à un musée d'art moderne : salons habillés de tapis, miroirs, canapés et lampes stylées, ascenseur capitonné... Les 44 chambres sont toutes différentes et arborent des couleurs éclatantes ou plus nuancées. Elles sont spacieuses, décorées de têtes de lits parfois extravagantes et de mobilier élégant. L'environnement calme est un atout supplémentaire, tout comme l'accueil, pas guindé du tout. Une adresse exceptionnelle.

🏠 ***Aberdeen Lodge*** *(hors plan détachable par G6,* ***60****) : 53-55, Park Ave, Ballsbridge, Dublin 4. ☎ 01-283-81-55. • aberdeenlodgedublin.com • Prendre le* DART *jusqu'à l'arrêt Sandymount. Doubles env 150-330 €, petit déj compris. Parking gratuit.* La porte à peine entrouverte, un flot de sérénité submerge le visiteur. Et pour cause, cette adresse de charme, membre des « Relais du silence », entièrement couverte de vigne vierge, fait de la tranquillité son cheval de bataille ! Chambres à l'avenant, reposantes et décorées avec goût (certaines avec lit à baldaquin), beaux salons cossus au rez-de-chaussée. Grand jardin. Superbe petit déjeuner.

OÙ MANGER ?

Dublin est devenue une véritable capitale gastronomique, et l'offre se révèle d'une grande richesse. Une chose vous étonnera : certaines belles adresses connaissent un incroyable niveau sonore... allègrement supporté par les convives !
Manger le midi à Dublin ne coûte pas trop cher, car beaucoup de restos servent des *lunch specials* autour de 10-15 € ; le soir, dans la plupart des restos, il vous coûtera moins cher de dîner avant 18h30 ou 19h (formules *early bird* ou *pre-theatre*). Attention, le vendredi et le samedi soir, il est préférable de réserver la veille. Pas mal de restos pratiquent le brunch dominical, en principe de 11h-12h à 15h-16h. Ne pas hésiter à réserver, même en dehors de ces jours car, malgré la crise, les établissements ayant le plus de succès ne désemplissent pas !

De bon marché à prix moyens

Rive sud, de Dame Street jusqu'à Camden

|●| ***Hairy Lemon*** *(zoom détachable D4,* ***94****) : 41-42, Lower Stephen St. ☎ 01-671-89-49. Tlj midi et soir, jusqu'à 22h. Specialties env 14-22 €.* Curieux nom qui rend hommage à un personnage légendaire du quartier (au visage grêlé comme une face de citron et surmonté d'une horrible tignasse). Il gagnait sa vie à attraper les chiens errants pour la police. On a donc une petite tendresse pour ce pub-resto décalé dans le paysage local quelque peu branché ou *trendy.* Chaleureux et populaire, il propose quelques plats authentiquement dublinois comme le *bangers and mash* ou le *Dublin Coddle.* Cadre extra, bourré de souvenirs et vieilleries donnant une âme au lieu. Préférer la salle de resto au fond, plus calme que le pub. Un vrai coup de cœur !

I●I ***Sova Vegan Butcher*** *(plan détachable D5,* ***124****) : 51, Pleasants St. ☎ 086-775-85-49. Mer-sam 13h-21h. Plats 10,50-16 €.* Ne pas se laisser avoir par la déco pas folichonne, qui cache en fait une cuisine plutôt sophistiquée à prix tout doux. La carte aligne sans problème kebabs, sushis et gnocchis, revisités dans leur version vegan, ainsi que d'excellents jus pressés sur place. Difficile de faire un choix quand on voit passer les assiettes si bien présentées et garnies de ses voisins.

I●I ***Blazing Salads*** *(zoom détachable D4,* ***91****) : 42, Drury St. ☎ 01-671-95-52. Mar-sam 9h-17h. Petits plats 6-10 €. À emporter ou à déguster sur la terrasse abritée.* Boulangerie, pâtisserie, salon de thé écolo, une sorte d'enclave militante dans le pays du *beef and Guinness stew,* où l'on s'applique à pétrir du pain bio fourré de produits frais. De bonnes salades au poids, des soupes et des petits plats exclusivement végétariens riches en saveurs. En dessert, ne pas manquer le *chocolate and seed bars with orange...* Propose aussi burgers et glaces végétaliens au ***FLIP,*** dans George's Street Arcade, juste à côté.

I●I ***Leo Burdock*** *(zoom détachable D4,* ***92****) : 2, Werburgh St. ☎ 01-454-03-06. Tlj 12h-minuit. Plats 8-11 €. Pas de tables, vente à emporter seulement.* Populaire *fish & chips* (on dit que c'est l'un des meilleurs d'Irlande !), en activité depuis 1913. Vraies frites (au choix : nature, au curry, à l'ail, au fromage...) et grosse part de haddock (arrosé de vinaigre maison), à déguster dans les jardins de Saint-Patrick. Il faut voir la liste affichée de toutes les célébrités (showbiz et politiciens) qui y sont passées. Dommage, on n'y emballe plus le haddock dans une feuille de journal (les gens adoraient lire les nouvelles en même temps). *Succursale avec quelques tables dans Temple Sq (au 4, Crown Alley).*

I●I ***Cornucopia*** *(zoom détachable D4,* ***93****) : 19, Wicklow St. ☎ 01-677-75-83. Tlj 9h (10h30 dim)-21h (20h dim-mar). Soupes et salades env 5-11 €, plats 12,50-16 €.* Cadre d'une certaine sobriété au rez-de-chaussée, mais salle spacieuse et confortable à l'étage. Malgré la concurrence, ce végétarien-végétalien continue de faire recette (s'apprêter à faire la queue). Soupes, assiettes de pâtes, gratins de légumes, petits plats exotiques élaborés et autres copieuses tartes qu'une population estudiantine est heureuse de savourer. Menu inscrit à la craie sur une grande ardoise et plats que l'on choisit directement au fond de la salle. Bons petits déj également. Comptoir en bois et tabourets pour manger sur le pouce.

I●I ***KC Peaches*** *(zoom détachable E4,* ***133****) : 33-35 St Stephen's Green North. ☎ 01-642-59-03. Lun-ven 7h30-20h, sam 9h-19h, dim 9h-18h. Sandwichs env 8 €, assiettes 7,95-11,95 € selon taille. Jus et smoothies. Eat well, live well,* annonce l'enseigne de cette petite chaîne qui dispose de 4 adresses en ville (dont une, très centrale aussi, sur Dame Street). Celle-ci dispose d'un bel espace, haut de plafond et est superbement située, face à St Stephens Green. Cafét' self-service bien pratique. Sandwichs, salades ou buffet chaud avec 3 tailles d'assiette. *Full irish breakfast* servi toute la journée. De délicieux jus et smoothies pour accompagner le tout.

I●I ***Hatch and Sons*** *(zoom détachable D4,* ***97****) : 15, Saint Stephen's Green North. ☎ 01-661-00-75. Lun-ven 8h-17h (21h mer-jeu), sam 9h-18h, dim 10h-17h. Plat du jour 13 €. Blaas 8-10 €. En nocturne, le 3e mer du mois, menu 35 € ; à la carte, plats 15-20 €.* Au sous-sol du *Little Museum,* c'est l'adresse prisée des actifs du quartier qui viennent s'y régaler en toute décontraction. Tables en bois brut, sol en terre cuite et plan de travail imposant, couvert de pâtisseries savoureuses, derrière lequel une équipe dynamique s'affaire en cuisine. Soupes, cassolettes, sandwichs, burgers, salades, *planchas* ou *rolls (blaas)*... mais la vedette reste le *beef and Guinness stew.*

Yamamori Noodles *(zoom détachable D4,* ***96****) : 72, South Great George's St. ☎ 01-475-50-01. Tlj 12h-22h30 (23h30 ven-sam). Résa conseillée. Lunch,* ramen et wok fried noodles *11,95-12,50 € (plus cher le soir),* bento *9,95 € le midi, 19,45-21,95 € le soir ;* house specials *12-17,50 € (19-25 € le soir).* Cadre sobre, tables et longs bancs en bois pour l'une des meilleures cuisines japonaises de la ville. Le midi, très fréquenté vu le remarquable rapport qualité-prix. Le soir, clientèle franchement plus *trendy* se régalant de sushis et makis ou de copieux *bento...* Goûter aussi au *teppan beef teriyaki.* Service efficace et agréable, parfois un poil dépassé quand c'est l'affluence.

DUBLIN

Rive sud, dans Temple Bar

The Bad Ass Café *(zoom détachable D4,* ***100****) : 9-11, Crown Alley, Temple Bar Sq. ☎ 01-675-30-05. Tlj 12h (9h w-e)-minuit (1h30 ven-sam). Pizzas 14-19 €, burgers 15-20 € et plats 13,95-25 €. Tlj, live music ; jeu et dim,* stand up comedy *vers 20h30.* En plein cœur de Temple Bar, une sorte d'ancien entrepôt réaménagé en restaurant branché spacieux et moderne. Bien pour avaler de bonnes pâtes, un crémeux *seafood chowder,* un *beef and Guinness stew,* des salades, pizzas ou burgers... Toujours beaucoup de monde. En sortant, jeter un coup d'œil au logo en forme de disque 33 tours sur le mur d'entrée : il rappelle que Sinéad O'Connor y arrondissait ses fins de mois comme serveuse au tout début de sa carrière.

The Mongolian Barbeque *(zoom détachable D4,* ***115****) : 7, Anglesea St. ☎ 01-670-41-54. Tlj 12h-21h30 (23h le w-e).* Early bird *(jusqu'à 19h) 15,90 € ; buffet « un voyage » 7,90 €, avec dessert 13,90 € le midi, 17,90 € le soir.* Une adresse originale, de qualité, et où l'on mange à volonté pour pas bien cher. On remplit un bol d'émincé de viande (bœuf, agneau, porc, volaille) ou poisson, on garnit le tout de légumes, puis on nappe de sauce et l'on donne l'ensemble au cuistot qui le fait cuire à l'aide de longues baguettes. Le soir, on recommence l'opération autant de fois qu'on le souhaite et l'on accompagne ces mets variés de riz ou nouilles.

De prix moyens à plus chic

Dans cette catégorie entrent un grand nombre de restaurants aux prix très variables en fonction du moment auquel on s'y rend – ça peut aller du simple au double !

Rive nord, côté O'Connell Street

The Oval *(zoom détachable D3,* ***104****) : 78, Abbey St Middle. ☎ 01-872-12-64. Tlj 10h30-22h (12h30-21h dim). Plats env 9-16 €.* En place depuis 1822, le pub n'a acquis son nom actuel qu'en 1904. Il fut détruit en 1916 pendant l'Easter Rising et reconstruit en 1922 avec la belle façade qu'on lui connaît. Pas de chance, à peine ouvert, les obus de la guerre civile lui retombaient dessus, et il dut refermer aussitôt. Clientèle de journalistes, fonctionnaires, quelques politiciens et habitants du quartier. Fréquenté surtout le midi pour déguster plats traditionnels (*Irish stew* renommé), soupe du jour, *fish & chips,* paninis, salades, etc. Ce fut aussi l'une des étapes de Leopold Bloom dans *Ulysse.*

Urban Brewing & Stack A Restaurant *(plan détachable E3,* ***114****) : CHQ Building, Custom House Quay, vault C. ☎ 01-568-59-89. Sur le côté gauche du bâtiment du musée EPIC. Tlj midi et soir.* Lunch, *plats 12-15 € ; le soir, plats 24-31 €.* Early Bird *(17h-18h45) 27,50-32,50 €. Brunch le w-e 12h-15h30, 13-15 €.* À la fois restaurant et microbrasserie, le lieu est idéal pour un repas après la visite du musée EPIC. Dans l'une des immenses et magnifiques salles voûtées au sous-sol ou en terrasse, face au George's Dock, on mange des plats bien dans l'air du temps ou des tapas à l'irlandaise *(à partir de 17h ainsi que le w-e midi et soir).* On peut aussi participer, mais en petit groupe seulement, à une visite de la brasserie *(infos sur ● urbanbrewing.ie ●).*

The Woollen Mills *(zoom détachable D3,* ***132****) : 42, Lower Ormond Quay. ☎ 01-828-08-35. Lun-jeu 9h-21h, ven*

9h-22h, sam-dim 11h-22h. Early bird *tlj (sauf déc) 17h-18h45 : 28-33 €. Pizzas 13-16 €, plats 10-15 €. Grill 19-50 €. Brunch populaire.* Déco industrielle, cuisine ouverte, terrasse couverte d'où l'on jette un œil au Halfpenny Bridge. Public mélangé de trentenaires et de touristes qui apprécient l'ambiance décontractée et sans façons. Côté assiettes, plats plutôt roboratifs, plus continentaux qu'insulaires. Pour les petits budgets, coin café-boulangerie proposant des sandwichs ou des *combos*.

Rive nord, côté Stoneybatter et Smithfield Market

Ce quartier se révèle un des phares de la renaissance de la gastronomie sur la rive nord.

L. Mulligan Grocer *(plan détachable B3,* ***108****) : 18, Stoneybatter St. ☎ 01-670-98-89. Bus nos 37, 70 et 39a.* Lunch *seulement w-e ; dîner tlj 16h-23h30 (0h30 sam) ; le w-e, service en continu. Plats 16,50-29,50 €. Résa quasi obligatoire.* L'un des meilleurs gastropubs de la ville, niché dans une ancienne épicerie dont il a eu la bonne idée de conserver le long comptoir de bois et les banquettes, séparées par de petites cloisons. Le vrai must ici, c'est le choix : plus d'une centaine de bières artisanales, dont des cervoises de garde originales. En outre, comme pour les vins, ils conseillent les bières en accord avec les plats (ainsi la super *Friar Weiss,* une bière de franciscains, pour les moules). Pareil pour le cidre. Question cuisine, on est ici dans la mouvance *Slow Food* : la carte se compose de produits frais et se renouvelle avec les saisons, malgré quelques incontournables comme les moules et le *black pudding.* Beaux desserts également.

Wuff *(plan détachable B3,* ***116****) : 23, Benburb St. ☎ 01-532-03-47. Mer-dim 8h (10h sam-dim)-16h et 17h30-23h ven-sam. Brunch 10-18 € ; le soir 17-25 € ; en sem,* early bird *(17h30-19h) 25,50-29,50 €.* Ce resto-bar branché se niche dans un bloc de maisons anciennes en brique bien retapées. Enseigne fort discrète parfaitement fondue dans le paysage urbain. À l'intérieur, cadre toujours urbain et sobre, mais pas froid pour autant. Assez rare pour être notifié, la musique respecte la tranquillité du repas. On apprécie ainsi cette cuisine moderne à la touche personnelle et ses beaux produits. Service dynamique et bon choix de bières pression.

Rive sud, de Dame Street à Camden

Nolita *(zoom détachable D4,* ***118****) : 64, South Great George St. ☎ 01-478-15-90. Tlj 10h-23h30 (2h30 le w-e). Pizzas 13,50-17 €. Plats 12-19 €.* Early bird *(lun-sam 17h-19h) 21-26 €. Le soir, venir tôt ou résa très conseillée.* Ancien entrepôt aux immenses volumes, genre resto branché à la « new-yorkaise ». Grande salle principale, lumineuse grâce à sa verrière. Pour le décor : bois, verre, brique, céramique et photos originales. Mezzanines et agréable terrasse végétalisée. Tables bien séparées, banquettes confortables... Cuisine d'une belle fraîcheur, bon choix à la carte, plats copieux, hors-d'œuvre « *Irish-Italian* » conseillé. Excellent choix de pizzas cuites au feu de bois.

Coppinger Row *(zoom détachable D4,* ***109****) : Coppinger Row. ☎ 01-672-98-84. Lun-sam 12h-16h, 17h30-22h (18h-23h jeu-sam) ; dim 12h-16h, 18h-21h. À midi, plats 12,50-21,50 € et 19,50-31 € le soir ; menus* early bird *dim-jeu (17h30-19h) 28-31 €. Brunch le dim.* D'abord, c'est un cadre plaisant, un accueil des plus aimable, l'une des cuisines les plus fraîches et sincères qu'on connaisse à Dublin. Des p'tits plats aux connotations méditerranéennes, à base de produits sélectionnés. C'est parfois tout simple, mais servi généreusement. Judicieuse sélection de fromages fermiers et très beaux desserts. Quant au brunch du dimanche...

The Rustic Stone *(zoom détachable D4,* ***103****) : 17, South Great Georges St. ☎ 01-707-95-96. Tlj 12h (13h sam, 14h dim)-21h30 (22h30 jeu-ven, 23h sam). À midi,* express lunch *16,50 €. Viandes sur pierre 28-36 €.* Cadre moderne, genre grande brasserie animée et sonore. On y viendra pour sa spécialité : ses viandes (ou poissons), servies sur une pierre volcanique noire chauffée à blanc (façon de parler). Pas forcément très pratique (il faut un peu jongler), pas donné non plus, mais les viandes sont excellentes et la cuisson originale. Le propriétaire Dylan McGrath, qui a plusieurs restos à Dublin, dit avoir rapporté cette idée d'un voyage en Australie. Pour les budgets plus serrés, les *rustic bowls* ne sont pas mal du tout, sans parler de la formule du midi ou des options végétariennes.

Fallon & Byrne *(zoom détachable D4,* ***112****)* **:** *11-17, Exchequer St. ☎ 01-472-10-10. Lun-sam 12h-22h, dim 12h30-21h. Établissement fonctionnant sur 3 formules : bar à vins au sous-sol),* food hall *au rdc (sandwichs 8-14 €, plats 13-22 €), et resto classique au 1er étage (midi et soir ; plats 22-34 €).* Chaleureux espace au sous-sol, tonneaux servant de table, comptoir, et plus de 600 (!) bouteilles proposées à nos papilles exigeantes. De très belles planches de fromages fermiers (goûter au *smoked gubbeen* !) ou de charcuteries. Sinon, saumon fumé artisanalement, sandwichs haut de gamme, cheesecake... Petite carte de bières originales, comme la *James Boag's Prem* de Tasmanie et la *Ola Dubh Reserve* écossaise (8°)... Au 1er étage, le resto : sans plus et très bruyant. Des sandwichs et des plats tout prêts au rez-de-chaussée, pour les plus pressés.

Forno 500° *(zoom détachable D4,* ***95****)* **:** *74, Dame St. ☎ 01-679-45-55. Tlj midi et soir. Résa conseillée. Pizzas 11,50-15,50 € et pâtes 15,50-18 €.* Early bird *(sauf déc) tlj 15h30-18h30 26,50 €.* La petite équipe, à la bonne humeur communicative, est on ne peut plus fière de son four à bois construit dans les règles de l'art et approuvé par une association italienne *(Verace Pizza Napoletana).* Les pizzas sont mémorables et le reste de la carte, des *bruschette* aux pâtes, est très honorable. Attention, c'est un peu petit et la salle est vite remplie. Dans le doute, réserver ou venir tôt.

Catch 22 *(zoom détachable D4,* ***117****)* **:** *32, Clarendon St. ☎ 441-44-25. À l'étage du bar* Rua. *Tlj 15h (13h jeu-ven, 12h w-e)-22h. Sandwichs 9-11 €, Plats 13,50-18,50 €.* Cadre moderne à la déco marine, ce resto est spécialisé dans les fruits de mer et le poisson : moules parfumées à souhait, fruits de mer frais, copieuses *sea salads*, ainsi que les plus classiques *fish & chips* et burgers. Service dynamique et attentionné. Un sans-faute.

Featherblade *(zoom détachable D4,* ***119****)* **:** *51B, Dawson St. ☎ 01-679-88-14. Tlj sauf lun, midi et soir, jusqu'à 21h30. Résa conseillée. Viandes 14-22 € ; repas 25-35 € env.* Salle tout en longueur, tamisé acceptable, niveau sonore qui l'est moins (mais on commence à s'y faire). Atmosphère et cadre assez chic sans être guindé, en totale contradiction avec les prix... On découvre peut-être ici la (bonne) viande la moins chère de Dublin, et des épinards à la crème qui se révèlent une tuerie. Succès mérité, on conseille donc d'arriver de bonne heure ou de réserver.

The Green Hen *(zoom détachable D4,* ***121****)* **:** *33, Exchequer St. ☎ 01-670-72-38. Résa très conseillée le soir. Tlj 12h-16h (15h30 lun et ven-sam), 17h-22h (23h ven-sam, 21h dim).* Early bird *(dim-jeu 17h-19h) 23-28 € ; intéressants* lunch menus *21-25 € ; le soir, plats 19-35 €. Menu table d'hôte (ven-sam soirs seulement) 35 €.* Agréable salle tout en longueur décorée sur le thème du cinéma. Bande-son jazz, discrète mais de qualité. Éclairage tamisé juste ce qu'il faut. Pour les pressés, bar lumineux et long comptoir. Cuisine française aux envolées irlandaises.

Meet me in the Morning *(plan détachable D5,* ***124****)* **:** *50, Pleasants St. Tlj jusqu'à 16h. Plats 10-13 €.* Dans ce quartier du soir (Camden), une adresse pour le matin (petit déj) et le midi. Une toute petite carte où cohabitent *miso, colcannon cakes* (purée de pommes de terre et de chou vert) et d'autres plats végétariens. Quelques tables sur le trottoir. Parfait pour un petit déj ou une pause déjeuner rapide. Quant à l'enseigne, les connaisseurs auront reconnu qu'il s'agit du titre d'une chanson de Bob Dylan.

Camden Kitchen *(plan détachable D5,* ***120****)* **:** *Grantham St. ☎ 01-476-01-25. Mer-dim 17h-22h. Résa très conseillée le soir. Menus le midi 18,50-23,50 €.* Early bird *28-33 € (17h30-18h30 ven-sam et jusqu'à 19h30 mer-jeu et 21h mar) et plats 17,50-29,50 €.*

Dans une rue peu passante, 2 petites salles discrètes au cadre sobre où le contenu de l'assiette prime. Carte courte, cuisine d'influence française particulièrement soignée. Certes classique, mais concoctée avec une touche vraiment personnelle. Remarquables *lunch menus.*

L'Gueuleton *(zoom détachable D4, **123**) : 1, Fade St. 087-939-36-08. Tlj 12h30-16h, 17h30-23h30. Petits plats 9,50-12,50 €, grands plats 24,90-36 €. Brunch sam-dim 11h30-16h.* Ne pas se laisser influencer par ce nom : ici, vous dégusterez une des plus belles cuisines françaises de Dublin. La brique rouge y domine, et le niveau sonore est très élevé. Un comble, lumière tellement tamisée que les clients tentent de lire leur menu avec leur portable ! Terrasse abritée. Pour déjeuner, du très classique et abordable : sandwichs, salades, plats du jour plus élaborés qu'ailleurs.

Chic

Rive sud, de Dame Street à Camden

The Ivy *(zoom détachable E4, **106**) : 13-17, Dawson St. ☎ 01-695-07-44. Tlj midi et soir, jusqu'à 23h30. Brunch le w-e. 11h-16h. Résa conseillée. Plats 17-30 €.* Que ce soit pour un *breakfast*, un brunch, un *afternoon tea* ou un repas plus classique, cette brasserie britannique saura vous régaler de ses plats délicieux et de son décor aussi chargé que les assiettes ! Ambiance presque *kitsch*, avec son grand comptoir, son papier peint floral, ses grandes banquettes colorées et la verdure omniprésente, à l'intérieur comme sur la terrasse ! Mieux vaut réserver, car les tables affichent souvent complet, même en semaine.

Angelina's *(plan détachable F5, **122**) : 55, Percy Pl. ☎ 01-660-22-62. Tlj 12h-23h (17h lun). Pizzas 14-16,50 €, plats 16,50-24 € le midi, 20-30 € le soir.* Salle immense offrant de confortables box en demi-lune pour bandes d'amis et familles. Aux beaux jours, les tables en terrasse au bord de l'eau s'arrachent. Cuisine de marché légère et appétissante et brunch réputé le week-end. Pizzas savoureuses et belles salades. Adresse idéale lors d'une balade le long du canal, aux frontières de Ballsbridge et Saint Stephen's Green.

Sophie's *(plan détachable D5, **46**) : 33, Harcourt St. ☎ 01-607-81-00. Tlj 7h-11h, 12h-14h30, 17h30-22h30, puis bar jusque tard. Pour le lunch, plats 14-25 € ; pizzas 13,95-16 € ; au dîner, plats 25-35,95 €.* Au 5e étage de l'hôtel *The Dean*, immense salle lumineuse s'ouvrant sur de larges baies et livrant la plus belle vue qui soit. Box confortables et longs comptoirs pour les étourdis qui ont négligé de réserver. Par beau temps, *rooftop* parfois accessible pour déjeuner. Cuisine moderne et légère d'une grande fraîcheur, alliant des saveurs subtiles. Cuisson exacte. Délicieuses pizzas au feu de bois et beaux desserts. Carte des vins éclectique. Idéal pour le *lunch*, quand les prix sont encore sages. Service dynamique.

Rive sud, dans Temple Bar

Cleaver East *(zoom détachable D4, **98**) : 6-8, East Essex St. ☎ 01-531-35-00. Mer-dim 17h-21h30. Plats 17-30 €. Brunch le w-e 11h-16h, 19,95 €.* C'est le resto du *Clarence Hotel* (celui de U2). Grande salle s'ordonnant autour d'un bar en bois circulaire, longues banquettes confortables, mezzanine tranquille et atmosphère tamisée raisonnable. La cuisine du chef Oliver Dunne se compose d'excellents produits d'Irlande. Grande spécialité : le faux-filet *Hereford.*

Rive sud, Christ Church et les Liberties

Bull & Castle *(zoom détachable D4, **101**) : 5-7, Lord Edward St, Christ Church. ☎ 01-475-11-22. Tlj à partir de 16h, jusque tard. Lunch specials 13-21 € ; early bird 25-29,50 € (16h-19h) ; à la carte compter 30-60 €.* Immense *steak house* et *beer hall*, avec salles sur plusieurs niveaux, longues tables et bancs rugueux. Garantie de toujours y trouver de la place ! On s'y restaure superbement à tous les prix. La viande, provenant des boucheries F.X. Buckley, occupe bien sûr la 1re place, mais on trouve aussi poissons et fruits de mer (onctueux *seafood* *chowder,* moules, haddock frais...). Grand choix de bières artisanales. Les vendredi et samedi, une sacrée atmosphère (avec DJs)...

Bite of Life *(zoom détachable C4,* ***105****) : 55, Saint Patrick St (et Bull Alley St). ☎ 01-454-29-49. Tlj 8h (9h w-e)-19h30. Quiche avec salade env 10 €.* Petite adresse idéale pour le petit déjeuner (servi toute la journée) ou le *lunch.* Qui cherche un havre intime et chaleureux y trouvera son bonheur. Cuisine fraîche et goûteuse, sandwichs, salades, quiches, gâteaux maison. Accueil au diapason.

Fumbally *(plan détachable C5,* ***111****) : Fumbally Lane (et Lower New St). ☎ 01-529-87-32. Mer-sam 10h-18h (15h sam). Plats env 16 €.* Au cœur des Liberties, un café animé par une joyeuse équipe, amoureuse d'une cuisine inspirée par le marché, la météo, l'humeur du jour et les produits sains (voir au tableau). Ici, on est très attentif à la qualité du café également. Populaire dîner du mercredi sur une idée du chef (souvent thématique, genre découverte de la cuisine d'un pays), dans une belle ambiance un poil branchouille, conviviale et détendue. Grande salle assez foutraque et particulièrement sympa où l'on peut acheter des produits locaux et des vins artisanaux.

Très chic

Rive sud

The Pearl *(zoom détachable E4,* ***110****) : 20, Upper Merrion St. ☎ 01-661-35-72. Tlj sauf dim midi et soir. Plats 27-42 €.* Ce resto gastronomique, en sous-sol, est une véritable bulle de tranquillité, éclairée à la bougie, pour une ambiance cosy et chaleureuse, à l'écart du tumulte dublinois. Inspirée par la gastronomie française, la carte ravit les yeux et le ventre avec des produits de saison magnifiquement présentés ! Belle proposition de vins également, français pour la plupart, aux prix très variés. Service souvent bilingue et aux petits soins.

Bang *(plan détachable E5,* ***133****) : 11, Merrion Row. ☎ 01-400-42-29. Tlj 12h-14h30, 17h-22h (23h w-e). Lunch menus mar-ven 29 €. Menus* pre-theatre *tte la sem (jusqu'à 19h et sam 18h) env 29 € ; carte env 50 €.* Réparties sur 3 niveaux, 3 salles d'un décor sobre et chic, avec banquettes en tissu et nappes blanches. Une préférence pour celle à l'étage, plus intime. La bonne surprise vient ensuite... Mettant à l'honneur des produits terre et mer de qualité, d'Irlande ou d'ailleurs, la cuisine est résolument raffinée, savoureuse, et le dressage élégant. Les prix sont bien sûr à la hauteur, mais le menu *pre-theatre* permet de s'offrir cette table gastro.

Très, très chic

Rive nord

Chapter One *(plan détachable D2-3,* ***107****) : 18, Parnell Sq. ☎ 01-873-22-66. Au sous-sol du Writers Museum. Tlj 12h30-14h, 17h30-22h30 sauf sam midi et dim-lun. Fermé 2 sem en août et 2 sem Noël-Jour de l'an. Le midi, menu env 65 € ;* pre-theatre menu *(17h-19h30 mais commande avt 17h45) 57,50 € ;* 4 courses dinner *120 € (tout de même !) Résa indispensable.* L'une des plus belles adresses de Dublin. Cadre très élégant, accueil un tantinet rigide et atmosphère chicos. Cuisine créative et raffinée, composée d'excellents produits, qui ravira à coup sûr les plus fins gourmets (un peu moins leur porte-monnaie). Carte des vins sublime pour accompagner le tout.

OÙ DÉGUSTER UNE BONNE PÂTISSERIE ? OÙ PRENDRE UN BON PETIT DÉJEUNER ?

The Pepper Pot *(zoom détachable D4,* ***131****) : 59, South William St. Dans le Powerscourt Town Centre, en mezzanine. Tlj sauf dim 11h-17h. Coffee shop* n'utilisant que des produits « *organic* » et de saison. Petits déjeuner vraiment élaborés, servis toute la journée. Délicieuses pâtisseries, sandwichs, soupes, pains maison... et les meilleurs *scrambled eggs* du coin, dit-on. Service convivial. Quelques tables avec plongée sur le magnifique atrium, mais sujettes au passage des clients du centre commercial.

Merchants Arch *(zoom détachable D4,* ***150****) : 48-49 Wellington Quay. ☎ 01-607-40-10. Tlj 9h (10h dim)-0h30 (2h30 sam, minuit dim).* Qui penserait découvrir dans ce pub l'un des plus charmants décors qui soient, avec son atmosphère paisible qui donne l'impression d'être à cent lieues de Temple Bar ? Haut de plafond, avec mezzanine, stucs et moulures, banquettes bien rembourrées, joli bar en bois sombre... Ici, un copieux *Irish breakfast* à prix abordable. Délicieux *scramble eggs* et *smoked salmon.* Musique traditionnelle le soir. Ne pas manquer de jeter un œil à l'escalier façon « Harry Potter » menant au resto du 1er étage !

Bewley's Grafton Street *(zoom détachable D4,* ***152****) : 78-79, Grafton St. Lun-ven 7h30-20h (21h jeu), sam 8h-20h, dim 9h-20h.* Irish breakfast, *servi jusqu'à 12h30 en sem et 14h30 le w-e, 10,50-13 €.* Les Bewley, 1ers négociants de thé en Irlande, établirent leur commerce en 1833 avant de créer une chaîne de cafés connue sous le nom de *Bewley's Oriental Cafés.* Celui de Grafton Street, établit en 1927, est l'un des plus beaux, avec son style Art déco, ses somptueux vitraux, dessinés par Harry Clarke, ses banquettes en velours, ses tables de marbre, ses chaises bois cintré... Il a joué un rôle important dans la vie littéraire irlandaise et se la joue musée avec une visite hebdomadaire, le samedi matin. Les amateurs choisiront la *James Joyce room* à l'étage. Au 2e étage, petit café-théâtre.

Queen of Tarts *(zoom détachable D4,* ***151****) : Cow's Lane. Tlj 7h (9h dim)-19h.* Petit salon de thé réputé pour ses délicieuses pâtisseries : crumble aux cerises, muffins aux myrtilles, tartes au citron, *plum tart* à la crème anglaise, etc. On se régale et sans (trop) se ruiner. Grande salle et terrasse sur rue piétonne pour les beaux jours.

Mannings *(plan détachable C4,* ***102****) : 40, Thomas St West. ☎ 01-454-21-14 et 01-473-66-96. Tlj sauf dim 9h-18h.* Le samedi, la foule ! Grande boulangerie-pâtisserie-salon de thé régalant les habitants des Liberties depuis plus de 60 ans. Familles, employés du coin, touristes se repaissent de gâteaux crémeux, *cupcakes,* choux, *buns,* accompagnés d'une boisson chaude. Pour le déjeuner : goûteuses salades composées, gros sandwichs très frais, soupes maison avec du bon pain, *roast beef...*

DUBLIN

OÙ MANGER UNE BONNE GLACE ?

Murphy's *(zoom détachable D4,* ***153****) : 27, Wicklow St. Tlj 13h-19h (20h w-e).* Cette petite chaîne de glaciers provient tout droit de Dingle, au sud-ouest de l'Irlande. Elle propose un panel de créations originales, dont l'étonnant *Dingle Sea Salt,* à base, comme son nom l'indique, de sel de mer. D'autres parfums plus classiques mais tout aussi délicieux. Dans le doute, vous pouvez tout tester !

PUBS INTÉRESSANTS

Sans vouloir être exhaustifs, voici une bonne vingtaine de pubs parmi les plus célèbres de Dublin. Songez qu'on en répertorie officiellement au moins 60 présentant un intérêt, sans compter tous ceux qui, sans proposer une atmosphère, une tradition ou un décor particuliers, savent réserver des surprises, leurs moments magiques et privilégiés dépendant de l'instant, de la clientèle, etc. Voilà pourquoi nous les indiquons dans un savant désordre... !

– *Un conseil :* en Irlande de manière générale, les pubs ferment tôt (selon la loi, 23h en hiver, 23h30 en été) ; y venir, donc, dès le début de la soirée (après un dîner économique en *early bird,* par exemple). Bon, ça, c'est pour les pubs traditionnels. Il y a tous les autres, les *late bars* fermant à 2h ou 2h30. À notre avis, bien mieux au niveau ambiance que les boîtes classiques !

Brazen Head *(plan détachable C4,* **170***) : 20, Bridge St Lower (perpendiculaire à Merchant's Quay). ☎ 01-677-95-49. Tlj 10h30-minuit (0h30 ven-sam).* Classé Monument historique, le plus vieux pub de la ville a fêté ses 800 ans en 1998 ! Robert Emmet, leader de la rébellion de 1803, n'aurait aucune difficulté à reconnaître cet ancien *coach inn* (relais de poste) bas de plafond, aux murs et planchers de guingois. D'ailleurs, son bureau est toujours là ! Et dire que son bourreau, le *Hangman,* y avait aussi ses habitudes ! Musique folk tous les soirs à partir de 21h30, mais venez plutôt vers 19h si vous voulez être assis : cette véritable institution est aujourd'hui victime de son succès.

O'Donoghue's *(plan détachable E4-5,* **171***) : 15, Merrion Row. ☎ 01-660-71-94. Tlj 10h-minuit (1h ven-sam, 23h30 dim).* Au début des années 1960, il accueillit la renaissance de la ballade irlandaise. Les *Dubliners* s'y rencontrèrent. Murs tapissés de vieux miroirs piqués, de dessins et de photos imbibés de nicotine. Aujourd'hui, ce n'est plus un simple *singing pub,* mais bien le pub le plus célèbre de Dublin ! Musique traditionnelle presque tous les soirs à partir de 21h30. Certains soirs, il est impossible d'y entrer ! Et pourtant, l'espace ne manque pas.

MacDaid's *(zoom détachable D4,* **172***) : 3, Harry St. ☎ 01-679-43-95. Ruelle donnant sur Grafton St. Ouvre à 10h30 (12h30 dim) et ferme tard.* De vieux livres, des malles anciennes et des portraits d'écrivains (dont Beckett) aux murs. Le rendez-vous de la jeunesse *trendy.* 3 grands y avaient leurs habitudes : Brendan Behan, Patrick Kavanagh et Brian O'Nolan. Behan y apportait sa machine à écrire portable et tapait dans un coin. Un jour, il offrit de repeindre les w-c contre quelques pintes (Behan, toujours sans le sou, était peintre-décorateur de formation). O'Nolan, qui n'aimait pas Kavanagh, lui jeta un jour : « De toute façon, vous n'êtes qu'un poète mineur ! » Kavanagh répliqua : « Depuis Homère, nous le sommes tous ! »

Cobblestone *(plan détachable C3,* **173***) : 77, North King St. ☎ 01-872-17-99. Ouv à 16h lun-ven, 14h ven-sam, 13h30 dim. Musique lun à 19h, mar-ven 17h, w-e 14h.* Encore un pub authentique (cadre bien vieillot), qui survit depuis des années dans un bloc d'immeubles complètement *derelict.* « *A drinking pub with a music problem* » peut-on y lire, une variation de la déclaration de Brendan Behan : « I am a drinker with a writing problem ». Grande salle au 1er étage et moult recoins au rez-de-chaussée. Clientèle locale. Programmation de concerts quasiment tous les jours. Également des sessions sur l'arrière, dans la *Back Room* (sur Red Cow Lane) et des concerts payants. Un bout de tradition, une heureuse anomalie, pour ainsi dire, dans ce secteur de Smithfield Village, entièrement rénové durant les années 2000.

Kehoe's *(zoom détachable D4,* **174***) : 9, South Anne St. ☎ 01-677-83-12. Tlj 15h (13h w-e)-23h (21h dim).* Vieux pub patiné, ouvert en 1803, avec des cloisons en bois à carreaux biseautés. Petite salle plus « tranquille » au fond et très beau meuble de bar en acajou de style victorien, ainsi que des *snugs.* Incroyablement bruyant et chaleureux, mais sans musique (en revanche *Comedy Corner* le lundi, à l'étage, pour découvrir de nouveaux comédiens). Y aller pour l'ambiance, surtout pas pour une soirée intime en amoureux !

The Quays *(zoom détachable D4,* **175***) : 12-13, Temple Bar. ☎ 01-671-39-22. Tlj 10h30 (12h dim)-0h30 (2h30 ven-sam).* Un des passages obligés de Temple Bar, classique à souhait avec ses boiseries patinées, ses grandes glaces ovales sur lambris et ses jeunes qui se dandinent sur le plancher. Dans la journée, les locaux préfèrent rester en bas, tandis que les touristes apprécient le calme et l'espace de l'étage.

Bien sûr, on s'y restaure aussi. Tous les soirs, concerts de musique traditionnelle : animation démente !

The Porterhouse *(zoom détachable D4,* ***176****) : 16-18, Parliament St. ☎ 01-679-88-47. Tlj 11h30 (12h dim)-23h (minuit mar et dim, 2h ven-sam).* Cet établissement est une vraie *brewery,* la 1re à Dublin à avoir eu son propre pub. Une dizaine de bières maison, comme la *Wrasslers,* bière brune préférée de Michael Collins. Mais, loin de s'arrêter là, la carte propose plus d'une centaine de bières en provenance de toutes les régions du monde. Concerts folk ou blues tous les soirs et *sessions* le samedi. L'agencement ingénieux de la scène (un petit balcon suspendu) permet d'entendre la musique depuis tous les recoins des 3 étages, toujours bondés, bien que vastes.

Doheny and Nesbitt *(plan détachable E4-5,* ***177****) : 4-5, Lower Baggot St. ☎ 01-676-29-45. Ouvre à 9h (9h30 sam, 10h30 dim).* La plaque en cuivre à l'extérieur *Tea Wine Merchant* est belle mais démodée, car si l'on trouve encore thé et vin, ici, c'est sous des litres de bière ! L'un des pubs favoris de Brendan Behan et George Bernard Shaw. Dans les années 1980, un groupe d'économistes en fit sa cantine (façon de parler), d'où le surnom de *School of Economics*. Aujourd'hui, fréquenté par les cols blancs après le bureau, mais aussi par les amateurs de 3e mi-temps de rugby. La décoration en acajou n'a pas bougé depuis 1867. Petites cloisons en bois pour les conversations intimes, salle ventilée à l'arrière, et même une salle à l'étage, ce qui donne pas moins de 3 zincs à éponger...

The Long Hall *(zoom détachable D4,* ***178****) : 51, South Great George's St. ☎ 01-475-15-90. Tlj 12h30-23h (0h30 ven-sam).* Décoration intérieure sophistiquée, typique des vieux pubs irlandais. Plafond avec moulures polychromes, vitraux et lustres de cristal. À voir résolument. *The Long Hall* actuel date de 1881. Il fut construit à l'emplacement d'un pub de 1766 qui fit faillite 100 ans plus tard, en 1866. Essentiellement fréquenté par les *fenians,* le pub dut fermer quand ils furent tous arrêtés et emprisonnés.

The Temple Bar *(zoom détachable D4,* ***179****) : 47-48, Temple Bar. ☎ 01-672-52-86. Lun-sam 10h30-2h30, dim 11h30-1h.* Superbe bar à whiskeys avec sa magnifique façade rouge, et pub ultra-fréquenté, plein de coins et de recoins pour siroter l'un des 200 whiskeys proposés. Musique en principe tous les jours de 14h30 à 2h30. L'une des étapes incontournables de Temple Bar.

James Toner *(plan détachable E5,* ***180****) : 139, Lower Baggot St. ☎ 01-676-30-90.* Comptoir bas en acajou, ventilos épuisés, glaces biseautées, vieille pendule et séparations de comptoir en bois, comme dans une écurie. Une anecdote : les écrivains du XIXe s fréquentaient très peu les pubs. Ainsi, on n'y avait jamais vu Yeats. Un jour, un de ses amis l'entraîna chez *Toner.* Il s'assit dans le *snug,* but un sherry, se leva et dit à son ami : « Je sais ce qu'est un pub maintenant, seriez-vous assez gentil de me raccompagner chez moi ? »

The Palace Bar *(zoom détachable D4,* ***181****) : 21, Fleet St. ☎ 01-671-73-88. Tlj 10h30 (12h30 dim)-22h30 (0h30 ven-sam).* Ouvert en 1823, il a conservé quasiment le même décor. Dans les années 1940 et 1950, l'un des rendez-vous les plus populaires des journalistes (l'*Irish Times* était juste à côté) et écrivains. Aujourd'hui, très populaires chez les jeunes : public d'étudiants et de touristes. Venir entre 18h et 20h, moment le plus vivant, et où l'on peut encore squatter les fauteuils en moleskine rouge du petit salon au fond. Concerts à l'étage les mercredi et dimanche.

Oliver Saint John Gogarty's *(zoom détachable D4,* ***34****) : 58, Fleet St. ☎ 01-671-18-22. Lun-sam 10h30-2h30, dim 12h-1h30.* Pas notre préféré, mais il attire les foules (à la limite de l'émeute certains soirs). À signaler tout de même, la salle à l'étage pour écouter de la musique irlandaise, un peu plus authentique qu'au rez-de-chaussée.

Mulligan's *(zoom détachable E3,* ***190****) : 8, Poolbeg St. ☎ 01-677-55-82. Entre Trinity College et la Liffey. Tlj 12h (12h30 dim)-22h30 (0h30 ven-sam).* Vieux pub populaire et toujours aussi fréquenté, qui n'a pas une déco extraordinaire mais le charme des murs noircis par le temps et des planchers usés par les ouvriers de la presse, les journalistes et les *busmen.* Ouvert en 1854 par un *publican* des Liberties. Sa famille y gérait un pub depuis 1782 (d'où la date sur la porte). L'un des rédacteurs qui l'appréciaient le plus, en 1945, était un certain John Fitzgerald Kennedy, travaillant à l'époque pour William Randolf Hearst. *Mulligan's* abrita aussi les réunions de la Société pour la préservation de l'accent dublinois. Nos lecteurs pourront juger par eux-mêmes du bon boulot qu'elle a effectué !

The Stag's Head *(zoom détachable D4,* ***183****) : 1, Dame Court. ☎ 01-679-36-87. Caché dans une ruelle entre Grafton St et South Great George's St. Tlj ; lunch 12h30-15h30, dinner 17h30-21h (dernier service 19h). Plats 8-16 €.* C'est, là aussi, un bel exemple de pub victorien demeuré intact. Long bar en marbre rouge du Connemara et acajou, décoration raffinée. Envahi au moment du lunch, car son *pub grub* est réputé comme l'un des meilleurs de la ville. Musique traditionnelle les vendredi et samedi. En dehors des *busy hours,* il y règne une étrange et calme atmosphère d'église de quartier.

Ryan's *(plan détachable B3,* ***184****) : 28, Parkgate St. ☎ 01-677-60-97 ou 671-93-52. Situé sur la rive nord de la Liffey, en face de la gare de Heuston. Tlj 10h30 (12h dim)-23h30 (2h30 ven-sam).* Célèbre pour son très beau décor victorien, ordonné autour d'un comptoir central circulaire qui occupe bien les trois quarts de l'espace. Décor en bois sculpté, vitraux, quelques *snugs.* Les vendredi et samedi soir, bourré à craquer mais atmosphère remarquable. Très bonne *bar food* le midi et à partir de 17h (viandes F.X. Buckley). Il est dit qu'ici la *Guinness* est encore meilleure qu'ailleurs. À cause de la proximité de ses usines, juste en face ?

Brogan's *(zoom détachable D4,* ***186****) : 75, Dame St. Tlj 16h-23h30 (0h30 ven-sam).* Un pub discret masqué par une jolie devanture en bois remplie de bibelots. Mais, plus que la déco (et pourtant, on y voit des affiches *Guinness* plutôt rares), c'est sa bonne ambiance et ses bières peu chères pour le quartier qui attirent le chaland. Attention, les assoiffés connaissent l'adresse, et c'est vite plein.

The Celt *(zoom détachable E3,* ***187****) : 81, Talbot St. ☎ 01-704-01-26. Tlj 11h30 (12h dim)-23h30 (0h30 ven-sam).* Petit pub charmant où, chaque soir à 21h, des groupes ou des chanteurs locaux honorent la musique traditionnelle, à la grande joie d'une clientèle (majoritairement autochtone) qui reprend les refrains en chœur. Une des adresses les plus sympa parce que modeste et productrice d'une ambiance véritable : tous les yeux pétillent.

The Swan Bar *(zoom détachable D4,* ***188****) : angle Aungier et York. ☎ 01-475-27-22. Tlj 11h (12h dim)-23h (0h30 ven-sam).* Ce pub a conservé quasi intégralement son cadre originel, datant de 1897. En 1916, il fut l'un des PC des insurgés républicains. C'est l'un des très rares à posséder, derrière le bar, les grandes barriques servant au verre whiskey, porto, brandy et cherry. Comptoir en marbre d'Écosse et pompes d'origine ; beaux lambris ciselés, et des tas de témoignages et photos historiques. Un des anciens patrons du pub, Sean Lynch, fut international de rugby, ce qui ne passe pas inaperçu dans le pub.

The International Bar *(zoom détachable D4,* ***189****) : 23, Wicklow St. ☎ 01-677-92-50. Tlj 10h30 (12h dim)-23h30 (0h30 ven-sam).* Beau décor en acajou sculpté ornant les anciennes barriques de whiskey. Comptoir en marbre, miroirs... L'équivalent du bon café parisien, mais en version irlandaise : le vrai bar pas branché avec la TV allumée et les clients accoudés au comptoir. Au 1er étage, soirées *Comedy Club (tlj à 20h30 ou 21h).*

The Glimmer Man *(plan détachable B3,* ***191****) : 14-15, Stoneybatter. ☎ 01-677-97-81. Jeu-dim 17h-22h. Fermé lun-mer.* Plusieurs salles cloisonnées, avec des atmosphères différentes. On aime beaucoup celle du bar, l'un des plus décorés de Dublin : vitraux Tiffany, photos, documents, objets familiers... Même le vénérable comptoir possède sa petite frise de céramique. Grande salle derrière avec son propre comptoir, coins et recoins (plutôt pour ceux qui suivent les matchs sur grand écran). Une douzaine de bières à la pression.

🍷 ***The Madigan's*** *(zoom détachable D3,* ***182****) : 25, North Earl St (rue perpendiculaire à O'Connell St). ☎ 01-874-36-92. Tlj 10h-23h30.* Son décor rappelle celui des vieux trains : une verrière, des boiseries superbes, une pendule sous laquelle est inscrit « *Tempus Fugit* »... Peut-être un brin désuet. Très long bar et débauche de marbre et acajou. Concerts traditionnels les vendredi et samedi.

OÙ BOIRE UN VERRE ENCORE ?

Une petite sélection de pubs et de cafés tout aussi intéressants mais moins traditionnels, plus originaux... et peut-être également un peu plus jeunes !

🍷 ***Pub Sin'É*** *(zoom détachable D4,* ***202****) : 14-15, Ormond Quay Upper. ☎ 01-555-40-36 ou 37. • sin-e.ie • Tlj 12h30-1h (0h30 dim, 3h ven-sam).* Un pub pas comme les autres, l'un des lieux nocturnes les plus attractifs de la rive nord. Tables bien usées et patinées, mais plancher verni ! Cadre un poil foutraque, coins et recoins partout, avec la scène au fond. *Sin'É* veut dire « C'est comme ça ! » en gaélique. Ça bouge donc pas mal, super ambiance et excellente musique live alternative et DJ le week-end. *Dixieland Jazz* le dimanche de 18h45 à 20h45 (parfois du *bluegrass* le mardi soir).

🍷 ***Pygmalion*** *(zoom détachable D4,* ***131****) : 59, South William St (et Coppinger Row), dans la Powerscourt Townhouse. ☎ 01-633-44-79. • pyg.ie • Tlj 10h-minuit (2h le w-e).* L'un des lieux les plus *hot* que l'on connaisse, ça déborde même largement sur Coppinger Row. Plusieurs salles voûtées, tamisées à souhait, coins et recoins... Décor associant bling-bling et exotisme, niveau sonore atteignant des dimensions stratosphériques. Plusieurs bars, terrasse protégée. Possibilité de se restaurer, mais on vient surtout pour les cocktails !

🍷 ♩ ***The Mezz*** *(zoom détachable D4,* ***201****) : 23-24, Eustace St. ☎ 01-670-76-55. Tlj 12h-minuit (2h le w-e). Entrée libre.* Chaque soir, d'excellentes formations donnent le meilleur d'elles-mêmes, électrisant l'atmosphère tamisée d'un bar rapidement bondé. Bonne cuisine de pub, à partir de 17h30.

🍷 ***The Church*** *(zoom détachable D3,* ***204****) : angle de Mary et Jervis St. ☎ 01-828-01-02. Tlj 10h30 (11h30 dim)-23h30 (2h30 ven-sam).* Alléluia ! Enfin une église (construite au début du XVIIIe s) où le breuvage qui jaillit des bénitiers contient du houblon et où les enfants de chœur vous toisent d'une tête. Mais, surtout, une reconversion étonnante où la nef centrale s'est transformée en immense bar, les galeries supérieures en restaurant, le chœur en scène de concert et la crypte en night-club ! Destin très étonnant lorsque l'on sait qu'Arthur Guinness célébra son mariage ici même en 1761, que Haendel joua sur l'orgue et que Wolfe Tone et Sean O'Casey y furent baptisés. Un véritable monument historique (on le visite d'ailleurs !)

🍷 ***No Name Bar*** *(zoom détachable D4,* ***123****) : 3, Fade St. 📱 087-719-51-25 Ouvre à 11h et ferme très tard. C'est la porte à côté du resto* L'Gueuleton, *au 1er étage.* Vaste appartement aux pièces spacieuses avec du mobilier de récup', profonds fauteuils et vieilleries diverses (coffre-fort antique, glacière sans âge...). Des trentenaires, genre *hype* y traînent leur *spleen...* 2 bars et un fumoir dehors. DJ de jeudi à samedi.

🍷 ***The Globe Bar*** *(zoom détachable D4,* ***203****) : 11, South Great George's St. ☎ 01-671-12-20. Tlj : 16h (ven-dim 14h) jusqu'à très tard.* Peut-être pas l'endroit le plus typique mais, à coup sûr, le rendez-vous *arty* et rebelle de la ville. Tout en longueur, décor un peu baroque. Superbe bar en bois foncé sculpté, éclairage intimiste et, aux murs, des toiles d'artistes contemporains. Ici, on a troqué les vieux *snugs* contre de grandes tables en bois. Bons *sets* de DJ le week-end.

🍸 ***Dice Bar*** *(plan détachable C3,* ***206****) : 79, Queen St (angle Benburb). ☎ 01-633-39-36. Lun-jeu 16h-minuit, ven-sam 15h-1h, dim 15h-23h30.* Néo-pub de quartier à la clientèle branchée. C'est d'ailleurs un leader du groupe new-yorkais *Fun Lovin' Criminals* qui l'a ouvert (il l'a revendu depuis). DJ chaque soir ou presque. Brasse ses propres bières (dont la *Revolution Dublin Beer*) et en propose une douzaine d'autres originales à la pression. *Sister-bar* au coin d'Ellis Street et d'Ellis Quay *(The Mission).*

🍸 ***Pantibar*** *(zoom détachable D3,* ***211****) : 7-8, Capel St. ☎ 01-874-07-10. Tlj 16h (15h dim)-23h (0h30 sam-dim).* LE lieu branché gay de la rive nord, typique du revival de ce quartier. Le proprio, Rory O'Neill, alias Panti Bliss, qu'on appelle aussi *The Queen of Ireland,* sillonne la planète pour défendre la cause LGBT. Belle esthétique, jeux de lumières et de formes. Soirées animées par différents DJs, qui s'étendent dans la rue. Grande ambiance le samedi soir pour la *Mistress Panti Extravaganza* ! Clientèle furieusement tendance, globalement pas très catholique... ni protestante, d'ailleurs.

🍸 ***The Blind Pig*** *(zoom détachable D4,* ***206****) : 18, Suffolk St. ☎ 01-565-47-00. Tlj 18h-minuit (plus tard ven-sam).* Pour rejoindre l'entrée de ce *speakeasy,* il faudra descendre dans le sous-sol d'un restaurant italien. Vous vous retrouverez devant une bibliothèque tout ce qu'il y a de plus normale... enfin presque ! Appuyez sur la tête de cochon à proximité, et ladite bibliothèque se dérobera pour laisser place à une pièce tamisée, ambiance années 1920. À la carte, une vingtaine de cocktails et quelques plats de viande à prix raisonnables.

🍸 ***Café en Seine*** *(zoom détachable D4,* ***209****) : 39-40, Dawson St (entrée également par Anne's Lane sur l'arrière). ☎ 01-677-45-67. Tlj : 12h-minuit lun-mar et dim, 12h-3h mer-sam.* On vient surtout ici pour admirer le décor impressionnant et totalement éclectique, mixant style Art déco et kitsch baroquisant, sur 2 étages. Bar assez époustouflant, avec son long comptoir en acajou, ses énormes luminaires, ses grandes glaces au cadre doré, ses vitraux Art nouveau... En fin de semaine, les jeunes branchés viennent se trémousser sous la gigantesque verrière d'où tombent des plantes aux bras tentaculaires. Consommations assez chères cependant.

🍸 ***The Black Sheep*** *(zoom détachable D3,* ***205****) : 61, Capel St, à l'angle de Parnell St. ☎ 01-873-00-13. Tlj 12h-23h30.* En dehors du sacro-saint périmètre de Temple bar, mais encore proche du centre dans une rue très populaire et multi-ethnique. Les employés de bureau s'y retrouvent pour descendre des bières de la brasserie Galway Bay (une petite moitié de la trentaine de 30 bières en provient). Ceux qui ont aimé ces bières les retrouveront, avec un public différent, au ***Against the Grain*** sur Camden St Wexford St ou à l'***Allie Byrne's*** près du National Hall Concert.

🍸 ***The Underdog*** *(zoom détachable D4,* ***186****) : 75, Dame St. 📱 083-890-35-02. Tlj 17h-23h30. Underdog* et surtout *underground* puisqu'il faut descendre un petit escalier qui vous mène sous le *Brogan's.* Le rendez-vous des connaisseurs qui préfèrent les bières artisanales ou rares : une trentaine de bières artisanales à la pression, pas toujours les mêmes d'ailleurs, car la carte change régulièrement. Avec 18 pompes et 2 tonneaux, il y a de quoi faire ! Clientèle de trentenaires avisés.

OÙ SORTIR ? OÙ DANSER ?

Salles de concert

La musique irlandaise possède une sacrée santé. Le folk et la musique traditionnelle, bien entendu, mais aussi la country, le rock, le blues, et jusqu'à la soul, dépoussiérée de façon superbe dans le film *The Commitments.*

Il y avait les pubs spécialisés dans le *traditional* (comme *Brazen Head* ou *O'Donoghue's*), il y a désormais les temples du rock et du blues. Vous noterez l'étonnante énergie dégagée par cette ville : plus de 1 000 groupes de rock répertoriés. Scène musicale particulièrement vivante, donc, experte dans l'art d'accommoder, de mélanger les styles de façon géniale, toujours renouvelée... Depuis quelques années, la vraie scène nocturne s'est déplacée de Temple Bar (quand même sacrément touristisé !) vers Wexford Street et Camden Street.
Voici quelques adresses, mais ne pas oublier que les pubs plus classiques, cités plus haut, proposent souvent d'intéressants et réguliers concerts.

♩ 🍸 ***Whelan's*** *(plan détachable D5,* ***242****) :* *25, Wexford St.* ☎ *01-478-07-66.* • *whelanslive.com* • *Tlj 17h-3h (2h dim). Concerts payants (le plus souvent 10-16 €).* Une institution de la scène dublinoise. En général, on débute la soirée avec une pinte dans ce charmant pub rustique, toujours plein à craquer, avant de se diriger vers la salle de concerts. Les meilleurs groupes de musique traditionnelle de l'île et de *world music* d'ailleurs s'y produisent, devant un public enthousiaste et chaleureux. Acheter les tickets de concert assez tôt, on fait souvent la queue. Fait office de discothèque les soirs sans concert.

♩ 🍸 ***Button Factory*** *(zoom détachable D4,* ***243****) :* *Curved St, Temple Bar.* ☎ *01-670-91-05.* ☎ *01-01-670-92-02.* • *buttonfactory.ie* • Gros complexe dédié à la création musicale. Plusieurs studios d'enregistrement, mais, ce qui nous intéresse, c'est la salle de concert qu'il abrite et son excellente acoustique. Accueille de nombreux musiciens et chanteurs reconnus, à des prix d'entrée parfois élevés. Héberge également le *Crowbar* où se produisent des groupes, parfois gratuitement, du dimanche au jeudi à partir de 20h30.

Théâtres et salles de spectacle

Abbey Theatre *(zoom détachable E3) :* *26, Lower Abbey St.* ☎ *01-878-72-22.* • *abbeytheatre.ie* • *Lun-sam 12h-19h.* Fondé en 1904 par lady Gregory et Yeats, et reflet du bouillonnement culturel de l'époque, c'est aujourd'hui le Théâtre national d'Irlande. Y furent créés la plupart des chefs-d'œuvre du théâtre irlandais moderne et contemporain. Pour les auteurs, d'ailleurs, il ne fut pas toujours facile d'exprimer une démarche personnelle et originale. *The Playboy of the Western World,* pièce de Synge, montée en 1907, choqua nombre de républicains et provoqua des émeutes. Le théâtre brûla en 1951 et dut être reconstruit. Il ne rouvrit qu'en 1966, alliant désormais répertoire classique et créations. Le bâtiment abrite également le *Peacock Theatre,* une salle plus petite (127 fauteuils seulement) destinée au théâtre expérimental. Sympathique café ouvert toute la journée (sandwichs et snacks divers).

Gate Theatre *(plan détachable D3) :* *1, Cavendish Row, Parnell Sq.* ☎ *01-874-40-45.* • *gatetheatre.ie* • *Au bout de O'Connell St, près du cinéma* Ambassador. *Lun-sam 10h-19h. Pour les étudiants, selon disponibilité, tickets moins chers lun-jeu, mais venir 1h avt.* Célèbre rival de l'*Abbey Theatre,* qui a gardé le charme des théâtres d'antan. C'est ici qu'a débuté Orson Welles. Toujours un Beckett, un Pinter ou un Friel dans l'année...

Olympia Theatre *(zoom détachable D4) :* *72, Dame St.* ☎ *01-679-33-23.* Jolie salle de spectacles, remarquable par sa façade et son auvent rouge. Concerts de grandes vedettes et quelques comédies musicales.

3Arena *(plan détachable G3) :* *North Wall Quay.* ☎ *01-819-88-88.* • *3arena.ie* • *Billetterie en ligne ou sur* • *ticketmaster.ie* • Le dernier-né des temples dédiés à l'*entertainment.* Immense salle de 14 000 places, ultramoderne, avec une excellente acoustique. Programmation assez éclectique, qui va de Bob Dylan à des combats de catch.

Discothèques

Peu de discothèques, puisque tant d'autres lieux festifs se transforment en salles de danse, mais celles qui existent sont pleines à craquer le samedi soir... enfin, jusqu'à 2h au plus tard. Les « lieux de perdition » ferment tôt en Irlande.

N'oubliez pas les pubs et les salles (voir précédemment), comme le ***Whelan's*** ou le ***Button Factory*** qui, en l'absence de groupes, se transforment rapidement en boîtes.

ACHATS

Bien entendu, les cardigans, pulls d'Aran, casquettes et vestes de tweed sont souvent moins chers dans le Connemara ou le Donegal. Voici quand même quelques bonnes adresses pour vous rattraper.
Les magasins chics s'échelonnent le long de Grafton Street, piétonne, ainsi que dans les rues adjacentes. En revanche, vous trouverez, rive nord, les grands magasins populaires, ainsi qu'un tas de petites boutiques de soldes, sur Henry Street et Talbot Street. Vous n'y effectuerez pas de grandes affaires, mais l'animation y est assurée.

Rive sud

Kevin and Howlin *(zoom détachable E4)* **:** *31, Nassau St. ☎ 01-633-45-76. Dans une rue qui part de Grafton et longe Trinity College. Tlj sauf dim 10h30-16h.* La meilleure boutique de Dublin depuis 1936 pour les costumes, vestes, casquettes de tweed. Un choix et une qualité inégaux. Belles écharpes à prix doux.

Centre commercial de Powerscourt *(zoom détachable D4)* **:** *South William St et Clarendon St. Lun-ven 10h-18h, sam 9h-18h, dim 12h-18h.* Immense bâtiment georgien datant de 1774, abritant près de 80 boutiques et restos de toutes sortes.

George's Street Arcade *(zoom détachable D4)* **:** *passage entre Drury et Great George's St. Tlj 9h (12h dim)-18h (20h jeu-sam).* Dans l'axe de *Powerscourt Townhouse Centre,* un petit passage couvert où se succèdent des boutiques de fripes, produits bio, disquaire... Animé.

Centre commercial Saint Stephens *(zoom détachable D4)* **:** *angle Grafton St et Saint Stephens West. Lun-sam 9h-19h (21h jeu), dim 11h-18h.* Dans le style victorien, immense galerie sur plusieurs niveaux, organisée sous une vaste verrière, décorée en vert et blanc. S'y mêlent fringues, boutiques de luxe et de gadgets.

Celtic Whiskey Shop *(zoom détachable D4)* **:** *27-28, Dawson St. ☎ 01-675-97-44. • celticwhiskeyshop.com • Lun-sam 10h30-20h (jeu 21h), dim 12h30-19h.* Le temple des whiskeys et whiskies : plus de 700 marques du monde entier ou presque. Propose également un grand choix de vins et autres alcools.

Claddagh Records *(zoom détachable D4)* **:** *2, Cecilia St, Temple Bar. ☎ 01-677-02-62. • claddaghrecords.com • Petite rue débouchant sur Temple Lane. Lun-sam 10h30-17h30.* Une boutique de disques entièrement consacrée au folk, à la country, à l'*Irish traditional...* De belles trouvailles et de judicieux conseils.

Jenny Vander *(zoom détachable D4)* **:** *50, Drury St. ☎ 01-677-04-06. Tlj sauf dim 10h-17h.* Une boutique de fringues vraiment folle : robes anciennes, des moumoutes, bijoux rétro, chapeaux fous... Surtout un paradis pour les filles. Malheureusement, assez cher !

Rive nord

The Winding Stair Bookshop and Coffee *(zoom détachable D3-4)* **:** *40, Lower Ormond Quay. ☎ 01-872-73-20. • winding-stair.com • Tlj 10h (12h dim)-18h (19h jeu et sam).* Des quintaux de livres d'occase et neufs. Une vraie mine. Atmosphère sympa. Extrêmement populaire.

À VOIR

VISITES ORGANISÉES DE LA VILLE

L'application *Dublin Discovery Trails,* bien faite et déclinée en 8 parcours, permet de suivre des itinéraires thématiques. Existe en autant de brochures (disponibles à l'office de tourisme).

■ ***Eirewalk :*** *Mélanie Purser, 087-906-46-34. • tours@eirewalk.com • eirewalk.com • Départ du tour classique « Cœur de Dublin » tlj à 10h ou 14h sur résa. Compter 15 €/pers. Tours privés sur mesure.*
Eirewalk est une association proposant des visites guidées de Dublin en français. Elles se font à pied et permettent d'explorer le centre de la capitale irlandaise, ses lieux incontournables mais aussi ses lieux secrets. Leurs guides sont passionnés et se font un plaisir de partager leur connaissance de Dublin et de l'Irlande plus généralement.

■ ***Fabulous Food Trails :*** *44, Oakley Rd, Ranelagh. ☎ 01-497-12-45. 086-811-98-81. • fabfoodtrails.ie • Sam à 10h (et d'autres j. en saison). Également des* Evening trails, *plus chers. Résa obligatoire. Compter 65 €/pers.* Pendant environ 2h30, découvrez les meilleures boutiques de produits : fromagers, boulangers, bouchers, petits salons de thé, *food stalls,* certaines cafétérias de musée, toutes dans la philosophie bio ou *Slow Food.* Souvent avec dégustation (vous découvrirez avec surprise que l'Irlande est l'autre pays du fromage !). Une façon gourmande de découvrir la vitalité de la gastronomie dublinoise.

■ ***Dublin Literary Pub Crawl :*** *☎ 01-670-56-02. 087-263-02-70. • dublinpubcrawl.com • Tlj avr-oct (jeu-dim en basse saison), vers 19h30. Départ du* Duke Pub (upstairs), *9, Duke St (zoom détachable D4). Compter 15 € (réduc étudiants) pour 2h-2h30 de balade.* Plusieurs tournées des pubs littéraires animées par 2 acteurs, vous emmènent à la recherche des lieux préférés des grands écrivains dublinois (Joyce, Beckett, Brendan Behan, Oscar Wilde, George Bernard Shaw, etc.). Également une *Lit Walk* le lundi à 10h30 (12 €).

– ***Historical Walking Tours of Dublin :*** *087-688-94-12 ou 087-830-35-23. • historicaltours.ie • En été (mai-sept), tlj à 11h et 15h ; 1 seul tour à 11h en avr et oct ; en hiver, ven-dim seulement à 11h. Départs de Trinity College (front gate, College Green). Durée env 2h. Tarif : 14 € (réduc étudiants).* Balade vraiment intéressante pour ceux et celles désireux de comprendre les rapports de la ville avec les différentes périodes de son histoire, depuis les Vikings jusqu'au XXe s. Bon niveau en anglais requis. Conseillé de réserver.

– Pour les passionnés d'histoire contemporaine, période 1916-1923, on ne peut que conseiller le ***1916 Rebellion Walking Tour*** : *086-85-83-847. • 1916rising.com • L'historien Lorcan Collins propose, de mars au 30 nov, un tour par jour, à 11h30 (sauf dim et j. fériés : 13h). Tarif : 15 €/pers. Départ de l'*International Bar, *23 Wicklow St. Durée : 2h.*

– ***Vintage Tea Tours :*** *☎ 01-255-17-77. • vintageteatours.ie • 3 départs/j : 11h, 13h15 et 15h30, devant le Custom Quay House (côté Liffey). Compter 47,50-52 € (selon place dans le bus).* Bus à impériale vintage (pour les connaisseurs, un Routemaster 1961), terriblement *oldy...* Tour amusant, mais, c'est dommage, bien cher... Pratique quand même les jours de pluie (et ce n'est pas rare !). Thé, sandwichs et petits gâteaux sont inclus dans le prix. Bande son rétro (jazz des années 1950) et anecdotes sympathiques distillées au long du parcours.

– ***Dublin by Bike :*** *rdv au parking de Drury St (zoom detachable D4). 087-695-59-76. • seedublinbybike.ie/special-tour-u2s-dublin • 40 €/pers (min 4 pers).* On peut débattre sur l'intérêt de faire une visite de Dublin à vélo (la ville n'est pas spécialement bien aménagée pour cela, même si les Dublinois cyclistes sont nombreux) mais l'originalité de cette petite structure est de proposer aux fans de U2 un parcours sur leurs traces. Pendant 1h30 environ, on vous fait passer par une dizaine de spots liés à Bono ou au groupe. Le *Taste Dublin Tour,* le plus classique, est meilleur marché (30 €).

Et, on le rappelle, il est possible de se procurer un *Dublin Pass,* donnant accès à plus de 30 « attractions ». À vous de calculer, en fonction des prix d'entrée, si l'offre est valable *(70 €/j., réduc enfants ; tarif dégressif pour plusieurs journées : par exemple, 110 € pour 5 j. ; ● dublinpass.com ●).*

RIVE SUD, VERS TEMPLE BAR ET OLD CITY

Il reste peu du Moyen Âge dublinois. Les 2 cathédrales (toutes 2 anglicanes !) construites au XIIe s ne possèdent plus grand-chose d'origine. Au-delà de Temple Bar, le Dublin georgien, avec ses édifices du XIXe s (brique, colonnes à chapiteaux, porte d'entrée à imposte en éventail...), forme alors le quartier à la fois le plus ancien (d'où son appellation d'Old City) et le plus homogène de la ville.

LE PLUS VIEUX QUIZ DU MONDE

À la fin du XVIIIe s, le directeur du Royal Theatre de Dublin, dans Temple Bar, aurait fait un pari original : inventer un mot qui, en quelques jours, serait sur les lèvres de tous les habitants. On dit qu'une nuit il fit peindre sur un maximum de murs de la ville 4 lettres : Q-U-I-Z. À leur réveil, interrogation des Dublinois : qu'est-ce qu'un quiz ? Contraction de l'expression latine « qui es » *(qui es-tu ?), le mot est aujourd'hui employé dans le monde entier. Pari plus que réussi !*

Le quartier de Temple Bar *(zoom détachable D4)*

🍀🍀🍀 À ne pas rater, car c'est le quartier de Dublin qui bouge le plus ! Drôle de nom quand même, « Temple Bar » ! Il vient d'un dénommé William Temple, recteur du Trinity College, qui s'y fit construire une maison au XVIIIe s. Ce très vieux quartier est une sorte de grand rectangle de 500 m de long sur environ 300 m de large, délimité au nord par la Liffey et au sud par Dame Street.

Là se concentre aujourd'hui un nombre impressionnant de pubs, de restaurants branchés, de galeries d'art avant-gardistes, de centres d'exposition et de lieux culturels animés, le tout quadrillé par un réseau de rues étroites.

Ce fut, à l'origine, le quartier des métiers et des artisans, longtemps réputé pour son insécurité nocturne, ses bouges, ses cachots et ses bordels miteux. Son activité commença à décliner sérieusement dans les années 1950. Il fut squatté dans les années 1970 par une poignée d'alternatifs hyper créatifs et d'allumés sympathiques. Au début des années 1990, à l'initiative du gouvernement, un projet constructif sortit enfin des cartons : les anciens bâtiments ne seraient pas rasés mais rénovés. Bien sûr, les prix augmentèrent, mais ce fut le début du renouveau culturel. Temple Bar a perdu l'air vagabond et bohème qui faisait son charme, et est devenu un quartier de pointe, animé, respectable en somme, donc envié... et très visité par les touristes.

Mais, trêve de nostalgie, cette vaste réalisation urbaine a aussi ses nobles aspects, car on a merveilleusement intégré les structures existantes. Peu de villes européennes peuvent s'enorgueillir d'avoir aussi bien réussi la mutation d'un quartier tout entier, sans le livrer corps et âme aux boutiques de fringues et aux fast-foods. La rénovation est une réussite architecturale, sociale et culturelle indéniable : priorité aux piétons, abandon du goudron pour les pavés, rénovation systématique des immeubles et des entrepôts abandonnés, interdiction de construire des tours défigurant le paysage, construction de centres culturels parfaitement bien intégrés au style architectural d'ensemble : un *Children's Cultural Centre (The Ark)*, un *Music Centre* (maison de la musique fonctionnant sous le nom de *Button Factory*), qui forme des techniciens, offre des studios, mais surtout propose d'excellents concerts (voir « Où sortir ? Où danser ? »), une galerie d'art (*Temple Bar Gallery and Studios,* ancienne usine désaffectée), un centre de la photographie et un Centre national du film *(Irish Film Institute)...* et la liste n'est pas close ! Au milieu de cet ensemble culturel, on trouve aussi la *Meeting House Square,* une place où se déroulent tout l'été plein de concerts gratuits et où se tient, le samedi, un marché de petits producteurs. Ajoutez à cela des *sessions* dans la plupart des bars (vers 21h), et vous aurez une petite idée de la richesse culturelle de ce vénérable quartier dublinois.

– ***Irish Film Institute :*** *6, Eustace St. ☎ 01-679-34-77. • ifi.ie •* Abrite une librairie spécialisée dans le 7e art et 2 salles de cinéma. Programmation internationale assez large, rétrospectives... sur le mode des cinés « art et essai ». Également un restaurant et un bar.

– ***Gallery of Photography :*** *East Essex St, entrée sur le Meeting House Sq. ☎ 01-671-46-54. • galleryofphotography.ie • Mar-sam 11h-18h, dim 13h-18h.* Toutes sortes d'expos dans un bâtiment qui, en lui-même, vaut le détour. En été, projection de films en plein air sur sa façade transformée en écran.

– ***The Ark :*** *11A, Eustace St. ☎ 01-670-77-88. • ark.ie • Lun-sam 10h-16h.* Le 1er centre culturel d'Europe consacré aux enfants. La façade arrière s'ouvre sur la *Meeting House Square*, laissant place à une scène. Spectacles en plein air pendant la haute saison et parfois des concerts gratuits.

Les fresques murales de Temple Bar (zoom détachable D4) **:** balade sympathique sur *Adair Lane, Price's Lane* (la plus intéressante) et *Bedford Lane.* Ces 2 ruelles ont été livrées à des artistes et autres graffeurs (sous la houlette de la coopérative artistique *The Icon Factory*) pour mettre en images, avec souvent de beaux textes, toute la richesse de la culture irlandaise : de la littérature à la musique rock, l'histoire, le cinéma, le sport... Prendre son temps pour savourer la qualité de certaines représentations, les aphorismes, les poèmes, l'humour (parfois critique) irriguant nombre de textes et situations... Dommage qu'elles ne soient plus guère entretenues !

National Photographic Archive (zoom détachable D4) **:** *Meeting House Sq. ☎ 01-603-02-00. Lun-sam 10h (dim 12h)-16h. GRATUIT.* Ce musée abrite le plus grand fonds photographique d'Irlande. Expositions sur des thèmes souvent historiques renouvelées plusieurs fois par an.

Dublin's Castle (zoom détachable D4) **:** *Dame St. ☎ 01-645-88-13. • dublin castle.ie • Visite tlj 9h45-17h45. Entrée (visite libre) : 8 € ; réduc. Visite guidée de 1h (en anglais) : 12 €, réduc ; départ ttes les 20 mn. En libre accès aux seuls appartements ainsi qu'aux expos. Gratuit avec le* Dublin Pass *(mais restent 3 € à payer pour la visite guidée). Brochure payante disponible en français. Application en français, téléchargeable à l'entrée du château.* Heritage Site. Il ne subsiste pas grand-chose de l'édifice médiéval, si ce n'est 2 tours et un pan de mur. Le reste date du XVIIIe s. À partir de la tour octogonale, étonnant contraste entre les anciennes pierres grises et les tours repeintes en bleu, vert, jaune et rouge !

Le château fut la résidence des vice-rois d'Angleterre et le symbole de l'autorité britannique. La visite des appartements (une quinzaine de salles et salons) n'est pas inintéressante. Noter surtout les salles 3 et 5 pour leurs plafonds aux stucs délicats, la salle 9 pour son style XVIIIe s, la salle 10 pour sa conception en forme de temple grec et l'ancienne salle de bal, *Saint Patrick's Hall,* au remarquable plafond décoré. C'est ici qu'est investi chaque nouveau président de la République.

La visite guidée donne accès à ce qui subsiste de la tour où l'on conservait la poudre et, surtout, à la chapelle royale, édifiée au tout début du XIXe s. Des sculptures de têtes représentant de nombreux personnages illustres de l'Irlande (souverains anglais, Swift, saint Patrick...) en décorent l'extérieur.

Pour terminer la visite, on accède, en sous-sol, aux fondations vikings et normandes.
Au bout de Parliament Street, masquant une partie du château, s'élève le ***City Hall,*** construit entre 1769 et 1779 dans un style néoclassique, avec ses colonnes corinthiennes et sa belle rotonde. Ancienne bourse du commerce et aujourd'hui mairie de la ville. Belle expo « The Story of a capital », au sous-sol, avec une section particulièrement intéressante sur le soulèvement de 1916, qui présente, entre autres, une affiche originale de la proclamation d'Indépendance de 1916. *(☎ 01-222-22-22 ; ● dublincity.ie/residential/arts-and-events/city-hall ● ; lun-sam 10h-17h15 ; entrée gratuite).*

Chester Beatty Library *(zoom détachable D4)* **:** *Clocktower Building, à l'arrière du Dublin's Castle. ☎ 01-407-07-50. ● cbl.ie ● Tlj 10h (12h dim)-17h30 (20h mer). Fermé lun nov-fév, ainsi que 1er janv, Vendredi saint et 24-26 déc. GRATUIT (mais don possible pour la conservation des ouvrages : on conseille même 5 € !). Boutique et petite cuisine méditerranéenne au* Silk Road Café. L'Américain sir Alfred Chester Beatty (1875-1968), d'ascendance anglaise et irlandaise, fit fortune dans les mines africaines, en Zambie et au Congo belge, et constitua, à l'occasion de ses nombreux voyages, une fabuleuse collection d'objets d'art et manuscrits rares, provenant principalement d'Orient et d'Extrême-Orient. À sa mort, il légua sa collection à l'État irlandais.
Avant d'entrer dans le bâtiment on traverse l'ancien jardin du château, avec quelques éléments intéressants d'architecture médiévale.
– La visite commence au *rez-de-chaussée* par un petit film sur la vie d'Alfred Chester Beatty.
– Le *1er étage* s'intéresse à l'univers du livre. D'habiles vidéos familiarisent le visiteur aux différentes techniques de fabrication et d'ornementation, avant de le confronter aux chefs-d'œuvre provenant d'Occident, d'Orient ou d'Extrême-Orient. La collection regroupe des papyrus égyptiens (livre des morts, poèmes d'amour...), de subtiles estampes japonaises, à la calligraphie délicate, de magnifiques manuscrits persans, des gravures de Dürer ou de Jacques Callot et de rares livres de jade chinois...
– Le *2e étage* est entièrement consacré aux religions. Il recèle des œuvres exceptionnelles, comme la vie du Bouddha en miniature ou une peinture cosmographique hindoue du XVIIe s. Magnifiques *thangkas* du Tibet et remarquable bronze du XIIIe s incrusté de pierres. Également une biographie de 600 soufis écrite par un poète persan du XIVe s, un coran égyptien de 1366 et *The Poem of Inner Meaning* du XIXe s, chef-d'œuvre d'enluminure. La chrétienté n'est pas en reste, avec des icônes superbes, des bibles en éthiopien, en arabe, en chinois, ou encore des papyrus des IIe et IIIe s contenant des fragments des Évangiles selon saint Jean, saint Matthieu et saint Marc.

Temple Bar Farmers Market *(zoom détachable D4)* **:** *Meeting House Sq (accès par un passage sur Eustace St). Sam 10h-16h30.* Un petit marché hebdomadaire réservé aux producteurs locaux, où l'on trouve toutes sortes de bonnes choses, bio notamment. Sur certains stands, on peut déguster les produits en vente. 3 coups de cœur : les délicieux fromages de la ferme *Corleggy,* les huîtres bien pleines de *Stephen Kavanagh* et les bonnes soupes maison, les *toasties* et les sourires épanouis des ladies de la *Market Kitchen...*

Irish Rock'n Roll Museum *(zoom détachable D4,* ***243****)* **:** *Curved St. ☎ 01-635-19-93. ● irishrocknrollmuseum.com ● Tlj 11h-17h30 (dernier billet à 16h45). Entrée : 16,50 € ; réduc (et - 10 % en ligne). Visite guidée uniquement en anglais.* Le grand musée du rock, digne de la légende de l'Irlande, pourvoyeuse des plus grands chanteurs et groupes du monde des 40 dernières années. Beaucoup de visuels (petit film historique, instruments de musique, pochettes de disques, photos insolites, souvenirs divers, visite de studios), mais ceux qui sont un peu faibles dans la langue d'Oscar Wilde rateront nombre de détails savoureux, livrés par des guides souvent pleins d'humour. Au passage, collections de disques d'or et de platine, guitares historiques (notamment celles de Phil Lynott et les célèbres Fender Stratocaster), anecdotes croustillantes sur certaines vedettes (entre autres comment Bob Geldof recueillit 10 millions de dollars contre la famine en Éthiopie ou encore comment le musée hérita du pyjama de Michael Jackson). Des salles consacrées à U2 (évidemment) et Phil Lynott. Affiche émouvante du dernier concert de Nirvana prévu pour le 8 avril 1994... et qui n'eut jamais lieu (Kurt Cobain s'était tiré une balle dans la tête quelques jours avant).

LES CURIEUSES LUBIES DES VEDETTES DE ROCK'N' ROLL !

Le musée révèle les étranges demandes des vedettes pour les backstages d'après concert (prévues dans les contrats !) : par exemple, les Rolling Stones exigeaient, entre autres, un billard américain complet ; David Bowie, une température de la loge entre 14 et 18 °C ; U2, très exactement 96 bouteilles de Heineken et nombre de bouteilles de champagne et de gin (de marques précises). Enfin, Van Morrison, paraît-il irlandais, exigerait un... « English » breakfast à n'importe quelle heure... !

RIVE SUD, À L'EST DE TEMPLE BAR : LE QUARTIER DE TRINITY COLLEGE

★★★ ***Trinity College*** *(zoom détachable D-E4)* **:** College St. L'université, fondée en 1592 par Elizabeth Ire, fut un symbole de la culture anglo-protestante jusqu'en 1873, date à laquelle les catholiques y furent admis. Parmi ses élèves les plus prestigieux figurent Edmund Burke, Oliver Goldsmith, Swift, Grattan, Oscar Wilde, Synge, Bram Stoker. La plupart des bâtiments datent des XVIIIe et XIXe s. Cours intérieures très agréables, pavées et garnies de pelouses. Dans la 1re cour, à gauche, la *chapelle* et, à droite, l'*Examination Hall.* La partie la plus ancienne remonte à 1700 : ce sont les *Rubrics,* bâtiments en brique rouge avec pignons qui abritaient les étudiants.

Mais la plupart des visiteurs viennent principalement pour ***The Old Library,*** où sont précieusement conservés de remarquables manuscrits et psautiers irlandais. *☎ 01-896-23-20. • tcd.ie • ♿ Lun-sam 8h30-17h (9h30-17h oct-avr), dim 8h30-17h (12h-16h30 oct-avr). Dernier billet 30 mn avt fermeture. Visite guidée : 15 € (réduc possible si l'on choisit les première et dernière tranches horaires) ; réduc ; gratuit moins de 12 ans. Doc en français ou audioguide : 5 €.* En guise de mise en bouche, une exposition très intéressante décrypte les méthodes de fabrication des ouvrages (reliure, calligraphie, utilisation des pigments...).

- ***The Book of Kells :*** voici le plus précieux livre d'Irlande (certains disent même d'Europe, et d'autres du monde !), un monument de 340 feuilles en vélin (peau de veau), présenté en 4 volumes. Il s'agit des 4 évangiles du Nouveau Testament écrit en latin par des moines vivant vers l'an 800 au monastère de Kells (comté de Meath, à 70 km au nord-ouest de Dublin). Commencé sur l'île d'Iona (une des îles Hébrides, au large de l'Écosse), puis embelli et achevé par les moines de Kells, il fut d'abord conservé à l'église de Kells, fut volé en 1007 puis retrouvé enfoui sous une couche de tourbe ! À ce moment-là, il était bien parti pour finir au feu ! Il resta à Kells jusqu'en 1654, date de son transfert à Dublin, pendant la période de troubles causée par Cromwell. En 1661, il arriva miraculeusement au Trinity College grâce à l'évêque de Meath. C'est un livre unique par son âge, par la richesse de sa calligraphie, par la beauté de ses lettrines et de ses dessins très élaborés. Les moines ne manquaient pas de fantaisie ni d'humour, car ils égayèrent le texte des évangiles d'innombrables enluminures et de clins d'œil pleins de drôlerie que des agrandissements permettent d'explorer à loisir.
- ***The Long Room :*** la vieille bibliothèque, située à l'étage, est une immense galerie de 65 m de long et d'une quinzaine de mètres de haut, qui fut longtemps la

plus grande d'Europe. Le type même des grandes bibliothèques à l'anglaise, parmi les plus impressionnantes du monde, encyclopédique, méthodique, une pure merveille où le visiteur se déplace quasi religieusement. Bustes en marbre de quelques illustres, celui de Jonathan Swift étant le plus réussi. Ne pas manquer la harpe de Brian Boru (fameux roi irlandais), la plus ancienne d'Irlande (elle date probablement du XVe s). Maintenant, cherchez un euro irlandais dans le fond de votre poche et regardez : cette même harpe y figure. Toujours dans la galerie, on peut remarquer une des dernières affiches originales de la proclamation de la république d'Irlande en 1916.

I●I De l'autre côté de la cour principale, une belle vieille ***cafétéria.*** L'entrée qui se trouve au sous-sol a nettement moins de classe que le *dining hall.* Parfois, musique irlandaise le midi. Théâtre certains soirs, vers 20h. Avoir sa carte d'étudiant sur soi.

Bank of Ireland *(zoom détachable D4)* **:** c'est le bâtiment pesant (et sans ouvertures !) en face du Trinity College. De style georgien, il date de 1729 et fut le siège du Parlement irlandais jusqu'à son achat, en 1804, par la Banque d'Irlande. Jetez un œil à la *House of Lords,* où les parlementaires s'assemblaient, pour sa décoration intéressante. C'est aussi là que Grattan (dont on peut voir la statue devant, sur College Green) se battit pour l'indépendance du Parlement vis-à-vis de Londres. Bien que protestant, Grattan se révéla un farouche défenseur du nationalisme irlandais.

RIVE SUD TOUJOURS : LE QUARTIER DE SAINT STEPHEN'S GREEN

Saint Stephen's Green *(zoom détachable D-E4 et plan détachable D-E4-5)* **:** *grilles ouv de 8h (10h dim) jusqu'à 20 mn avt la nuit. GRATUIT.*
Très belle place georgienne entourée de jolies demeures aux façades toutes simples parfois recouvertes de lierre. Hélas, l'appétit féroce des promoteurs a cassé la belle unité architecturale de la place et des jardins.

LA CHAPELLE DES AMOUREUX

L'église de Mount Carmel (56, Aungier Street ; zoom détachable D4) contient les reliques de saint Valentin, martyr vénéré par les amoureux. Le christianisme a récupéré la date du 14 février qui était, à l'époque païenne, celle de la fertilité. Il n'y a pas de hasard.

Ce dernier sera toujours, en revanche, le havre de paix des étudiants du Trinity College. Promenade agréable dans les petites allées entre les parterres de fleurs, les pelouses, les canards et les goélands qui l'envahissent, à l'affût du moindre bout de pain. À l'angle nord-ouest, monument consacré à Wolfe Tone. Dans l'angle de Grafton Street, une arche célèbre les morts irlandais de la guerre contre les Boers en Afrique du Sud (1899-1902). Quelques mètres plus loin apparaît le mémorial dédié à O'Donovan Rossa, le célèbre leader fenian. Télescopage étonnant des Irlandais impliqués dans les guerres coloniales de l'Angleterre et de ceux qui luttaient contre ce même colonialisme au pays. Au milieu du parc se trouve un buste de Constance Markiewicz, l'une des héroïnes de l'insurrection de Pâques 1916. D'ailleurs, la comtesse combattit dans ce jardin au sein d'une unité d'une centaine de volontaires et elle ne fut pas la plus maladroite dans ses tirs...
– Sur Merrion Row, face au coin nord-est, très vieux cimetière huguenot (1692). Ne se visite pas, mais on l'aperçoit bien depuis la rue : 230 noms figurent sur une grande stèle.

The Little Museum of Dublin *(zoom détachable D-E4)* **:** *15, Saint Stephen's Green North. ☎ 01-661-10-00. • littlemuseum.ie • Tlj 10h-17h (20h jeu). Dernier tour 1h avt fermeture. Entrée : 10 € ; réduc. Visite guidée ttes les heures. Résa en ligne conseillée.*

Ancienne demeure bourgeoise donnant sur Saint Stephen's Green, reconvertie en musée de la vie quotidienne dublinoise au XXe s. Tous les objets, exposés pêle-mêle jusque sur les murs, ont été donnés par les habitants de la ville. Un ensemble hétéroclite au charme fou qui nous fait voyager dans le temps, de l'époque victorienne à l'apogée du « tigre celte » : photos, journaux, gravures, meubles, machine à coudre, affiches, attractions de fête foraine et mille autres objets. Les explications (en anglais) sont résolument décontractées mais riches d'informations.
Au dernier étage, une pièce entière retrace l'histoire de « 4 garçons des quartiers nord qui rêvaient de devenir le groupe rock le plus célèbre du monde ». Eh oui, la 1re exposition consacrée à U2 dans leur propre ville ! Photos avec Jacques Chirac ou George Bush, disques vinyle, billets de concerts, unes de *Time Magazine* accompagnent une frise chronologique qui fait le tour de la pièce, tandis qu'une émission de radio raconte le parcours du groupe et diffuse ses morceaux. On dit que Bono a visité incognito cette expo permanente montée par ses fans, ne laissant de son passage que quelques mots sur le livre d'or.

DUBLIN

Mansion House *(zoom détachable E4)* **:** *Dawson St.* Belle demeure avec toit à balustrade, fronton triangulaire aux armes de la ville et auvent orné d'élégants lampadaires. Construite en 1710, elle est, depuis, la résidence du maire de la ville. Sur sa gauche, le bâtiment en forme de rotonde fut édifié en 1821 pour recevoir le roi George IV. C'est là qu'en 1919 fut adoptée la Déclaration d'indépendance par les députés du Sinn Féin. Aujourd'hui s'y tiennent congrès et grandes réunions politiques.

Leinster House *(zoom détachable E4)* **:** *entre Kildare et Merrion St. Résa possible au ☎ 01-618-32-71 ou 01-618-37-81. Visite sam 10h30-14h30. Attention, arriver 15 mn avt l'heure prévue, gros sacs interdits, avoir une pièce d'identité. GRATUIT. Durée : env 30 mn. Heritage Site.* C'est le *Dail Eireann,* le Parlement de la république d'Irlande depuis 1922. Ce bâtiment servit de modèle, dit-on, à James Hoban, l'architecte irlandais de la Maison-Blanche. Construit à l'origine, en 1745, pour être la résidence du duc de Leinster, ce fut, à l'époque, la plus belle maison particulière de Dublin. La visite comprend le bureau du 1er ministre, l'escalier de cérémonie et la salle de travail du cabinet.

National Museum of Archaeology *(zoom détachable E4)* **:** *Kildare St. ☎ 01-677-74-44. • museum.ie • Tlj 10h (13h dim-lun)-17h (20h jeu-ven). Fermé Vendredi saint et Noël. GRATUIT. Prévoir ½ journée pour tt voir.* Il était une fois l'Irlande, ou l'histoire de l'île déclinée en plusieurs chapitres... La 1re section remonte aux origines du peuplement humain en Irlande, avec une belle collection d'armes et d'outils. La suivante couvre la période de l'âge du bronze (2000 av. J.-C.) à environ 700 av. J.-C. La section intitulée « Le trésor » retrace l'histoire de l'art en Irlande depuis l'âge du fer celtique (300 av. J.-C.) jusqu'au haut Moyen Âge. Intéressant audiovisuel d'une quinzaine de minutes.

À l'étage

Une grande exposition évoque la période viking (850-1150), avec une sélection d'armes et d'objets en cuir bien préservés. Notamment un chapeau de paysan dans un état parfait, un chausson décoré et une veste, conservés grâce à la tourbe. Focus sur la bataille de Clontarf (1014), aujourd'hui une banlieue de Dublin, dont les conséquences sont finement analysées.
Réplique d'un *faering,* bateau de pêche viking du IXe s (l'original a été trouvé en Norvège). Nombreux vestiges d'armes, éléments de bouclier, outils, superbes fibules ciselées... Noter la taille impressionnante du guerrier retrouvé dans une tombe avec son épée et sa dague. Maquettes d'habitations, os gravés, objets religieux (crosses ciselées) des Xe et XIe s, reliquaire de saint Manchan's. Quelques vestiges lapidaires ornés des fameux motifs celtiques.
Collection de sceaux, monnaies anciennes, débris de poterie, jolis carreaux de céramique, orfèvrerie religieuse. Une pièce magnifique : le *Stowe Missal* (VIIIe-XIIIe s), un manuscrit enluminé à l'étui filigrané serti de pierres précieuses.

Également, le magnifique *reliquaire de Domhnach* (VIIIe-XIVe s) en cuivre ciselé, dont on dit qu'il appartenait à saint Patrick. Puis bijoux, ivoires gravés, statuaire polychrome, pathétique Christ aux liens...
Période médiévale (1150-1550) richement représentée : casques, pointes de flèches, épées, masses d'armes. *Croix* (crozier) *de Kildare.* Ne pas manquer la *Kavanagh Charter Horn,* une corne en ivoire ayant appartenu aux rois du Leinster, les Kavanagh. *Croix de Ballylongford* (remarquer le travail tout en finesse sur le Christ). Robe découverte en 1843 dans un *bog,* permettant de constater à nouveau les vertus incroyables de la tourbe pour préserver même les tissus !
Et, si l'on en veut encore, quelques pièces d'art chypriote (2500-300 av. J.-C.) : poterie peinte, petits verres... ainsi qu'une petite section d'art égyptien (momies, stèles...).

Au rez-de-chaussée

Le must du musée, le trésor ! Une expo exceptionnelle, à apprécier dans la pénombre. Les pièces les plus sublimes, représentatives de l'art irlandais (de l'âge de fer au XIIe s apr. J.-C.) : un petit bateau en or et ses rames d'une finesse absolue, des colliers du IIIe s av. J.-C., de ravissants petits reliquaires, des ceintures de bronze et argent du VIIIe s apr. J.-C. remarquablement travaillées... On demeure scotché par la merveille du trésor : la célèbre *broche de Tara* (trouvée dans le comté de Meath et pas à Tara), symbole de l'âge d'or de l'Irlande (VIIe-IXe s). Autres fibules et broches, une main reliquaire de Saint Lachtin (1120), des crosses d'évêque ciselées, comme celle de Clonmacnoise, la cross de Cong (XIIe s) faite pour le roi Turlough Mór O'Connor (son nom, en version gaélique, y figure), une croix de procession richement filigranée, la trompette de Loughnashade, des bracelets et disques (2200-1800 av. J.-C.)... Petite salle avec ses évangiles enluminés du XIVe s, mais surtout le livre de psaumes de Faddan More, là encore découvert dans un *bog* en 2006 et dont les 60 pages de parchemin ont été miraculeusement conservées grâce à la tourbe.
– Retour dans la grande salle : objets domestiques, moyens de transport et outils chargés d'émotion : rare et très rustique roue en bois du Ve s, ou encore chaudron en bois (200 av. J.-C.). L'immense barque de Lurgan (près de Tuam), datant de 2 500 ans av. J.-C, impressionne par sa longueur (15,25 m) ; elle a été taillée dans un seul tronc de chêne ! Voir aussi les panneaux consacrés à la colline de Tara (*Tara Hill*) et aux découvertes faites dans les tombes.
Autre grand moment : l'exposition Ór avec, notamment, le produit des fouilles de Mooghaun (entre Ennis et Limerick) en 1854. La plus grosse découverte de bijoux : pas moins de 146 pièces mises au jour, dont 21 originales, sont au Musée archéologique (14 autres sont parties au British Museum à Londres) et des colliers en or superbement travaillés (800-700 av. J.-C.). Il reste encore beaucoup à découvrir dans le sol irlandais, comme en témoignent les 4 anneaux d'or datant d'entre 1200 et 800 av. J.-C., découverts par un fermier de Tullydonnell, dans le Donegal, en 2018 !

National Library *(zoom détachable E4)* **:** *7-8, Kildare St. ☎ 01-603-02-00. • nli.ie • Tlj sauf dim-lun 9h30-19h45 (16h45 jeu-ven, 12h45 sam). GRATUIT. Possibilité de visiter la salle de lecture au 1er étage à condition de laisser son sac au vestiaire.* D'abord, au rez-de-chaussée, noter la superbe cheminée en bois sculpté, puis grimper le bel escalier au décor style Renaissance et ses vitraux. Salle élégante, avec ses stucs d'angelots et ses boiseries de chêne. À l'entrée de la salle s'alignent les longues rangées de catalogues des auteurs avec leurs couvertures usées et patinées. Au rez-de-chaussée, expos temporaires. Au sous-sol, expo permanente consacrée au prix Nobel de littérature William Butler Yeats. Possibilité d'écouter des poèmes dits par Michael D. Higgins (le président de la République) ou des artistes comme Sinéad O'Conor.

National Gallery *(zoom détachable E4)* **:** *Clare St et Merrion Sq West. ☎ 01-661-51-33. • nationalgallery.ie • ♿ Tlj 9h45 (11h lun et 11h30 dim)-17h30.*

Fermé Vendredi saint et 24-26 déc. GRATUIT (don souhaitable). Visites guidées gratuites sam à 12h30 et dim à 11h30, 12h30 et 13h30 ; en principe, davantage de visites guidées en juil-août. Audioguide gratuit en français. Inauguré en 1864, ce musée compte aujourd'hui 54 salles pour environ 14 000 œuvres d'art, réparties par époques et par thèmes.

Les peintres irlandais sont évidemment bien représentés : commençons par une petite vingtaine de tableaux de J.B. Yeats (1871-1957), le frère cadet du grand poète. Une majorité d'œuvres d'après 1920, montrant son intérêt pour l'expressionnisme : *The Liffey Swim, Above the fair, For the Road, Grief* (ce dernier est sans doute celui qui exprime le mieux son horreur de la guerre). D'autres tableaux de Yeats (des portraits de famille) sont regroupés dans une autre salle.

PEINTRE ET MÉDAILLÉ OLYMPIQUE !

Pour son tableau The Liffey Swim, *Jack Butler Yeats reçut la médaille d'argent aux Jeux Olympiques de Paris de 1924 ! En effet, on le sait peu mais des médailles furent attribuées, jusqu'en 1948, à des œuvres artistiques évoquant des sports.*

Dans les salles suivantes on verra, entre autres, *A Family* de Louis le Brocquy (1916-2012), hommage à Picasso, mais aussi à l'*Olympia* de Manet, sorte d'emblème national. *An Allegory* de Sean Keating, présente une vision désabusée de la lutte pour l'indépendance de l'Irlande. Quant à *Lady Lavery as K. Ni Houlihan* (héroïne de Yeats), peinte par son mari, John Lavery, elle connut la célébrité sur un billet de banque. Irlandais toujours, quelques Roderic O Connor. Le très sombre *Opening of the Sixt Seal* de Francis Danby est un chef-d'œuvre du romantisme ! Ne manquez pas, enfin, *Le Vendeur de livres,* de Walter F. Osborne : vision juste, sincère, positive de la vie de tous les jours dans la capitale de l'Irlande. Tendresse pour cette petite fille aux pieds nus, gracieuse, fragile...

Au 1er étage, collection de « portraits nationaux », avec notamment le *Bono* de Louis le Brocquy (2003) ou la *Lady Gregory* de W.Orpen.

On verra aussi quelques remarquables œuvres d'art religieux européen comme *Saint Côme et saint Damien survivant au bûcher* de Fra Angelico, les *Quatre Saisons* de Simon Vouet, et un remarquable paysage de Claude Lorrain qui rend admirablement la beauté et la sérénité de la campagne... et encore Vélasquez, Poussin, Zurbarán. Dans l'*Arrestation du Christ (The Taking of Christ)* du Caravage, dramatisation de la scène, bien sûr renforcée par le clair-obscur et sa légendaire diffusion de la lumière (le personnage à droite tenant la lanterne serait l'artiste). Dans le *Mariage paysan,* Brueghel le Jeune se moque de façon un poil désobligeante de ces paysans rustres et moches. De Rembrandt, un petit mais sublime *Repos pendant la fuite en Égypte,* le seul paysage de nuit de l'artiste.

CROISEMENT

Le tableau du Caravage, attribué par erreur à van Honthorst dès le XVIIe s, a disparu des écrans radars pendant plus de 200 ans. En 1990, un conservateur du musée, invité à venir regarder des toiles dans la maison des jésuites sur Leeson Street, eut un déclic en voyant une toile accrochée dans la salle à manger. C'était le Caravage ! Quant au tableau voisin de celui du Caravage, A Musical Party, *peint dans le même style par le Néerlandais van Honthorst, il a été acheté en 1760 par lord Charlemont, qui croyait alors que c'était un... Caravage !*

– Admirez *Femme écrivant une lettre,* l'un des 40 Vermeer connus, considéré, pour sa précision et son sens de la lumière, comme une œuvre majeure de l'artiste. Quelques superbes Anglais, sir Josuah Reynolds, Thomas Lawrence, puis le

charme et la délicatesse de Gainsborough dans la *Cottage Girl*... Pour une fois, Goya serein avec le portrait de l'actrice Doña Antonia Zarate.
– Pour finir, quelques impressionnistes, comme Monet, Caillebotte, Sisley... Puis Bonnard, Signac, Juan Gris, le *Stella* de Van Dongen, la célèbre *Nature morte avec mandoline* de Picasso, mais aussi Sarah Purser (1848-1943), peintre dublinoise.

Natural History Museum *(zoom détachable E4)* **:** *Merrion St Upper West. ☎ 01-677-74-44. • museum.ie/Natural-History • Tlj 10h (14h dim-lun)-17h. Fermé Vendredi saint et à Noël. GRATUIT.* Inauguré en 1857 par l'explorateur David Livingstone, ce vieux bâtiment victorien renferme une impressionnante collection d'animaux naturalisés rapportés des 4 coins du monde, témoignage émouvant d'espèces parfois éteintes. Les vitrines de bois sombre, un peu vieillottes, et les étiquettes vintage donnent une touche romantique à la visite. Dioramas fort bien réalisés (avec des scènes d'une grande tendresse). On déambule parmi d'invraisemblables squelettes : des cerfs géants irlandais, des crocodiles et leurs cousins, une araignée de mer géante du Japon, ou encore des spécimens hallucinants d'insectes tropicaux. Certains d'entre eux imitent à la perfection une branche, tandis que d'autres ressemblent à s'y méprendre à des feuilles (les carapaces sont tachées comme de vrais végétaux !). Pour couronner le tout, le squelette de 20 m de long d'une baleine achève d'émerveiller les visiteurs. Au 1er étage, là aussi, muséographie d'origine. Animaux étranges comme les *armadillos* (tatous), les fourmiliers, puis les impressionnants hippopotames, lions de mer, grizzlis... Une visite vraiment passionnante pour petits et grands !

Merrion Square *(plan détachable E4)* **:** bel exemple de place georgienne. Élégance et très grande simplicité de l'architecture. Les façades sont du même style, plates et un brin austères, avec ses célèbres portes aux couleurs vives. Le jeune Oscar Wilde vécut au n° 1 (angle de Lower Merrion Street). Son père était un docteur spécialisé dans la chirurgie des yeux et l'oculiste de la reine Victoria. En face du n° 1, dans le parc, sculpture d'Oscar Wilde, dans une position curieuse, allongé sur un rocher. Sa femme, Constance Lloyd, le dévisage. Côté sud, au n° 58 habita Daniel O'Connell ; au n° 82, W. B. Yeats ; George Russell a travaillé au n° 84.

Sweny's Pharmacy *(plan détachable E4)* **:** *1, Lincoln Pl, Merrion Sq. 087-713-21-57. • sweny.ie • Tlj 11h-17h.* Cette vénérable pharmacie (1847) dont parle Joyce dans *Ulysse* est une étape obligatoire pour tous les Joyciens ! Superbe plafond et comptoirs en acajou. Restée dans son jus et animée par des bénévoles qui assurent des lectures chaque jour (programme détaillé sur le site). Atmosphère particulièrement chaleureuse. Bonne sélection de livres d'occasion, et l'on peut y acheter aussi le fameux savon au citron de la pharmacie.

Grafton Street *(zoom détachable D4)* **:** c'est la rue piétonne la plus commerçante de la ville. Boutiques de luxe, musiciens de rue... C'est là que les ados traînent le samedi après-midi pour acheter des fringues à faire hurler leurs parents.

Museum of Literature Ireland *(plan détachable D5)* **:** *Newman House, 85-86 St Stephen's Green South. ☎ 01-477-98-11. • moli.ie • Tlj 10h-18h (19h30 jeu). Visite libre avec audioguide (en français) : 10 € ; réduc.* La Newman House, conçue par le célèbre architecte Richard Cassels (Powerscourt House, Russborough House), accueillit, entre autres étudiants, un certain James Joyce (entre 1899 et 1902). Le poète « jésuite » G. Hopkins y enseigna de 1884 à 1889. Il s'agissait alors de constituer un pendant catholique à Trinity College, alors réservé aux protestants.
Ce musée né de la collaboration de UCD (University College Dublin) et de la National Library of Ireland, confirme encore un peu plus le statut de cité de la littérature de Dublin, la ville aux 4 prix Nobel. On découvre en parcourant le MoLI (jeu de mots avec l'héroïne d'*Ulysse,* Molly Bloom) un vaste panorama de la littérature irlandaise depuis le Moyen Âge. Grâce aux moyens multimédia déployés, on évolue dans un cadre moderne.

Parmi les raretés exposées, l'exemplaire n° 1 d'*Ulysse* (longtemps possédé par Harriet Weaver, qui soutenait financièrement Joyce), des cahiers préparatoires de Joyce pour *Ulysse* et *Finnegan's Wake* ou encore la médaille de prix Nobel de W. B. Yeats. Expositions temporaires également consacrées à des auteurs irlandais, *of course.*
Agréable café dans le petit jardin sur l'arrière, qui rejoint les Iveagh Gardens.

Iveagh Gardens *(plan détachable D5)* **:** *Clonmel St. Ouvre tlj à 8h (dim 10h) et ferme pour le coucher du soleil.* Un jardin presque secret, assez bien caché des regards et, du coup, bien plus tranquille que celui de St Stephen's. Il faut déjà trouver l'entrée, discrète (la principale se trouve sur Clonmel St, mais on en trouve une autre sur Hatch Street Upper). Petite cascade, grotte rustique, pelouses... Ambiance si sereine qu'on en oublierait presque la ville tout autour.

LE QUARTIER DE PORTOBELLO (CAMDEN)

Entre Saint Stephen's Green et les Liberties, vieux quartier populaire qui a su évoluer tout en conservant son caractère. Les amoureux de tags et de fresques murales ne manqueront pas *Liberty Lane* (au coin de Kevin Street Lower ; *plan détachable D5*), la ruelle la plus emblématique de cet art. Les plus belles fresques survivent longtemps, en particulier celles de l'artiste signant *Hog Huk,* aux traits et tonalités éblouissantes (voir son prodigieux guerrier de l'espace dans toutes les nuances de gris)...

Irish Jewish Museum *(plan détachable D5-6)* **:** *3, Walworth Rd (South Circular Rd). 087-426-36-25. • jewishmuseum.ie • Donne dans Victoria St, au sud de la ville, avt le Grand Canal. Bus n° 16 depuis O'Connell St. De début mai à mi-sept, dim-jeu 11h-15h ; de mi-sept à fin avr seulement dim 10h30-14h30. Fermé j. de fêtes juives. Entrée : 5 € ; réduc.* Ce petit musée occupe le rez-de-chaussée d'une simple maison tandis qu'une petite synagogue (discrète) se cache au 1er étage. Les innombrables documents, souvenirs, objets exposés proviennent, pour la plupart, des albums de famille de la communauté, une des plus réduites d'Europe, car elle ne compte plus aujourd'hui à Dublin qu'un millier de membres.
L'*Irish Jewish* le plus connu est sans conteste Chaïm Herzog (1918-1997). Né à Belfast, fils de rabbin, il vint très jeune à Dublin et y vécut avant de s'établir en Israël, où il devint président de la République.
D'autres vitrines racontent avec moult détails l'histoire des juifs en Irlande et dépeignent les nombreuses traditions et cérémonies religieuses. Une vitrine évoque l'antisémitisme, qui n'a jamais fait beaucoup de victimes en Irlande, où ce sentiment n'a jamais été aussi virulent que sur le reste du continent européen.

VERS LE QUARTIER DES LIBERTIES

C'est le quartier compris entre les cathédrales Christ Church et Saint-Patrick, autrefois appelé *The Four Corners of Hell* car il y avait un bar à chaque angle. Situé « hors des murs » de la ville et donc de sa juridiction, il y gagna par la suite le nom de *Liberties.* Une population catholique très pauvre s'y entassa. Aujourd'hui, c'est toujours un quartier populaire, intégrant celui de Saint-James autour de la brasserie *Guinness.* Peu visité par les touristes, il reste cependant caractéristique du Dublin historique, et ses habitants tentent d'en préserver l'esprit. Simple précaution : il arrive que, dans le quartier, les véhicules soient visités ; ne tentez pas le diable, ne laissez rien traîner. Mieux, ne venez pas en voiture. Prenez le bus (nos 77A ou 77B) à Ashton Quay, dans le centre ou venez à pied, ce n'est vraiment pas loin.

Christ Church Cathedral *(zoom détachable C4)* **:** *tt en haut de Lord Edward St. ☎ 01-677-80-99. • christchurchcathedral.ie • Avr-sept, lun-sam 9h30-19h et dim 12h30-14h30, 16h30-19h ; mars et oct, lun-sam 9h30-18h et dim*

12h30-14h30, 16h30-18h ; nov-fév, lun-sam 9h30-17h, dim 12h30-14h30. Dernière admission 45 mn avt fermeture. Fermé 26 déc. Entrée : 7,50 € ; réduc. Billet combiné avec Dublinia : 18 € ; réduc. Possibilités de visites guidées lun-ven à 11h (sauf hiver), 12h10, 14h, 15h et 16h, sam à 14h, 15h, 16h ; prix : 12,50 € (réduc), incluant la montée dans le beffroi (86 marches) pour... sonner le carillon ! Doc en français. Pour la chorale, consulter les horaires sur le site.

Fondée en 1028, elle subit en 1878 une restauration de type néogothique assez lourde (on construisit à l'occasion l'arche qui traverse la rue). Les rares vestiges anciens se résument à quelques pierres dans le jardin, au transept de style roman et à la longue crypte. À l'intérieur, tombe de « Strongbow », Richard de Clare, qui conquit Dublin au XIIe s et ordonna la construction du sanctuaire. La Christ Church passa au culte anglican au XVIe s.

De part et d'autre, les *pews* (bancs de notable) sculptés : *Civic Pews* et *State Pews.* Jetez donc également un coup d'œil à la crypte, posée sur d'énormes piliers carrés. Quelques vestiges de pierres sculptées et tombales, et petite exposition d'objets liturgiques. Dites bonjour en passant à Tom et Jerry (le chat et le rat qui gardent les lieux).

Dublinia *(zoom détachable C4)* **:** *Saint Michael's Hill, Christ Church. ☎ 01-679-46-11. • dublinia.ie • Tlj sauf 24-26 déc 10h-18h30 (17h30 oct-fév). Dernier billet 1h avt fermeture. Entrée : 12 € ; réduc. Billet combiné avec Christ Church Cathedral : 18 € ; réduc. Demander la fiche explicative en français.* Un parcours interactif, ludique et pédagogique, présentant 4 siècles de l'histoire de Dublin, depuis l'arrivée des Normands jusqu'à l'avènement d'Henry VIII. Au rez-de-chaussée, consacré à la vie dublinoise sous les Vikings, on découvre une série d'habiles reconstitutions, comme une rue, une habitation de l'époque et un arsenal d'armes impressionnantes. La visite se poursuit au 1er étage avec le Dublin médiéval (grande maquette de la ville vers 1500) et des sections thématiques, comme la maison d'un marchand, les grandes foires ou les maladies et la mort. Intéressant : Dublin était – déjà – une ville multiculturelle où se faisaient de nombreux échanges internationaux. Le 3e étage présente les métiers et les techniques d'exploration du passé (notamment l'archéologie), en relation avec les découvertes faites sur place. Les plus courageux monteront jusqu'au sommet de la tour pour admirer la vue à 180° sur la ville.

Saint Audoen's Church Visitor Centre *(zoom détachable C4)* **:** *High St. ☎ 01-677-00-88. Mai-oct, tlj 9h30-17h30. GRATUIT.* Édifiée en 1190, c'est l'église paroissiale la plus ancienne de la ville. Même s'il ne reste que peu de témoignages sur le bâtiment d'origine, c'est un lieu paisible à la riche histoire. Petit guide en français prêté par des bénévoles toujours prêts à informer. Au fait, ce saint Audoen n'est autre que « notre » Saint-Ouen, évêque normand. L'église (catholique) voisine, avec sa façade de temple antique datant du XIXe s, s'appelle également Saint-Audoen : c'est aujourd'hui l'église des Polonais de Dublin. La *Saint Audoen's Gate*, vestige des remparts du Dublin médiéval, se trouve derrière, sur Cook Street.

Tailor's Hall *(zoom détachable C4)* **:** *Back Lane. Ne se visite pas.* Dernière maison de corporation existant à Dublin, construite en 1706 pour les tailleurs, groupes et associations, qui pouvaient en louer la grande salle afin de se réunir. Wolfe Tone et les *United Irishmen* s'y rassemblaient souvent à la fin du XVIIIe s, et le Tailor's Hall finit par acquérir le surnom de *Back Lane Parliament.* On distingue bien les hautes fenêtres plein cintre.

Saint Patrick's Cathedral *(zoom détachable C4)* **:** *☎ 01-453-94-72. • stpatrickscathedral.ie • Lun-ven 9h30-17h ; sam 9h-18h (9h30-17h nov-fév) ; dim 9h-10h30, 12h30-14h30, 16h30-18h (9h-10h30, 12h30-14h30 nov-fév). Entrée : 8 € ; réduc.*

Fondée à l'endroit même où saint Patrick convertit les 1ers chrétiens au Ve s, la cathédrale fut construite à partir entre 1220 et 1260, puis agrandie et restaurée

plusieurs fois. C'est la plus vaste église d'Irlande ! Elle fut cependant moins restaurée que Christ Church – notez au passage qu'il est très rare de voir 2 cathédrales si proches l'une de l'autre. D'ailleurs, le siège de l'archevêché est à Christ Church, qui est la cathédrale nationale pour l'Irlande entière, Saint Patrick ne disposant « que » d'un doyen. Dès 1311, la 1re université du pays s'y installa pour près de 2 siècles. Cromwell, toujours aussi délicat, l'utilisa comme écurie pour son armée. Elle eut un doyen célèbre : Jonathan Swift. On peut y voir sa tombe à côté de son plus grand amour, Esther, qu'il chanta sous le nom de Stella. Swift, Anglais né en Irlande, souffrit beaucoup dans sa carrière de n'être pas né en Angleterre. C'est donc, tout au moins au début, plus par dépit que par conviction qu'il dénonça le sort atroce des Irlandais en ce temps-là. L'auteur des *Voyages de Gulliver* produira des écrits féroces contre la corruption de l'Église et l'exploitation des Irlandais.
À l'intérieur, nombreux monuments funéraires. Chœur imposant qui abrite les étendards et les armoiries des chevaliers de Saint-Patrick. Une curiosité : le trou dans une vieille porte du transept sud. Il fut percé pour célébrer, en 1492, la réconciliation des seigneurs de Kildare et d'Ormond, et leur permettre de se serrer la main, car aucun d'eux ne faisait confiance à l'autre !

DUBLIN

Marsh's Library *(zoom détachable C-D4)* **:** *Kevin St et Saint Patrick's Close. ☎ 01-454-35-11. • marshlibrary.ie • Sur la gauche en sortant de la cathédrale. Lun et mer-ven 9h30-17h, sam 10h-17h. Fermé mar et dim. Entrée : 5 € ; réduc ; gratuit moins de 18 ans.* Ouverte en 1707, c'est la 1re bibliothèque publique d'Irlande. Elle renferme plus de 25 000 ouvrages et 200 manuscrits. L'intérieur n'a guère changé depuis le XVIIIe s. On y retrouve d'ailleurs les cages de lecture où les étudiants étaient enfermés pour consulter les livres les plus précieux, attachés à une chaîne.

Guinness Storehouse *(plan détachable B4)* **:** *Market St. ☎ 01-408-48-00. • guinness-storehouse.com • Pour y aller, bus n° 123 d'O'Connell St. Tlj 9h30-19h (20h juil-août). Entrée : 26 € (promos en ligne pour les résas faites à l'avance, variable selon l'heure choisie) ; réduc. Audioguide en français : 1 €. Beaucoup d'attente à prévoir si vous n'avez pas réservé vos billets.* Aménagé en 2000 dans une partie de cette brasserie gigantesque construite en 1904, ce musée se visite en suivant un itinéraire fléché intelligent et une scénographie très bien ficelée. On déambule dans un univers à la *Brazil*, sur 7 étages, parmi les cuves géantes, pour découvrir les secrets de fabrication d'une des fiertés nationales. Tout en haut, le *Gravity Bar* offre la plus belle vue qui soit de Dublin, 360° vitré ! On y boit, devinez quoi... offerte (ouf !) sur présentation du ticket d'entrée. En sortant, passage forcé par l'énorme boutique centrale, visible de tous les coins du musée... *no comment* (sauf pour signaler que les produits *Guinness* sont souvent moins chers dans les boutiques du centre-ville).

YES TOUCAN !

Avec la harpe celtique, le toucan est le 2e emblème de la Guinness. Cela remonte à une affiche des années 1940 où le slogan de la bière nationale proclamait : « If one Guinness is good for you, imagine what two can do ». *Depuis, l'oiseau au gros bec jaune a sa place dans les publicités. À propos, la pinte parfaite se tire en... 119,5 secondes. À vos chronomètres !*

Teeling Distillery *(plan détachable C5)* **:** *13-17, Newmarket. ☎ 01-531-08-88. • teelingdistillery.com • Bus n° 27. Tlj 9h30-17h30 (nocturnes les jeu et ven). Visite (ttes les 20 mn) : 17-30 € selon dégustation et même 50 € ! Durée : un peu plus de 1h. Résa fortement recommandée.* Il y eut jusqu'à 36 distilleries à Dublin, mais elles disparurent ou déménagèrent au siècle dernier. Teeling est la 1re à renaître à Dublin depuis très longtemps (125 ans !), alors qu'elle était déjà établie dans les Liberties en 1782, presque au même endroit. Les descendants de la famille Teeling ont conservé les mêmes méthodes de fabrication. Un vrai bonheur de découvrir leurs secrets dans les effluves de la distillation. Grâce à vos guides, fins connaisseurs, et à un parcours dynamique, vous saurez tout des étapes de l'élaboration, de la sélection des produits à la fermentation et la distillation dans les 3 immenses alambics en cuivre. Les différents goûts et parfums sont obtenus par vieillissement dans des fûts ayant contenu du cherry, du bourbon du Kentucky, du pineau des Charentes, du calvados, du porto... Bien sûr, dégustation très pédagogique et possibilité d'acheter des whiskeys d'exception. Au *Phoenix Café,* grande variété de thés, gâteaux et snacks divers.

Petite balade architecturale dans les Liberties *(zoom détachable C4 et plan détachable A-B4).* Point de départ intéressant : les ***Iveagh Buildings*** (HLM du XIXᵉ s). Délimités par *Bride Street, Bride Road et Nicholas Street,* c'est un superbe ensemble de brique rouge de 1904, avec corniches, lucarnes, petits dômes oxydés et frontons assez élaborés. C'est Edward Guinness, petit-fils du fondateur de la brasserie du même nom, qui est à l'origine de ce projet (connu sous le nom d'Iveagh Trust) destiné à réduire le mal-logement. Voir, sur Bride Road, l'élégant porche sculpté des *Public Baths* (maintenant un *Fitness Club...*). Côté Saint Nicolas Street, sur la façade, des petites plaques de cuivre racontent en termes simples la vie de certains habitants. Émouvante, l'une des dernières, intitulée « *They have seven children and decided it was enough* » (ou le poids du religieux à l'époque)... ***Thomas Street*** est l'épine dorsale du quartier (éviter cependant les dimanche et lundi, fort peu animés !). ***Meath Street,*** encore plus populaire, résiste vaillamment aux assauts bobo. Pas mal de *thrift shops* et *discount stores* (extra pour les fringues !), ainsi que des boutiques à l'ancienne... À côté de l'église Sainte-Catherine, une *grotte de l'Immaculée Conception* bien ringarde, mais encore assez fréquentée. ***Thomas Court,*** vieille rue populaire avec maisons basses en brique, suivi de ***Meath Place*** aux demeures ouvrières minuscules, dernier témoignage du XIXᵉ s dublinois. Sur ***Pimlico Street,*** les *Watkins Buildings,* un autre petit ensemble d'habitat populaire à l'architecture soignée. Dans ***The Coombe,*** l'ancien porche de l'hôpital-maternité témoigne des terribles conditions de vie du petit peuple des Liberties. En 1825, 2 femmes qui avaient accouché chez elle moururent de froid avec leur bébé dans une tempête de neige, en tentant de gagner un lointain hôpital. Grosse émotion publique si bien que, l'année suivante, une maternité fut enfin construite sur le Coombe même (démolie en 1967). Plus loin, même trottoir, autre clin d'œil, une façade préservée avec en lettres sculptées « *Widows House of the Parish of St Nicolas* »... Paysage urbain typique des Liberties, ***Reginald Street*** menant à une placette paisible, avec un christ polychrome veillant sur ses ouailles en un kiosque assez kitsch... Enfin, détour par *Back Lane* pour évoquer le grand Wolfe Tone !

Steeven's Hospital *(plan détachable B4)* **:** *Steeven's Lane (rue perpendiculaire à la Liffey et reliant Jame's St à Heuston Station).* C'est le plus ancien hôpital irlandais (1720) à l'architecture néogeorgienne typique. Superbement repeint en gris et jaune. Charmante tour-horloge octogonale. Cour intérieure aux allures de cloître.

Kilmainham Jail *(prison de Kilmainham ; hors plan détachable par A4)* **:** *Inchicore Rd, Dublin 8. ☎ 01-453-59-84. • kilmainhamgaolmuseum.ie • Pour s'y rendre : bus nᵒˢ 69 ou 79 (le seul à s'arrêter juste devant) d'Aston Quay, nᵒˢ 13 et 40 depuis O'Connell. Juin-août, tlj 9h-19h (dernière admission 17h45) ; avr-mai et sept, tlj 9h-18h (dernière admission 16h45 ; oct-mars tlj 9h30-17h30 (dernier tour 16h15). Fermé les 24, 25 et 26 déc. Visites guidées seulement (en anglais, bon niveau demandé), max ttes les 30 mn. Entrée : 9 €. IMPORTANT : pas mal d'attente, déjà en mi-saison ; en hte saison, résa* ***obligatoire*** *si vous voulez garantir votre visite !* Heritage Site. *Gratuit avec l'Heritage Card. Cette visite passionnante intéressera les amoureux de l'histoire de l'Irlande.*

Un peu d'histoire

La prison fut construite au XVIIIᵉ s. Beaucoup des grands hommes qui contribuèrent à l'histoire du pays y séjournèrent ou y moururent. Dès 1796, les *United Irishmen,* dont Henry Joe McCracken, leader d'Ulster et Robert Emmet. Les *Young*

Irelanders, Thomas Francis Meagher, W. S. O'Brien, Patrick O'Donoghue y séjournèrent en 1848 avant de partir comme forçats en Australie. En 1867, ce sont les fenians qui remplirent les cellules. Celles-ci n'eurent pas le temps de moisir avec l'arrivée, en 1882, des militants de la Land League (Parnell, Michael Davitt...). En 1883, 5 des Invincibles qui assassinèrent lord Cavendish à Phoenix Park y furent pendus. Au lendemain de l'insurrection de Pâques, Connolly fut arraché de son lit d'hôpital et exécuté dans la cour sur une chaise, car blessé et souffrant d'une jambe déjà prise par la gangrène. En 1920-1921, la prison ne désemplit pas de membres de l'IRA. En 1922-1923 leur succédèrent les militants anti-traité (parfois c'étaient les mêmes !). 4 d'entre eux y furent fusillés. De Valera y séjourna également. Il fut le dernier prisonnier de Kilmainham, qui ferma ses portes en 1924.

Visite de la prison

Une visite émouvante, qui rend compte de la cruauté des conditions de détention au XIXe s. On n'y internait pas que des prisonniers politiques : les couloirs humides résonnent encore des pleurs d'enfants accusés d'avoir volé un quignon de pain ! Le circuit commence par la projection d'un diaporama (15 mn) très bien fait sur l'histoire du mouvement national irlandais, du XVIIIe s jusqu'à l'indépendance. Puis, arrêt dans l'immense ***hall central*** sur 3 étages de cellules, où certaines scènes du film *Au nom du père* ont été tournées. On accède ensuite à différentes ***cellules de détenus,*** comme celles de Robert Emmet ou de Parnell (il eut droit à un meilleur traitement que les autres), avant de marquer une pause dans la chapelle. La visite s'achève dans la sinistre ***cour intérieure,*** qui porte encore les traces de l'exécution des insurgés de 1916.

Le musée

Très intéressant. Il regroupe de nombreux souvenirs et documents exceptionnels, comme des lettres, photos, journaux, objets personnels... On a même conservé le billot de bois qui servit à l'exécution de Robert Emmet !

Irish Museum of Modern Art *(IMMA ; plan détachable A4)* **:** *dans le Royal Hospital ; entrée sur Military Rd. ☎ 01-612-99-00. • imma.ie • Entre Kilmainham Jail et Heuston Station. Bus nos 79, 79A ou 145, puis 8 mn de marche. LUAS, arrêt Heuston Station. Mar-ven 11h30-17h30, sam 10h-17h30, dim et j. fériés 12h-17h30. GRATUIT (sauf en cas d'expos temporaires).* Construit en 1684, le plus ancien bâtiment civil d'Irlande abrita jusqu'en 1922 les vétérans et invalides de guerre. À l'intérieur, on découvre 3 galeries à arcades et, sur le 4e côté, la chapelle et le grand hall. La chapelle offre un étonnant décor baroque, quasi unique en Irlande. Le bâtiment accueille aujourd'hui de nombreuses expositions temporaires ainsi qu'une petite collection permanente. Cafétéria au sous-sol dans les anciennes cuisines de l'hôpital.

RIVE NORD : LE QUARTIER DE O'CONNELL STREET

General Post Office *(GPO pour les intimes ; zoom détachable D3)* **:** *O'Connell St.* Monument de style néoclassique construit en 1818 sur les plans de Francis Johnston. En 1916, à Pâques, la poste servit de quartier général à l'insurrection. C'est là que Padraig Pearse, le poète, et James Connolly, le syndicaliste, proclamèrent l'indépendance de l'Irlande avec 1 000 hommes des *Irish Volunteers.* Peu de villes de province suivirent le mouvement et celui-ci resta circonscrit à Dublin. Les insurgés résistèrent une semaine au pilonnage de l'artillerie britannique avant de se rendre. Une canonnière sur la Liffey ne cessa de bombarder le quartier, causant de nombreuses destructions et victimes civiles. Le général Maxwell, chef des troupes anglaises, comptait terroriser les Dublinois et les retourner contre les insurgés. La répression fut sauvage et tous les leaders furent fusillés, sauf De Valera, futur président de la République. Constance Markievicz échappa également de justesse au poteau d'exécution, parce que femme ! Elle lança à ses

juges : « J'espérais que vous auriez au moins la décence de me fusiller ! » Avant d'être exécuté, Pearse eut ce mot : « Au moins l'Irlande se débarrasse-t-elle d'un mauvais poète. » L'opinion publique irlandaise, peu favorable jusqu'à 1916 à l'idée de l'indépendance, fut bouleversée par la mort de ces héros et bascula massivement dans leur camp.
La GPO fut reconstruite en 1929 et est devenue le lieu de la plupart des manifestations politiques et le symbole de l'esprit républicain. Une plaque et une statue commémorent cet événement historique.

GPO Witness History *(zoom détachable D3)* **:** *O'Connell St, au sein de la GPO. ☎ 01-872-31-01. • gpowitnesshistory.ie • Tlj 10h (12h dim)-17h30 ; dernier ticket à 16h30. Fermé 1er janv, dim de Pâques et 24-26 déc. Entrée : 15 € (13,50 € en ligne) ; réduc. Cafétéria et boutique.* Ouvert en 2016 pour le centenaire de l'insurrection de Pâques, voici un musée digne de cet événement fondateur de la République. On s'y trouve totalement immergé grâce à un remarquable film à 180° sur écran géant. Ne manque que l'odeur de la poudre. Le reste est prodigieusement évoqué. De nombreuses vitrines présentent les contextes historique, social et européen, la renaissance culturelle nationale (théâtre, littérature, à travers les portraits de Yeats et lady Gregory), puis la guerre d'indépendance et la guerre civile... Ça fourmille d'infos, de détails pittoresques et insolites (uniformes, armes, affiche originale de la proclamation d'indépendance, photos dramatiques, dernière lettre de Pearse), audiovisuels interactifs, intéressantes conférences... Didactique, vivant, émouvant au possible. À ne pas rater !

DUBLIN

O'Connell Street *(zoom détachable D3)* **:** cette rue est d'une largeur étonnante pour la ville. D'ailleurs, le pont qui lui succède, O'Connell Bridge, possède la particularité d'être plus large que long ! L'overdose de fast-foods et d'immeubles modernes ne doit cependant pas faire oublier quelques-uns de ses attraits. Les statues du terre-plein central, par exemple : le monumental *Daniel O'Connell* trouve ici la place qu'il mérite comme émancipateur des catholiques, suivi de *William Smith O'Brien,* chef des Young Irelanders de 1848 et *Jim Larkin,* le syndicaliste aux bras levés à qui l'on doit : « Les Grands ne sont grands que parce que nous sommes à genoux. Debout ! » Enfin, devant le Rotunda Hospital, le mémorial dédié à *Parnell.*
Yeats ironisa sur le fait que la prude Irlande catho se permettait d'honorer 3 adultérins célèbres : O'Connell, Parnell et... Nelson. À propos, où est-il passé le Nelson sur sa gigantesque colonne de 40 m de haut et son lourd piédestal ? Élevée entre Henry et Earl Streets, en 1808, pour commémorer le vainqueur de Trafalgar, la colonne avait un maximum de détracteurs. Les nationalistes d'abord, qui n'appréciaient guère cet hommage au représentant de la puissance impériale anglaise. Mais également, plus tard, les automobilistes qui, tout simplement, trouvaient que le monument gênait la circulation. Le 8 mars 1966, à 1h32 du matin, pour fêter le cinquantenaire de l'insurrection de Pâques 1916, l'IRA fit sauter la statue. Tout le monde dut admettre l'exploit technique. Pas un carreau cassé dans le voisinage ! Cependant, comme il restait encore 2/3 de la colonne debout, l'armée dut terminer le travail. Mais, en tentant de faire sauter le ridicule moignon, celle-ci réussit à briser toutes les vitres aux alentours... sans pour autant finir la besogne ! Les gens en rigolèrent pendant de longs mois. D'ailleurs, les *Dubliners* en firent une chanson qui fut numéro 1 au hit-parade !
À propos de colonne, le nouveau millénaire a donné l'occasion aux architectes d'élever au cœur de O'Connell Street une flèche de 120 m, soit 7 fois la hauteur du GPO, *the Spire.* Résolument moderne, sans fioritures, elle symbolise l'esprit entreprenant de l'Irlande, mais n'a pas échappé à son lot de railleries : elle a notamment été surnommée *The erection at the intersection...*

Custom House *(zoom détachable E3)* **:** *sur les bords de la Liffey, près de Connolly Station. Ne se visite pas.* Datant de 1791, cette œuvre de James Gandon est considérée par beaucoup comme le plus beau monument civil de Dublin.

Élégant portique central à colonnes doriques. Remarquables statues de la façade symbolisant l'océan Atlantique et les 13 fleuves irlandais. Cette représentation « hydraulique » n'a pu empêcher l'incendie qui, en 1921, pendant la guerre d'Indépendance, ravagea pendant 5 jours l'intérieur du bâtiment.

Irish Emigration Museum - EPIC *(plan détachable E3)* **:** *Custom House Quay. ☎ 01-906-08-61. • epicchq.com • LUAS, arrêt George's Dock. Tlj 10h-18h45 ; dernière entrée à 17h. Entrée : 16,50 € ; réduc. Audioguide en français : 2 €. Possibilité de billet couplé avec le* Jeanie Jonhson *: 26 €.* Installé dans les vastes sous-sols voûtés d'anciens entrepôts, le grand musée de l'émigration détaille la fantastique et dramatique histoire du peuple irlandais, obligé d'émigrer au fil des siècles, victime du colonialisme anglais et de toutes ses discriminations, de la misère, de la famine... avec, comme conséquence, ce chiffre impressionnant de... 70 millions de personnes dans le monde se réclamant d'une origine irlandaise (dont 40 millions aux États-Unis). Une vingtaine de galeries organisées de façon thématique. Superbe muséographie jouant sur de séduisants jeux de lumière, des animations audiovisuelles interactives sophistiquées (et souvent ludiques pour les enfants). En outre, petits et grands visiteurs se mettent dans la peau d'un émigrant et se voient offrir un passeport à viser dans chaque salle. Vous ne manquerez pas d'être ému par toutes les formes d'émigration, économique et politique, à travers les siècles, si rudes et pathétiques (rappel des cruelles lois pénales du XVIIIe s). Passionnante, également, la réussite des Irlandais dans leurs nouvelles patries (États-Unis, Canada, Australie, Nouvelle-Zélande, France...) : hommes politiques (22 présidents américains sur 45 ont des origines irlandaises, de Jackson à Obama), industriels, scientifiques, écrivains, artistes, musiciens, acteurs de théâtre et de cinéma (Eugene O'Neill, Peter O'Toole, Maureen O'Sullivan, Grace Kelly, Jack Nicholson...). On peut ainsi suivre les histoires de près de 300 personnalités, certes moins connues que les vedettes précitées mais qui ont marqué l'histoire à leur manière. Quelques exemples : James Hoban, l'architecte de la Maison-Blanche à Washington, Sir Francis Beaufort qui laissa son nom à la fameuse échelle pour mesurer la force des vents ou encore Annie Besant, féministe, libre-penseuse et théosophe qui œuvra à l'indépendance de l'Inde, aux côtés de Gandhi.

Enfin, la Saint-Patrick se révèle la commémoration la plus connue, d'une portée universelle, fêtée dans la grande majorité des pays du monde (des centaines de milliers de personnes dans la rue à New York)... À la fin, photo souvenir. Gardiens très accueillants. Boutique particulièrement achalandée. Un vrai must !

DYNAMISME IRLANDAIS

En France, les exilés irlandais contribuèrent notamment au développement du cognac et du vin (en particulier Martell, Hennessy et autres Lynch). Quant au courage de la brigade irlandaise dans l'armée française, lors de la bataille de Fontenoy (1745), il fut déterminant dans la victoire ! Mac Mahon fut le 1er président de la IIIe République, et Samuel Beckett finit par écrire ses pièces en français.

Jeanie Johnston *(plan détachable F3)* **:** *Custom House Quay. ☎ 01-473-01-11. • jeaniejohnston.ie • Visite tlj à 10h, 11h, 12h, 14h, 15h et 16h (nov-mars, de 11h à 15h seulement). Entrée : 12 € ; réduc. Possibilité de billet couplé avec le Irish Emigration Museum : 26 €.* C'est la réplique exacte du bateau qui fit 16 voyages de transport d'émigrants vers le Nouveau Monde de 1848 à 1853. Ils arrivèrent quasiment tous vivants, alors que les bateaux concurrents affichaient des taux de décès qui pouvaient monter jusqu'à 30 % ! À fond de cale, vous découvrirez d'incroyables anecdotes et détails sur les raisons de l'émigration irlandaise et les atroces conditions de transport, essentiellement à travers les destins de quelques passagers emblématiques dont on a pu suivre la saga jusqu'à leur installation dans leur nouvelle patrie. Absolument passionnant, à condition de bien maîtriser l'anglais.

Balade rive nord : la rive nord, nous l'avons vu, ne renferme que peu de grandes beautés architecturales. Les bulldozers n'ont pas chômé (et ne chôment toujours pas !), mais le passé n'a pas encore complètement disparu.
On peut flâner dans le « *Bloomsland* », autour de ***Parnell Square*** *(plan détachable D2-3),* où « vécurent » les principaux héros de Joyce. Parnell Square renferme aussi le *jardin du Souvenir (Garden of Remembrance)* et un monument de bronze dédié à tous ceux qui donnèrent leur vie pour l'Irlande. Autour de Parnell Square, des demeures georgiennes, la *Municipal Gallery of Modern Art* et le *musée des Écrivains.* Au sud, le *Rotunda Hospital* (1750), qui fut la 1re maternité d'Europe. La rotonde qui lui est accolée servait à organiser des fêtes de charité pour financer l'hôpital. C'est aujourd'hui un cinéma. À côté, le *Gate Theatre.*
Tout ce quartier fut, au XVIIIe s, le symbole brillant de l'*ascendancy* anglo-irlandaise. Aujourd'hui, ruines, taudis et demeures georgiennes cohabitent bizarrement. Malgré les destructions nombreuses, certaines rues ou places n'ont pas été totalement défigurées et laissent deviner une ordonnance harmonieuse : *Upper Gardiner Street, Gardiner Place, Mountjoy Square.* La promenade s'achève à *Henrietta Street,* la rue la plus élégante du XVIIIe s, jusqu'à ce qu'en 1800 l'Acte d'union, en supprimant le Parlement irlandais, déplace le centre d'intérêt vers Londres et y ramène toute la bourgeoisie anglo-irlandaise.

Dublin City Gallery, The Hugh Lane *(plan détachable D2-3)* **:** *Charlemont House, Parnell Sq North. ☎ 01-222-55-50. • hughlane.ie • Bus nos 3, 4, 7, 10, 11, 13, 19 ou 46A. Tlj sauf lun 9h45 (11h dim)-18h (17h ven-dim). Entrée gratuite pour la galerie et l'atelier de Bacon. Don suggéré (2 €).*
Le musée occupe la magnifique *townhouse* du comte Charlemont (XVIIIe s), superbement rénovée. Admirer la salle d'apparat ovoïde, avec colonnes, stucs et verrière... En raison de ses fréquents échanges avec la National Gallery de Londres, le musée ne propose qu'une petite collection permanente, mais remplie d'œuvres de qualité. Elle porte beaucoup sur l'impressionnisme français, avec quelques toiles remarquables comme *Waterloo Bridge,* de Monet, qui connut pas moins de 41 versions ! Monet souhaitait capturer l'essence même de Londres, le poids de l'industrie, la foule, la lumière malgré le *smog*. Quelques Manet, Renoir, Pissaro ainsi qu'un Courbet. Sinon, on y découvre par roulement un panorama de l'art moderne et contemporain irlandais. Notamment Franck O'Meara, sir John Lavery et surtout, Walter Osborne, génial peintre de la rue et de son petit peuple (il travaillait avec un véritable œil de photographe). Quelques Jack B. Yeats *(There is no Night).* Et bien sûr, l'atelier de Bacon.

L'atelier de Bacon

En mai 2001, le musée a acquis une « pièce » exceptionnelle... le légendaire atelier de Francis Bacon, situé 7, Reece Mews, South Kensington à Londres. Cette acquisition tient du miracle. En effet, après la mort de Bacon (1992), qui fut à une époque le peintre vivant le plus cher du monde, John Edwards, son légataire universel, proposa de léguer son atelier à la célèbre Tate Gallery. Elle ne refusa pas formellement ce cadeau, mais tergiversa, fit traîner les choses en longueur, au point que le légataire finit par le proposer à la galerie municipale d'Art moderne de Dublin, ville qui vit naître Bacon. Cette dernière accepta avec enthousiasme. Musée, Ville, État prirent en charge le coût très important du transfert. L'atelier de Bacon était un véritable capharnaüm, un chaos incroyable qui n'avait pas bougé depuis 30 ans. Des dizaines de kilos de journaux, esquisses, revues, photos, documents,

BACON CRU

Isolé, autodidacte (et alcoolique), Bacon ne suivit aucun courant artistique. En 1944, il renia son travail et détruisit ses œuvres pour s'intéresser à un seul et unique thème, la figure humaine écrasée, torturée, afin de rappeler une évidence : l'homme n'est que de la viande qui souffre. Dès 1945, il devint célèbre !

pinceaux encrassés, tubes écrasés, objets et ordures de toutes sortes recouverts d'une épaisse couche de poussière. Les murs servaient de palette. Hors de question pour le musée de transporter le tout en vrac et de reconstituer l'atelier approximativement. On fit appel à une vraie équipe d'archéologues qui travailla comme sur un site traditionnel. On put reconstituer également les habitudes, les tics, les manies, les déplacements de Bacon dans l'atelier. Chaque objet, papier froissé, mégot de cigarette fut répertorié, photographié et numéroté. Reconstitution au poil de pinceau près ! Tout simplement génial. Comme beaucoup de créateurs, Bacon avait besoin de ce désordre intérieur, véritable défense, rempart indispensable contre l'Ordre (avec un grand « O ») qui sévissait dehors. À côté, on trouve une formidable « mise en pièces » audiovisuelle de l'atelier. Interactivité totale, pédagogie, didactisme pour expliquer ses techniques de travail (voir comment il tordait les photos pour obtenir ses corps déstructurés). Extraordinaire hommage. Merci la Tate !

***Dublin Writers Museum** (plan détachable D2) : 18, Parnell Sq North. ☎ 01-872-20-77. Tlj 10h (11h dim)-17h. Fermé à Noël et le Saint Stephen Day. Entrée : 8 € ; réduc. Audioguide gratuit en français.*
Abritée dans une magnifique demeure georgienne, qui a appartenu à George Jameson, cette collection à l'ancienne permet de mesurer la richesse du patrimoine littéraire dublinois et irlandais. La ville de Dublin à elle seule comptabilise à ce jour 4 prix Nobel de littérature, talonnés par un bon paquet d'autres écrivains plus ou moins renommés. Le musée offre par conséquent un large panorama de la littérature irlandaise, étayé par une foule d'objets personnels.
La collection comprend notamment *The Work of Edmund Spenser* (1679), un des ouvrages les plus anciens, un contrat de Jonathan Swift signé en 1733, la version la plus ancienne de *Molly Malone* (1790), des lettres de Thomas Moore, la 1re édition du *Dracula* de Bram Stoker (1897). D'Oscar Wilde, l'original de la *Ballad of Reading Gaol* (1899) et le programme d'un *Mari idéal.* Évocation de l'histoire de l'Abbey Theatre. Célèbre poème de Yeats : *1916.* Autres « pièces », les *Îles d'Aran* de Synge, un exemplaire d'*Ulysse* de 1930 dédicacé par James Joyce, des lettres de Sean O'Casey, la *Remington* de Patrick Kavanagh et son journal littéraire, la machine à écrire de Brendan Behan (qu'il envoya à travers la vitrine d'un pub un jour de détresse), sa carte syndicale de l'Union des peintres en bâtiment... De Beckett, le programme original d'*En attendant Godot* et un vieux livre de poèmes. Ne pas rater la *Gorham Library* et le *Hall of Fame,* à l'étage, avec le piano de Joyce (un Petrof qu'il avait à Trieste).

***The James Joyce Centre** (plan détachable D2-3) : 35, North Great George's St. ☎ 01-878-85-47. • jamesjoyce.ie • Tlj (sauf lun oct-mars) 10h (dim 12h)-17h. Entrée : 5 € ; réduc.* Installé dans une élégante demeure de 1784 (beau travail de stuc et moulures). Joyce n'y vécut pas, mais l'un des personnages d'*Ulysse* (Prof. Denis J. Maginni) y tenait une académie de danse. D'ailleurs, c'est grâce à cela qu'elle échappa à la destruction. En dehors des expos temporaires, on peut voir quelques portraits de Joyce et Nora Barnacle, une copie de son masque mortuaire et la porte originale du nº 7 Eccles Street (l'adresse de Leopold Bloom – la maison fut détruite en 1967, mais la porte fut sauvée et conservée pendant 30 ans dans un pub avant d'être récupérée par le Joyce Centre. Des bornes interactives permettent de prendre connaissance de son œuvre, en suivant les épisodes d'*Ulysse* chapitre par chapitre. 3 petits films complètent la visite (une dizaine de minutes chacun). D'intéressants itinéraires sont organisés par le musée à travers sa vie et ses écrits *(départ 14h, env 1h30 de balade ; au printemps et en été : 3 fois/sem ; en basse saison : seulement le sam).*
Boutique bien fournie.

***14 Henrietta Street** (plan détachable C3) : 14, Henrietta St. ☎ 01-524-03-83. • 14henriettastreet.ie • Mer-dim 10h (dim 12h)-16h. Entrée : 9 € ; réduc (visite guidée ttes les heures, durée 75 mn).* Ce musée, installé dans une demeure georgienne de 1748, permet d'aborder l'histoire de cette rue qui fut très chic au XVIIIe s. Tout au long du XIXe s, la rue se prolétarisa au point que la plupart des élégantes maisons georgiennes devinrent des habitations populaires *(tenements)* révélant une densité incroyable. Le n° 14 abritait, en 1883, 17 familles (plus de 100 personnes !). Il demeura un *tenement* jusqu'aux années 1970, et représente un témoignage exceptionnel des conditions d'existence de la classe la plus pauvre de Dublin. La restauration de l'édifice a laissé un maximum de choses en l'état. À l'époque, système électrique très rustique, plomberie inexistante, pas de toilettes...

RIVE NORD, PLUS À L'OUEST (STONEYBATTER)

National Museum of Decorative Arts and History *(plan détachable B3)* **:** *Collins Barracks, Benburb St. ☎ 01-677-74-44. • museum.ie/Decorative-Arts-History • Bus n° 90 depuis Aston Quay, arrêt de tram Museum. Tlj 10h (14h dim-lun)-17h. Fermé Vendredi saint et Noël. GRATUIT. Grand parking.* Cette vaste et ancienne garnison militaire de style néoclassique est l'œuvre de Thomas Burgh, à qui l'on doit aussi la bibliothèque de *Trinity College* et le *Dr. Steven's Hospital.* Elle fonctionna de 1706 à 1994. C'est ici que fut emprisonné et mourut en 1798 le grand leader des *United Irishmen,* Wolf Tone. En 1922, après la guerre civile, les Anglais rendirent ce site militaire aux Irlandais. Une partie de cet ensemble a donc été transformée en ce superbe musée. Espaces larges et agréables, très modernes, sur 4 niveaux. Nombreux écrans tactiles.

Rez-de-chaussée

– *The 1916 Rising :* à l'arrière de l'entrée principale du musée. De 1913 (grande grève générale) à 1923 (fin de la guerre civile), les 10 années les plus importantes de l'histoire de l'Irlande. Remarquable développement historique engendré par l'insurrection de Pâques 1916 et ses conséquences (exécutions, internements, déportations). Nombreux témoignages émouvants et documents exceptionnels : entre autres, un ordre signé de la main de Connolly, les certificats de décès originaux des fusillés de 1916, une lettre de Patrick Pearse, une autre du général anglais Lowe lui répondant qu'il n'acceptait qu'une reddition inconditionnelle, le traité de paix original de 1921, armes diverses, uniformes de la Citizen Army...

– Une très importante section, qui s'étend au 1er étage, est consacrée à l'histoire militaire de l'Irlande. Elle explique en quoi guerres et conflits (en particulier sous domination britannique) affectèrent le peuple irlandais dans l'île ou à l'extérieur.

Ne pas rater la *Stokes Tapestry* (tapisserie de Stokes) : Stokes était un militaire britannique en poste en Irlande. Il consacra 20 ans de sa vie à ce travail incroyable, bel exemple d'art naïf. 31 panneaux, formant une « tapisserie » avec 250 personnages racontant à leur manière son histoire dans l'armée britannique. Son travail fut montré en 1849 à la reine Victoria, qui put se voir au centre de la tapisserie, en compagnie du Prince Albert, son mari.

Tout sur les grandes guerres qui affectèrent l'Irlande (toutes quasi liées à la lutte pour l'indépendance) : 1594-1603 (1re défaite de la résistance irlandaise), 1641-1653 (Cromwell met l'Irlande à feu et à sang), 1689-1691 (les guerres jacobites, l'alliance avec la France). Défaite de la Boyne et fuite des Wild Geese de Patrick Sarsfield. On rappelle que la célèbre bataille de Fontenoy fut en grande partie gagnée grâce à l'Irish Brigade (drapeau original du Dillon Regiment). Irlandais dans la guerre d'Indépendance américaine, puis ceux engagés dans la guerre de Sécession où ils pesèrent significativement dans la victoire de leur camp. Poignant symbole de l'amitié séculaire entre la France et l'Irlande : une barque ayant appartenu à la Résolue, une frégate française, capturée par les Anglais à Bantry Bay en 1796 (expédition de Hoche pour soutenir les insurgés irlandais). Guerres sud-africaines (1898-1902). Guerre de 1914-1918 où des dizaines de milliers d'Irlandais moururent dans la bataille de la Somme. Hommage émouvant à James Connolly (maillot de corps qu'il portait au moment de l'attaque). Tragique épisode de la guerre civile entre pro- et anti-traité de paix en 1921-1922. Évocation détaillée de la Seconde Guerre mondiale.

- Enfin, dans un bâtiment à part, exposition consacrée à l'*Asgard* et à l'histoire d'Erskine Childers. Ce protestant, devenu favorable au nationalisme irlandais, partit une 1re fois à Hambourg, en mai 1914, pour négocier l'achat de fusils Mausers et des munitions. En juillet, il repartit sur l'*Asgard,* un ketch de 16 m, et revint à Howth, sous la tempête, et avec le chargement (1 000 armes !), destiné à équiper les *Irish Volunteers.* Les troupes gouvernementales tentèrent de s'en emparer, sans y réussir, mais 3 civils furent tués dans des échauffourées.

Après 1916, Childers rejoignit le Sinn Fein. Ironie de l'histoire, il mourut en 1922, fusillé par le nouvel état irlandais pour son refus d'approuver l'accord anglo-irlandais. Son fils, Erskine Hamilton Childers, a été président d'Irlande en 1973-1974.

1er étage

- On y découvre les *Curator's Choice,* choix personnels des responsables du musée. Environ 25 pièces variées, comme la *William Smith O'Brien Gold Cup,* une superbe robe de cérémonie, le *Fleetwood Cabinet* tout en argent, peintures et bois précieux (cadeau de mariage de Cromwell à sa fille), le *Fonthill Vase,* un vase du XIVe s, une des 1res porcelaines chinoises à parvenir en Europe...
- Sur le même niveau, l'autre aile abrite une importante collection d'argenterie irlandaise de tous styles et de différentes périodes (baroque, rococo, victorienne, néoceltique...) et de l'orfèvrerie religieuse. Ne pas manquer l'imposant sceptre de James Hewitt, lord Chancellor d'Irlande (1767-1789).
- *Out of Storage :* dans plusieurs salles des 1er et 2e étages, expo d'objets d'art divers. Argenterie, bronzes, vaisselle, instruments de mesure et scientifiques, balances, compas, montres, armures de samouraï, ivoires ciselés, objets cultuels des Indes, bijoux persans, statues, vases japonais, porcelaines et de beaux Delft... Tout cela présenté de façon fourre-tout où chacun reconnaîtra éventuellement ses objets préférés !

2e étage

Place au mobilier avec la section *Four Centuries of Furnishings,* où les styles les plus marquants sont répertoriés par périodes, de 1690 à nos jours. Là encore, baroque, rococo, néoclassique, néoceltique... Reconstitution de pièces des XVIIe et XVIIIe s (chambre à coucher et salle à manger meublées d'époque). Jolie harpe en bois de 1700. Riche collection de coffres anciens (peints, incrustés de nacre, bois ciselé...). Puis mobilier de la période contemporaine : Art nouveau, Art déco, années 1950... Intéressante également, cette série d'instruments scientifiques (microscopes, bel astrolabe, baromètres, appareils photographiques...).

3e étage

- Dans l'aile sud, *Irish Country Furniture* dédié au mobilier rural. Collection de meubles paysans, garde-manger ancien, vaisselier... Reconstitution d'une cuisine. Curieux lits (dont lit d'enfant en osier). Également des *Penal Crosses,* nœuds de moisson (marques d'amour de jeunes gens entre eux), de très beaux os sculptés (crucifix), assez rares, ainsi que des croix de sainte Brigitte et des empreintes de beurre, propres à chaque fermier. L'autre aile passe en revue les différentes modes vestimentaires de ces 3 derniers siècles en Irlande, et ses rapports avec les costumes et bijoux du continent. En particulier, de séduisants exemples de robes de l'aristocratie et de la bourgeoisie. Enfin, dernière section consacrée à la célèbre architecte d'intérieur Eileen Gray (1878-1976) qui eut tant d'influence au XXe s.
- Section d'art asiatique très riche, avec de superbes *thangkas,* des tissus brodés, des estampes (Tibet, Japon), des objets d'art, des figures de temple Ming...

I●I Au rez-de-chaussée, cafétéria agréable et pas chère.

Arbour Hill Cemetery *(plan détachable B3) : Arbour Hill. Rue passant derrière les Collins Barracks, quelques centaines de mètres avt d'arriver au Phoenix Park. ☎ 01-821-3021. Tlj 8h (sam 11h, dim 9h30)-16h. GRATUIT.* Heritage Site.

Pour ceux qui veulent compléter leur circuit historique de Dublin : c'est ici que reposent les dirigeants de l'insurrection de Pâques 1916, fusillés après la prise de la Grande Poste. Une belle église surplombe le cimetière, mais elle ne se visite pas.

Old Jameson Distillery *(plan détachable C3)* **:** *Bow St, Smithfield. ☎ 01-807-23-55. ● tours.jamesonwhiskey.com ● Bus nos 68, 69 ou 79 depuis Aston Quay ; LUAS, arrêt Smithfield. Tlj 9h (10h dim)-18h (dernier tour à 17h15). Visite guidée (obligatoire) ttes les 30 mn. Durée : env 45 mn. Entrée : 25 € ; réduc. Visite en anglais. Résa plus que conseillée.*
Dans les anciens entrepôts et distilleries Jameson, qui existent depuis 1780, présentation d'un des whiskeys les plus célèbres au monde, emblématique de l'Irlande. Sur ce site, la production s'arrêta en 1971 car il était devenu trop petit vu le développement de l'entreprise. Subsistent les imposants murs en pierre de taille, la haute cheminée de briques et, à l'intérieur, la solide charpente de bois, les vestiges des fours (sous les dalles de verre) et les grosses balances servant à peser les tonneaux. L'immense espace est désormais dédié à la dégustation. Souvent, la foule, assurant une grosse et bruyante animation touristique. Conférence-présentation toutes les 30 mn mais, malgré cela, on peut facilement attendre 1h ou plus aux heures de pointe. Quelques souvenirs épars du passé, panneaux livrant les grandes dates de la boîte, livres de comptes et bouteilles vintage pour orner votre attente. Puis, projection dans une grande salle ronde d'un audiovisuel retraçant l'histoire de Jameson. Dans une autre, on découvre le processus de production, suivies de tests pour étudier les différences de parfums après chacune des 3 distillations.
En gros, dans la *malt house*, on séchait l'orge dans des fours fermés. Puis, au 2e étage, une roue à aubes entraînait des meules qui broyaient les grains avant que l'eau soit ajoutée. C'est le *wort*, qui résulte du *mashing process*. Ce mélange, très sucré, était ensuite pompé dans de grandes cuves, où il fermentait. C'est alors qu'intervenait la triple distillation dans de grands alambics en cuivre. Enfin, venait la maturation dans des fûts de porto ou de bourbon.
La visite se termine par des tests olfactifs et gustatifs comparatifs entre whiskey irlandais, et whiskies américain et écossais, avant de se voir remettre un bon pour une dégustation dans le *lounge*.
Propose aussi des cours de cocktail *(50 € pour 1h)* ou de *blending (60 € pour 1h30)*, ainsi qu'un autre parcours un peu plus onéreux, avec dégustation de whiskey directement au fût !

Saint Michan's Church *(plan détachable C3)* **:** *Church St. ☎ 01-872-41-54. Mar-ven 10h-12h45, 14h-16h45 ; sam 10h-16h ; fermé dim-lun. Entrée (visites guidées) : 7 € ; réduc.* On peut y voir les restes de l'orgue sur lequel Haendel joua *Le Messie* en 1743, un tabouret de pénitence du XVIIIe s et des momies fort bien conservées dans les catacombes, dont celle d'un assassin qui eut les pieds et une main coupés. Dans le style, sachez qu'on dit que l'église a inspiré Bram Stoker pour *Dracula*...

Four Courts *(plan détachable C4)* **:** *Inns Quay, sur la Liffey. Ne se visite pas.*
Bâtiment de style un peu pesant où se barricadèrent les opposants au traité de partition de l'Irlande, en 1922. Les troupes de « l'État libre » bombardèrent le bâtiment pendant 8 jours (les Britanniques fournirent gracieusement canons et munitions). Ce fut le début de la guerre civile entre partisans et opposants du traité, qui fit plus de morts que la guérilla de 1919 à 1921.

RIVE NORD, ENCORE PLUS À L'OUEST

Phoenix Park *(plan détachable A3)* **:** *entrée principale sur Parkgate St. Bus nos 25, 25A, 66, 69... Les bus nos 10 et 10A mènent à l'extrémité nord-ouest du parc. Tlj, 24h/24.*

Un des plus grands parcs de ville au monde, bien que sectionné par des rues : 2 fois plus grand que Hampstead Heath à Londres. On y trouve la résidence du président de la République et celle de l'ambassadeur des États-Unis. De l'entrée, on aperçoit l'obélisque Wellington commémorant toutes ses victoires.

Le parc est aussi célèbre pour ses quelque 400 daims qui se mêlent tranquillement aux passants. On y trouve de nombreux terrains de sport, des jardins, des lacs, ainsi qu'un ***zoo*** au sud-est *(tlj sauf à Noël et le Saint Stephen Day 9h30-18h ; prix d'entrée élevé : env 20 € adulte, réduc).* Créé en 1830, c'est l'un des plus vieux zoos d'Europe. Le célèbre lion de la *MGM,* qui rugit sur les écrans du monde entier, y aurait été élevé. Attention, éviter les zones trop isolées, le parc n'est pas très sûr la nuit venue (le lion n'a rien à voir là-dedans) mais, dans les zones fréquentées, aucun problème.

Le ***Visitor's Centre*** *(mai-oct tlj 10h-17h45, en hiver tlj 9h30-17h30)* se trouve au nord du parc, près d'Ashtown Gate. Depuis l'entrée principale du parc, n'y aller que pour une longue balade, car il y en a bien pour 45 mn de ligne droite. Les bus n°s 37, 38 et 39, qui partent de Middle Abbey Street ou de Hawkins Street, s'arrêtent à Ashtown, sur la N 3. Abrite une petite exposition sur Phoenix Park, son histoire et son écosystème (gratuit). Intéressant et bien fait pour les enfants. À côté, la tour médiévale, Ashtown Castle, se visite.

TERRAIN DE GUERRE

Le 20 novembre 1920, pendant la guerre d'Indépendance, Croke Park fut le cadre d'un massacre perpétré par les milices paramilitaires britanniques, les terribles Black and Tans. À l'occasion d'un match de football, ces soldats s'étaient livrés à un véritable massacre, tirant sur la foule et tuant 12 spectateurs. Dès lors, les républicains irlandais promirent de ne plus jamais accueillir un sport britannique à Croke Park, et encore moins d'y entendre résonner l'hymne britannique. C'est pourquoi le rugby y fut interdit... jusqu'en 2007.

RIVE NORD, MAIS EN DIRECTION DU NORD-EST

Croke Park et GAA Museum *(musée des Sports gaéliques ; plan détachable E2)* **:** *Saint Joseph's Ave. ☎ 01-819-23-23 (musée). • crokepark.ie/gaamuseum • Accès par les bus (entre autres) n°s 1, 11 et 16A depuis O'Connell St ou à pied (compter 15 mn depuis Connolly Station). Tlj 9h30 (dim 10h30)-17h (18h juil-août). Dernière entrée 30 mn avt fermeture. Entrée : 7 € (14 € avec la visite du stade, juil-août ttes les heures 10h-16h, dim 10h-15h, en basse saison 11h-15h) ; réduc.* Le stade de 80 000 places appartient à la Fédération des sports gaéliques ; on y joue donc au *hurling* et au football gaélique. Le musée retrace, évidemment, l'histoire de ces sports (voir « Sports, jeux » dans « Hommes, culture, environnement » en fin de guide). Pour assister à un match, préférez le printemps ou l'été (les finales en septembre se jouent à guichets fermés). Agréable café, le *Blackthorn.*

À GLASNEVIN (NORD DE DUBLIN)

National Botanic Gardens *(hors plan détachable par D1)* **:** *entrée sur Botanic Rd. ☎ 01-804-03-00. • botanicgardens.ie • À 3,5 km du centre-ville. Bus n°s 43 et 83. Tte l'année : début mars à mi-oct, lun-ven 9h-17h, le w-e 10h-18h ; de mi-oct à fin-fév, tlj 9h (10h le w-e)-16h30. GRATUIT. Des visites guidées également (lun-sam 11h30 et 15h, dim 12h et 14h30) : 5 € mais gratuit le dim.* Un très beau parc qui ravira évidemment les amateurs de plantes en tout genre, mais pas seulement. L'aménagement des jardins avec ses sous-bois et ses points d'eau offre une balade bien relaxante. Créé à la fin du XVIIIe s, ce parc s'est constamment enrichi et a su conserver ses serres d'origine abritant des végétaux du monde entier.

Glasnevin Cemetery *(plan détachable C1)* **:** *Finglas Rd. ☎ 01-882-65-00. • dctrust.ie • Bus nº 40e depuis Parnell St. Tlj, tte la journée. Visites guidées appelées General History Tour (14,50 €/pers ; réduc) à 11h30 et 14h30 ainsi qu'à 15h30 le w-e ; une autre visite, appelée Dead Interesting Tour, a lieu le w-e à 13h. En juil-août, General History Tour chaque heure de 10h30 à 15h30. Le billet donne également accès au musée (lun-ven 10h-17h, w-e et j. fériés 11h-17h). Entrée musée seul : 6,50 €.* Ici sont enterrés de nombreux grands hommes de l'histoire irlandaise : O'Connell, Parnell, Michael Collins, de Valera, Jim Larkin... Étrange impression que donne ce vaste cimetière parfaitement calme, avec ses tombes parfois à moitié défoncées et ses hautes herbes par endroits. On peut suivre une intéressante visite commentée du cimetière, restituant très précisément le contexte social et politique. Une balade dans l'histoire extrêmement enrichissante (à condition toutefois de maîtriser suffisamment l'histoire de l'Irlande). Vraiment conseillé de prendre la visite guidée dans le cimetière. La découverte du seul musée se révèle en elle-même assez décevante et ne vaut pas le prix d'entrée.

On peut aussi monter tout en haut de la *Tour O'Connell* *(tlj 10h-17h)* : elle est restée fermée pendant 38 ans à la suite d'une explosion à sa base (1971). Autant le dire, c'est chérot : 9,20 € (et si vous combinez avec la visite guidée, il vous en coûtera 20,40 € !).

Bon à savoir enfin : si vous combinez la visite des jardins botaniques avec celle du cimetière, une porte vous permet de passer de l'un à l'autre.

Après, vous aurez bien mérité de boire un verre au pub ***John Kavanagh's,*** surnommé aussi *Gravediggers* (« creuseurs de tombes ») à cause de sa proximité avec le royaume des morts... C'est là que les fossoyeurs venaient écluser un gorgeon. Le pub n'a pas bougé depuis qu'il a ouvert, c'est-à-dire depuis... on ne sait plus. Ah ! si... 1833. Tout est en bois usé, raboté, patiné, poussiéreux, noir de nicotine. Un véritable voyage dans le temps. Attention, il y a 2 portes d'entrée, celle de droite donne sur la partie la plus récente dans laquelle il est possible de se restaurer à petits prix.

Courses de lévriers

L'une des distractions favorites des Irlandais. À voir au moins une fois, pour l'atmosphère bien particulière. Les dates des courses sont annoncées dans les journaux locaux ou sur le site de l'*Irish Greyhound Board (• grireland.ie •).*

– **Shelbourne Park** *(plan détachable G4)* **:** *South Lotts Rd. ☎ 1-525-36-669. • shelbourneparkgreyhound stadium.ie • En fait, il s'agit du stade Greyhound Race Track. Il se trouve au nord de Ballsbridge, sur South Lotts Rd, entre Bath Ave et Pearse St, à l'est de la ville. Bus nº 3 depuis O'Connell St. Les sam actifs, bus gratuit à 19h depuis Burgh Quay. En principe, ouv les mar, jeu, ven à 18h30 (1re course à 20h), sam à 18h (1re course à 19h40). Entrée : 10 € ; réduc. Parfois des promos.*

Le déroulement d'une course de lévriers a quelque chose d'insolite. Une quinzaine de preneurs de paris *(bookmakers)* sont alignés le long d'une palissade face à un stade de forme ovale mesurant 525 yards, soit environ 479 m. Rien que l'observation de ces *bookmakers* affairés est un régal : visages concentrés, yeux sans cesse en mouvement, oreilles tendues vers la foule... Juste avant la course, les éleveurs, aidés d'assistants, amènent les lévriers et les font entrer dans une sorte de boîte sur la ligne de départ, comme les chevaux à l'hippodrome.

Chaque chien porte un numéro. Ils sont présentés devant une tribune avant la course et vont se dégourdir les pattes sur la pelouse avant de pénétrer dans les boîtes. Puis c'est une course effrénée (un tour de stade) à la poursuite d'un faux lapin. Vitesse impressionnante : souvent plus de 80 km/h ! Après chaque tour de

stade, les bêtes rentrent au bercail, essoufflées, contrariées, puis on les remplace par d'autres lévriers plus frétillants. Et ainsi de suite jusqu'à 22h. Il y a une course toutes les 15 mn environ.
Les règles de ces courses n'ont pas changé depuis belle lurette, ni la passion effrénée des adeptes pour les paris. Les Dublinois y viennent le soir, après le boulot, pour se changer les idées et retrouver la bonne humeur du clan... C'est aussi, bien sûr, l'occasion d'écluser un gorgeon au bar, sous les tribunes.
À l'intérieur de cette grande salle, près des guichets des paris officiels, les mordus de lévriers peuvent suivre les courses sur des écrans de TV sans affronter la pluie et le vent (les bonnes manières se perdent !).
Pour parier soi-même, bien se renseigner avant sur la qualité des chiens en consultant vos amis ou voisins irlandais, voire le livret édité spécialement pour chaque compétition. De toute manière, le spectacle vaut vraiment le déplacement pour ce qu'il est.

DANS LES PROCHES ENVIRONS DE DUBLIN

AU NORD

Malahide Castle : *à* ***Malahide,*** *à 12 km au nord de Dublin. ☎ 06-171-12-22. • malahidecastleandgardens.ie • Bus n° 42 depuis Beresford Pl et train* DART. *Avr-sept, tlj 9h30-17h30 (dernier tour à 16h30) ; en hiver, dim et j. fériés 9h30-16h30 (dernier tour à 15h30). Entrée : 14 € ; réduc. Visites guidées en français ; durée : 45 mn. Jardins seuls : 7,50 € (réduc).* Un des plus vieux châteaux d'Irlande. Fondé par la famille Talbot au XIIe s et habité jusqu'en 1973, lorsque le dernier descendant de l'honorable famille s'est éteint. Collections de beaux meubles et portraits historiques. Jardins botaniques *(Talbot Botanic Gardens)* ouverts au public. Les enfants y apprécieront le nouveau *Fairy Trail* (parcours d'environ 1h15). Restaurant.
Charmante ***plage*** de sable fin, peu fréquentée, près du port de Malahide.

Howth : *à 12 km au nord-est de Dublin, sur une petite péninsule. Pour s'y rendre, le plus rapide est le* DART *direction Howth (terminus).* Port sympa : en 1914, Erskine Childers réussit à débarquer de son yacht près de 1 000 fusils qui servirent au moment de l'insurrection de 1916 (épopée de l'*Asgard*). Voir aussi, dans le village, les ruines de l'ancienne abbaye Saint Mary et son cimetière romantique.
➢ Possibilité de faire de belles balades, sans difficultés. Cartes (gratuites) à disposition au kiosque de l'office du tourisme sur le port. 6 km pour la plus courte *(Cliff Path Loop),* 10 km pour la plus longue *(Bog of the Frogs Loop).* Dans tous les cas on part à l'assaut ***de la péninsule.*** Possibilité d'aller jusqu'au *phare* (Bailey Lighthouse), à la pointe sud. Au large, *Ireland's Eye,* une réserve d'oiseaux restée assez sauvage. Navettes pour rejoindre l'île.

The House : *4, Main St. ☎ 01-839-63-88. Dans le village. Lun 8h45-16h, mar-jeu 8h45-21h30, ven-sam 8h45-22h30, dim 10h-21h. Plats à midi 12,50-19 €.* Early bird *(mar-ven 17h30-19h, sam 17h30-18h30) 29 € (3 plats) ; le soir, plats 19-30 €.* Maison chargée d'histoire. Ce fut, pendant la durée d'une mission à Howth, la demeure du célèbre William Bligh, le fameux capitaine du *Bounty* (celui de la mutinerie). Cadre sobre et lumineux, accueil délicieux et l'une des meilleures cuisines qui soient ! *Live jazz* le mercredi à 19h30 (réserver impérativement) et, le mardi, possibilité d'apporter son propre vin. Agréable terrasse dans le jardin l'été.

Beshoff the Market : *17-18 West Pier. ☎ 01-839-75-55. Lun-ven 9h-17h, w-e 9h-19h. Plats 17-22 €.* À côté de la poissonnerie, dans une vaste salle lumineuse (également des tables dans la poissonnerie même).

Mussel pot, monkfish & prawn pie figurent parmi les classiques de la maison, tout comme la salade de crabe (local) ou les huîtres de Clarenbridge. On trouvera aussi sur la carte un *Beef & Guinness stew* pour ceux qui auraient le mal de mer. Service agréable.

Newbridge House and Traditional Farm : *Hearse Rd, à* ***Donabate.*** *☎ 06-171-12-22.* • *newbridgehouseandfarm.com* • *À 19 km au nord de Dublin. En marge de la route de Belfast. Parc ouv de 9h à 21h mai-août, 20h avr et sept, 19h oct, 18h fév-mars, 17h janv. Ferme avr-sept, 10h-16h15. Maison, tours guidés avr-sept 10h, 12h, 14h et 16h (oct-mars 11h, 12h, 14h et 15h). Entrée : 8 € pour la ferme. Ticket combiné : 10,50 € ; réduc.* Élégante demeure du XVIIIe s, au milieu d'un grand parc. L'une des plus jolies décorations georgiennes du pays. Intéressant cabinet de curiosités, un des rares à avoir été conservé. Et grande ferme traditionnelle, avec les animaux et tout et tout... *Coffee shop.*

AU SUD

James Joyce Museum : *James Joyce Tower, à* ***Dún Laoghaire*** *(Sandycove Point).* *☎ 01-280-92-65.* • *joycetower.ie* • *À 1,5 km au sud du centre de Dún Laoghaire (prononcer « Dounne Liri ») et à 11 km de Dublin, sur la côte. DART jusqu'à la gare de Sandycove & Glasthule (puis marcher quelques centaines de mètres) ou bus n°s 7, 7 A ou 46a. Tte l'année, tlj 10h-16h (18h en juil-août). GRATUIT (mais petite donation bienvenue, car animé par des bénévoles).*

L'étudiant en médecine Oliver Saint John Gogarty s'était installé dans cette tour avec des amis et proposa à James Joyce de les rejoindre en août 1904. Celui-ci, âgé de 22 ans, commençait sa carrière d'écrivain. Il ne resta que 6 jours dans la tour ! Gogarty, que Joyce avait traité de snob dans l'un de ses poèmes, ne lui avait pas pardonné. Au cours de la 6e nuit du séjour, Samuel Trench, un ami de Gogarty, de passage, fit un cauchemar et crut voir une panthère noire dans la cheminée. Il s'empara alors brusquement d'un pistolet et tira dans l'âtre. Gogarty prit à son tour l'arme en hurlant : « Je me charge de lui ! » Il tira sur une batterie de casseroles accrochées au-dessus du lit de Joyce, qui détala sur-le-champ. Un mois après cette scène, il quitta l'Irlande avec sa compagne Nora pour l'Europe.

TOURS ET DÉTOURS

La baie de Dublin a compté une petite quarantaine de tours de défense. Les Britanniques, à l'époque du royaume anglo-corse (1794-1796), avaient été impressionnés par les tours génoises réparties sur le littoral corse, en particulier par la tour de Mortella, près de Saint-Florent. Ils s'en inspirèrent et en construisirent un peu partout pour prévenir une invasion napoléonienne. Mais en franchissant la Manche, Mortella devint... Martello ! On en trouve aussi au Canada, à Maurice ou en Australie...

C'est dans cette tour que l'écrivain situe la 1re scène d'*Ulysse,* où Stephen Dedalus (alias Joyce) prend le petit déjeuner en compagnie de Buck Mulligan (alias Gogarty) et d'un Anglais (probablement Trench). Dedalus décide alors de quitter la tour et ses amis pour s'en aller vivre seul...

En 1962, à l'initiative de Sylvia Beach, l'éditrice d'*Ulysse,* la tour fut transformée en musée joycien. Dans les petites salles d'expo, lettres, livres (1re édition d'*Ulysse* publiée à Paris en 1922), nombreuses photos d'époque, dessins, peintures, caricatures, petits souvenirs émouvants (sa cravate offerte à Samuel Beckett), son masque mortuaire, sa guitare... Remarquer notamment la photo d'un banquet littéraire en l'honneur de Joyce, en juin 1929, dans un village de la vallée de Chevreuse, près de Paris. Et bien sûr, Nora Joyce et son génial époux, qui semble si réjoui d'être enfin reconnu par un prestigieux cénacle de gens de lettres... Au

1er étage, la fameuse « *gloomy domed livingroom* », la chambre ronde décrite par Joyce dans *Ulysse*. Possibilité de grimper en haut de la tour.
Pour prolonger la visite, on peut repartir par le *Fitzgeralds Pub (11, Sandycove Rd, à l'angle avec Albert Rd Lower, tlj à partir de 11h)* où le souvenir de Joyce est pieusement entretenu.

Bray : *prendre le* DART *de Dublin en direction du sud.* Le Brighton irlandais s'est développé au XIXe s, le long de la grande plage de sable. Aujourd'hui, il a perdu beaucoup de son charme. On peut toutefois effectuer une très chouette balade de Bray à Greystones, entre mer et montagne. On débouche sur un petit port désolé, très pittoresque. À Greystones, le pub propose quelques remèdes bien réconfortants, comme l'*Irish whiskey* ou le *hot whiskey.* Ensuite, on rejoint en bus soit Dublin, mais le trajet est long, soit Bray avant de reprendre le *DART* pour la capitale.

QUITTER DUBLIN

En train

Connolly Station *(plan détachable E3) : Amiens St.* ☎ *01-703-23-58.* Consigne à bagages, cafétéria.
➢ ***Pour Drogheda :*** nombreux trains quotidiens. Trajet : 35 mn à 1h selon arrêts.

En bus

Terminal de Bus Eireann *(zoom détachable E3) : à Busáras, Store St. Bureau d'info :* ☎ *1850-836-611.* • *buseireann.ie* • *À 2 pas de Connolly Station. Bus Eireann* publie une brochure gratuite avec des horaires très complets (la demander à l'office de tourisme). Consigne à bagages.
➢ ***Pour Drogheda :*** nombreux bus quotidiens (ligne 100x et 101). Trajet : 1h-1h20 selon arrêts. Départ de Talbot St pour le 101, du Custom House Quay (devant le musée EPIC) pour le 101x.
➢ ***Pour Wicklow :*** une vingtaine de bus/j. (ligne 133). Trajet : env 1h30. Départ de Georges Quay.

En avion

➢ ***Pour se rendre à l'aéroport*** *(hors plan détachable par D1) :* depuis Heuston Station, O'Connell St ou Busáras par exemple, bus no 747. *Airlink :* ttes les 15-20 mn de 5h à 23h env. Également avec *Aircoach* et les lignes de bus classiques (voir « Arrivée à l'aéroport »).

En bateau

■ ***Irish Ferries :*** *au port de Dublin.* ☎ *0818-300-400.* • *irishferries.com* • Liaisons avec Holyhead (pays de Galles). Env 4 départs/j. Traversée avec le ferry rapide en 1h50 env. Également une liaison avec Cherbourg, sur le navire mixte W.B. Yeats.
■ ***Stena Line :*** *au port de Dublin.* ☎ *01-204-77-77.* • *stenaline.ie* • Liaisons avec Holyhead (pays de Galles). Bus partant de Westmoreland St pour le terminal de la *Stena Line* en liaison avec les départs.

LES MONTS WICKLOW

Dans cette région magnifique, paradis des randonneurs, se concentrent tous les paysages et les couleurs d'Irlande : collines dénudées ou couvertes de bruyère, tourbières, forêts, lacs, cascades spectaculaires et sentiers discrets se succèdent, parfois entrecoupés de vertes prairies.

GLENDALOUGH

IND. TÉL. : 0404

• Carte *p. 117*

La beauté romantique et paisible de Glendalough, « la vallée des 2 lacs », à l'écart et à l'abri du monde (à environ 50 km de Dublin) protégée par son écrin de montagnes, attira dès le VIe s l'ermite saint Kevin. Il fit sa maison dans une caverne sur les bords du lac Supérieur *(Upper Lake)*, jetant ainsi malgré lui les bases d'une grande et glorieuse cité monastique. On raconte de bien belles histoires sur cet ermite. La plus jolie relate comment Kevin, surpris dans sa prière par une corneille, demeura pendant des jours et des nuits immobile pour ne pas effrayer l'oiseau venu pondre dans sa paume. Il ne bougea pas, bras tendu, main ouverte, jusqu'à ce que les œufs éclosent et que la mère et sa nichée s'envolent ! Devenu l'abbé du monastère de Glendalough, Kevin mourut vers 618, mais l'endroit continua à rayonner dans toute l'Irlande pendant encore 6 siècles, jusqu'à ce que les raids vikings, l'invasion des troupes anglo-normandes au XIIe s, puis celle des armées anglaises ne précipitent le déclin de ce haut lieu du christianisme celtique. À partir du XIVe s, la lumière de Glendalough était déjà éteinte, laissant à leur solitude ces formidables pierres sculptées et ces croix si énigmatiques.

Arriver – Quitter

Glendalough se trouve à environ 50 km au sud de Dublin.

➢ ***En bus :*** *infos au ☎ 01-281-81-19.* • *glendaloughbus.com* • 2 bus/j. avec la compagnie *Saint Kevin's Bus.* Billets à acheter dans le bus : 13 € l'aller ou 20 € l'A/R (prévoir la monnaie exacte). Départs de Dublin (St Stephen's Green North) à 11h30 et 18h (19h sam-dim et j. fériés mars-sept). Retour à 7h et 16h30 (9h45 et 17h40 sam-dim et j. fériés), au départ du *Visitor's Centre* ; juil-août, retour supplémentaire lun-ven à 9h45. Trajet : env 1h10-1h30. Arrêts à Bray et Roundwood. Autre possibilité avec les *Bus Eireann* à partir de la gare routière Busáras de Dublin *(☎ 01-873-42-22). Dublin Bus (• dublinbus.ie •)* a mis en place un *Glendalough and Powerscourt Tour.* Départ à 10h30, durée 6h30. Départ (tlj avr-sept, ven et/ou sam hors saison) du 59, O' Connell Street Upper. Compter 27 €/pers. Enfin, les tours organisés par *Wild Wicklow Tour* (voir ci-après « Adresses utiles »).

➢ ***En voiture :*** la route la plus chouette est la « route militaire » (la R 115), construite par les *British* pour mater les rebelles irlandais du Wicklow. Cette route débute au sud de Dublin après Rathfarnham, monte jusqu'au Sally Gap (un col balayé par les vents, d'une beauté à couper le souffle !) et redescend sur le versant en longeant de splendides cascades pour aboutir à Laragh, petit village où l'on bifurque à droite pour Glendalough. Superbe itinéraire. Parking payant (4 €) à l'arrivée.

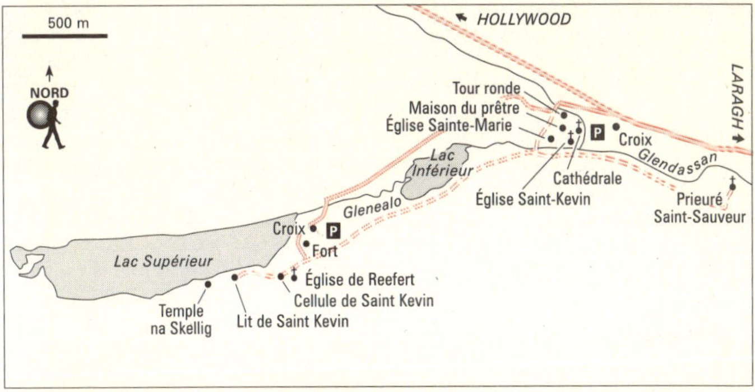

GLENDALOUGH

Adresses utiles

Glendalough Visitor's Centre : *à l'entrée du site. ☎ 45-325 ou 352. Tlj (sauf 23-29 déc) 9h30-17h (18h de mi-mars à mi-oct).* Pour 5 €, le *Centre* propose une petite exposition et une vidéo (en anglais) intéressantes sur la vie monastique, suivi d'une visite guidée du petit site. Sinon, l'accès aux lacs et aux environs est complètement libre. Cartes détaillées de toutes les balades à faire dans la région et une brochure en français (payante).

Information Office : *au bord du lac Supérieur de Glendalough. ☎ 45-425. • wicklowmountainsnationalpark.ie • Mai-sept, tlj 10h-17h30 ; le reste de l'année, le w-e de 10h à la tombée de la nuit.* Un petit centre d'information sur le parc où l'on trouve différentes cartes pour les randonnées et des infos sur la faune et la flore des monts Wicklow.

Wild Wicklow Tour : *14, Lower Albert Rd, Sandycove. ☎ 01-280-18-99. • wildwicklow.ie • Plusieurs points de départ de Dublin (8h50* Shelbourne Hotel, *St Stephen's Green ; 9h20* Gresham Hotel, *O'Connell St et 9h40,* Ballsbridge Hotel, *Pembroke Rd) ; retour vers 17h30-18h, au* Ballsbridge Hotel *et à Trinity College. Tarif : 33 € ; réduc.* Propose un tour organisé d'une journée dans la région, au départ de Dublin. Très bien fait et sympa, parfait quand on manque de temps.

Où dormir ?

Camping

Roundwood Caravan Park : *à* **Roundwood.** *☎ 01-281-81-63. • dublinwicklowcamping.com • À la sortie nord du village. De fin avr à début sept. Résa conseillée. En hte saison, 30-32 € pour 2 avec tente et voiture. CB refusées. Douches payantes.* Un camping aux emplacements bien délimités mais relativement peu nombreux (environ 70) ; mieux vaut téléphoner avant. Sanitaires bien tenus. Chiens acceptés si tenus en laisse. Beaucoup de monde en été.

Bon marché

Glendaloch International Youth Hostel : *1 km après le* Visitor's Centre. *☎ 45-342. • anoige.ie • Tte l'année. Arriver avt 22h30. Selon saison et j. de la sem, nuitée 17,50-22,50 € en dortoir 6-10 lits, 53-65 € pour une double ; petit déj en sus.* Pourtant située au cœur du site, cette vaste bâtisse de 126 lits n'a rien de monacal ! Impersonnelle certes, mais fonctionnelle et bien tenue. Cuisine à disposition, repas possible à prix modique.

Glenmalure Hostel : *☎ 01-830-45-55 (bureau de Dublin). • anoige.ie • Perdue dans les monts Wicklow, à 4h de marche de Glendalough pour les randonneurs, mais possible de s'y rendre en voiture. Ouv seulement juin-août ainsi que le sam soir tte l'année. Résa obligatoire. Compter 18-19 €/pers.* Pas de téléphone, ni d'électricité, ni d'eau : c'est un refuge de montagne. Seulement 24 lits en 2 dortoirs et 2 quadruples. Très peu fréquenté, car loin de tout, ce qui fait aussi son charme. Bien pour randonneurs solitaires cherchant un simple abri pour la nuit ou une immersion complète dans la nature. Prévoir ses provisions : pas d'achat possible à moins de 13 km à la ronde !

De prix moyens à chic

Riverside B & B : *Riverside,* **Laragh.** *☎ 45-840. 📱 086-609-32-10. • riversidelaragh.com • Mars-oct. Double 100 €, petit déj compris.* Une grande demeure chaleureuse de style contemporain, dans un agréable jardin. 4 chambres impeccables et spacieuses, et possibilité de louer une petite maison en bord de rivière pour 120 €.

The Coach House : *à* **Roundwood,** *en face du* Roundwood Inn. *☎ 01-281-81-57. • thecoachhouse.ie • Une demi-douzaine de doubles 100-110 €, petit déj compris.* Ancien relais de poste à l'architecture de charme. Excellent confort, chambres *en suite* de style contemporain et ambiance douillette. Belle salle à manger avec coin canapés et box pour une cuisine classique bien troussée. Bar et terrasse sur cour.

The Glenmalure Lodge : **Glenmalure,** *à côté de Drumgoff. ☎ 404-46-188. • glenmalurelodge.ie • Tte l'année. Double 100 €, petit déj compris. Service en continu jusqu'à 21h.* Un lodge de 1801, une longue et solide bâtisse de pierre offrant une quinzaine de chambres de bon confort. Dans la partie ancienne, un charme vieillot. La nº 2, à l'angle, est vraiment bien. Sur l'arrière, certaines sont plus petites, demander à voir avant de choisir. Environnement agréablement calme. Le bon vieux feu de tourbe crépite dans l'âtre. Bonne cuisine à prix fort raisonnables. Aux beaux jours, grandes tables dehors.

Chic

Wicklow Way Lodge : *Oldbridge,* **Roundwood.** *☎ 01-281-84-89. • wicklowwaylodge.com • Depuis le centre de Roundwood, suivre la route du lough Dan : c'est indiqué. Fermé oct-mars inclus. Doubles 110-115 €, petit déj compris.* Une vaste maison moderne aux allures de chalet de montagne. Chambres confortables et lumineuses (dont une familiale, accueillant jusqu'à 5 personnes), parfois dotées d'un balcon avec vue plongeante sur la vallée (nos préférées). Également un cottage « romantique » (location minimum 4 nuits). Excellent point de départ pour des randonnées, que l'hôtesse de maison ne manquera pas de vous indiquer.

Où manger ? Où boire un verre ?

Roundwood Inn : *Main St,* **Roundwood.** *☎ 01-281-81-07. Service tlj 12h-21h. Plats 12-17 €.* Cette grande bâtisse blanche du XVIIe s, reconnaissable à ses bois de cerf, attire tous les randonneurs des environs. Réfugiés à côté de la cheminée ou solidement arrimés au comptoir, ils y évoquent dans la bonne humeur les péripéties de la journée. Nourriture solide de pub, propre à ragaillardir n'importe quel marcheur. Plus cher au resto.

Byrne & Woods : *à l'entrée de* **Roundwood,** *en venant de Wicklow. ☎ 01-281-70-78. Tlj 12h (15h mar et ven, 16h mer-jeu)-23h. Bar menu : plats 8,50-14,50 €. Le soir, plats 13-28 €.* Cadre très confortable pour une bonne cuisine traditionnelle à prix raisonnables. Box, banquettes et grosses tables dehors. Plats de viande bien tournés.

Wicklow Heather Restaurant : *à* **Laragh.** *☎ 45-157. Dans le centre du village, en direction des lacs. Service* *tlj jusqu'à 21h30 (22h sam). Plats principaux env 12-20 € midi, 16-29 € soir.* On s'installe dans l'une des 3 grandes salles chaleureuses, aux murs de brique et plafonds en bois, décorées, entre autres, d'éditions rares, ou, l'été, sur l'immense terrasse. Cuisine variée et plutôt copieuse. Toute la région (ou presque) s'y retrouve pour le *Sunday lunch.* Plutôt animé, donc, en particulier les soirs de week-end.

Lynham's (Jakes Bar) : *en plein centre de* ***Laragh.*** ☎ *45-345. Lunch 11h30-14h et soir 17h30-21h. Bar jusqu'à 22h30. Plats env 15-27 €.* Un chouette pub traditionnel, plein de coins et recoins. Boiseries, feu qui crépite dans la cheminée... Concerts traditionnels ou rock le samedi soir. Accueil chaleureux et avenant. Propose aussi une quinzaine de chambres d'excellent confort *(110-150 € la double).*

À voir

Le ***Wicklow Mountains National Park*** est un site extraordinaire qui attire beaucoup de monde le week-end... Venir tôt, ou tard pour le magnifique coucher de soleil sur Upper Lake, très attendu par les photographes. Se garer au parking (payant) du *Visitor's Centre,* puis rejoindre le ***lac Supérieur*** en suivant la *Green Road Walk.* Très jolie balade fléchée d'une vingtaine de minutes. Pour marcher, beaucoup de choix : une dizaine de circuits balisés sillonnent le pourtour des lacs et les pentes du mont Mullacor. Itinéraires aux paysages variés, allant de 2 à 11 km, plats ou pentus.
Difficile de rater la ***tour ronde,*** la 1re curiosité que l'on remarque dans le romantique cimetière. Il s'agit d'une tour-clocher en granit, de 30 m de haut, destinée autrefois à servir de repère aux voyageurs et aux chevaliers errants dans la brume. Elle servait aussi de tour de guet. En cas d'attaque, la petite communauté se réfugiait à l'intérieur à l'aide d'une échelle donnant accès à la petite porte située à 3 m du sol. La légende veut que, lors des invasions vikings, les moines y enfermèrent leur or. Le toit conique a été reconstruit en 1876. Tout autour, dans un joyeux désordre, beaucoup de pierres tombales, très anciennes, ornées de belles calligraphies. À côté, la ***cathédrale*** se résume aux ruines d'une nef du XIIe s, à l'origine l'une des plus vastes d'Irlande. En revanche, la petite ***église Saint-Kevin*** force l'admiration avec sa toiture entièrement constituée de pierres et surmontée d'une petite tourelle ronde. Charmant.
Les derniers vestiges s'échelonnent le long du ***lac Supérieur,*** un superbe disque moiré frangé de falaises boisées. On y déniche notamment la ***cellule de saint Kevin,*** la retraite de l'ermite dont il ne reste pas grand-chose ou le ***temple na Skellig,*** les traces d'une église construite par le saint. Située sur la rive sud du lac, elle n'est accessible qu'en bateau.

DANS LES ENVIRONS DE GLENDALOUGH

Luggala Lake *(appelé aussi lough Tay ou loch Té)* **:** *sur la route de Roundwood à* ***Sally Gap,*** *à une vingtaine de km au nord de Laragh. À VTT, emprunter la Wicklow Way à Glendalough, qui est cyclable. En voiture, prendre la R 115 partant de Laragh en direction de Sally Gap, puis revenir par Roundwood.* Cette boucle permet de découvrir l'un des plus grandioses paysages d'Irlande. Y aller de préférence au crépuscule. Le lac s'étend au fond d'un cirque de hautes collines, âpres et sauvages. Sa forme évoque vaguement une harpe. Sur la rive nord, derrière un gros bouquet d'arbres, se cache un manoir, le *Luggala Lounge,* l'ancien pavillon de chasse de la famille Guinness. Le plus drôle, c'est que les eaux noirâtres du lac (couleur de la bière brune) se terminent par une plage de sable crème (couleur de la mousse), évoquant ainsi une pinte de *Guinness* !

En 1951, le cinéaste John Huston vint en Irlande pour la 1re fois, invité par l'une des 3 sœurs Guinness. Il fut conquis ! C'est là également que John Boorman tourna le début (l'épée sortant de l'eau) et la fin d'*Excalibur* (quand Perceval la jette dans les eaux sombres du lac).

Russborough House : *à 30 km de Glendalough et à 5 km au sud de Blessington. Rens : ☎ (045) 865-239. • russborough.ie • Bus nº 65 de Dublin à Blessington. Mars-fin déc, tlj 10h-18h (dernière admission à 17h). Entrée : 12 € ; réduc.* L'un des plus beaux châteaux d'Irlande, construit entre 1740 et 1750 par Richard Cassels, l'architecte du Powerscourt Castle. Il est impressionnant, pas tant par son architecture extérieure de style palladien, assez austère, que par la prodigieuse décoration intérieure : stucs, fresques, tapisseries, meubles, objets d'art rares... Mais sa véritable richesse demeure la collection de peintures réunie par sir Alfred Beit, avec de grands maîtres européens comme Rubens ou Gainsborough. Également un labyrinthe *(maze),* auquel on peut accéder indépendamment *(3 €).*

ON SE FAIT DES TOILES ?

Les collections de peintures du château de Russborough ont été cambriolées pas moins de 4 fois, de 1974 à 2002, la 1re fois par un commando de l'IRA et la 2e par Martin Cahill, un célèbre cambrioleur surnommé le Général. Le tableau à la plus grande valeur marchande, un Vermeer (Femme écrivant une lettre et sa servante), *fut ainsi volé 2 fois et 2 fois retrouvé ! Depuis, il a été confié, avec 16 autres tableaux, à la National Gallery de Dublin où il est plus en sécurité.*

Balades dans le coin

À Glendalough, descendre vers les lacs et prendre les *nature trails.* Une carte est nécessaire, bien que les sentiers soient bien balisés, car il y a plusieurs pistes.

➢ De l'autre côté de la montagne Mullacor se trouve la ***vallée*** très perdue ***de Glenmalure,*** avec une AJ de poche au bout de la route (voir plus haut).

➢ Pour les marcheurs, un must : la ***Wicklow Way,*** de Marlay Park à Clonegal ; 127 km bien balisés. Altitude maximale : 661 m. Compter 7 jours pour tout faire tranquillement. Mais, marcheur confirmé ou néophyte, il y en a pour tous les niveaux. D'autant plus que les itinéraires sont variés et les paysages vraiment très différents.

– *Documentation :* carte East West Mapping *Wicklow Way Map Guide.* • *wicklowway.com* • Plus de 20 000 ha de parc, créé en 1991 pour préserver un site et un écosystème uniques, reposant sur un imposant socle de granit. L'érosion et le climat ont fait le reste, sculptant la pierre, creusant des lacs. Pas beaucoup de végétation, hormis les forêts de chênes autour de Glendalough. En revanche, on y trouve représentée la majeure partie des espèces animales vivant sur le territoire irlandais : cerfs sika et élaphes, renards, écureuils, chauves-souris et plus de 80 espèces d'oiseaux.

POWERSCOURT GARDENS ET POWERSCOURT WATERFALL

Powerscourt Gardens : *à une vingtaine de km de Dublin, au pied des monts Wicklow. ☎ 01-204-60-00. • powerscourt.com • Bus nº 44 de Dublin à Enniskerry (puis marcher 2 km) ou bus nº 185 depuis Bray. Tlj 9h30-17h30 (jusqu'à la tombée de la nuit en hiver). Entrée (jardins et château, 1er mars-31 oct) : 11,50 € ;*

réduc. Mars-nov, jardins seulement : 7,50 €. L'une des promenades dominicales préférées des Dublinois, sensibles à la beauté du château du XVIIIe s drapé dans ses magnifiques jardins et sa terrasse donnant sur les montagnes. L'ensemble, superbe, allie harmonieusement les styles italien et japonais, avec de très belles grilles en fer forgé et quelques statues majestueuses. Pas moins de 200 espèces d'arbres et d'arbustes. Préférer mai et juin, lors de la floraison des rhododendrons et des azalées.

– À 6 km des jardins, une jolie route conduit à la ***Powerscourt Waterfall*** *(tlj 9h30-19h en été, tlj de 10h30 au crépuscule en hiver ; entrée : 6,50 €, réduc).* La plus haute cascade d'Irlande dégringole avec force sur plus de 120 m, avant de continuer son chemin sous les arbres. Un endroit bucolique et puissant, qui ne laisse pas indifférent. D'ailleurs, ce cadre très photogénique a servi de décor à John Boorman, qui y tourna le combat entre Arthur et Lancelot dans son film *Excalibur* (1981). Bien avant lui, le cinéaste américain John Huston y avait tourné les 1res scènes de *Moby Dick* (1956). Le héros, Ismaël, marche seul près de la cascade et le long de la rivière, se dirigeant vers le port de New Bedford où il doit embarquer pour une chasse à la baleine à bord du *Pequod.* Forcément, risque de déception au plus fort de la saison touristique, lorsque les dizaines de voitures et de BBQ bouchent presque la vue (de plus, si le débit de la cascade n'est pas trop puissant !)... Venir si possible en semaine, un jour de crachin, pour éviter la foule et goûter pleinement à ce site magnifique. Prévoir de bonnes chaussures, car les 6 km qui séparent les jardins des cascades se font à pied (ou, au choix, en taxi).

Où dormir ? Où manger à Powerscourt Gardens et dans les environs ?

Knockree Youth Hostel : *Lackandarragh,* ***Enniskerry.*** *☎ 01-276-79-81. • anoige.ie • À 6 km à l'est d'Enniskerry. De Dublin, prendre le* DART *jusqu'à Bray, puis le bus n° 185 jusqu'au Shop River Terminus. Tte l'année. En hte saison, dortoirs 5-6 lits 18-23 €/pers, doubles env 55-65 €.* Superbe AJ suivant les normes de haute qualité environnementale. Les chambres et les dortoirs sont spacieux et ont leur propre salle de bains (sauf pour ceux à 6 lits). Couleurs vives, déco design, le contraste avec la nature environnante donne au lieu un vrai brin de fantaisie. Nombreux services : location de vélos, billards, laverie, cuisine, et même des *packs lunch* pour les pique-niques.

Le resto de Powerscourt Gardens (Avoca Café) : *☎ 01-903-21-16. Tlj 9h30-16h30 en continu. Plats env 10,50-15 €.* Salades copieuses, soupes, sandwichs, quiches, quelques plats chauds à prix abordables. Beaux gâteaux maison. À emporter pour le chemin du retour (côté boutique, à l'extérieur du château) ou, mieux encore, à déguster sur la sublime terrasse dominant le parc.

DROGHEDA ET LA VALLÉE DE LA BOYNE

DROGHEDA (DROICHEAD ÁTHA)

30 400 hab. IND. TÉL. : 041

À une cinquantaine de kilomètres au nord de Dublin, Drogheda est une ville tristement marquée par l'histoire. C'est en effet ici qu'en 1649, Cromwell et ses « Côtes de fer » massacrèrent toute la garnison, pourtant majoritairement anglaise (selon les sources entre 2 000 et 4 000 morts) et vendirent femmes et enfants survivants aux Barbades. Cromwell massacra beaucoup, mais nulle part en Irlande il ne manifesta autant de cruauté qu'à Drogheda.

Arriver – Quitter

– ***De/vers Dublin :*** bus 100x (direct) de la gare des bus de Dublin (ou le 101 mais il s'arrête un peu partout en cours de route).

Adresse utile

ℹ ***Office de tourisme :*** *The Tholsel, West St. ☎ 987-28-43. • drogheda.ie • Lun-ven 9h30-17h30. En plein centre, au croisement, quand on vient de North Quay, de Shop St et de West St.* Demander la brochure Drogheda Walks (4 balades de 1,5 à 6,5 km).

Où dormir ? Où manger ?

■ ***Windsor Lodge :*** *1, The Court, North Rd. ☎ 98-41-966. • barwindsorlodge.com • À 1 km à peine au nord du centre. Tte l'année. Double 80 €.* Grande maison, à proximité de la route (ce qui en dissuadera certains), mais question confort, rien à redire : chambres spacieuses, petit déj bien copieux dans une agréable véranda, salon avec cheminée.

■ ***Killowen House :*** *Dublin Rd. ☎ 98-335-47. 📱 087-830-45-09. • killowen.house@gmail.com • Sur la R 132 (Old Dublin Rd), vers le sud, à 3 km du centre. Double 90 €. Venant de Dublin, pancarte sur la gauche, juste avt Moore Lodge et le 1er rond-point. Venant de Drogheda, passer le 1er rond-point (au niveau du centre commercial Southgate), puis le 2e (et pancarte à droite).* Dans une zone résidentielle, assez loin de la route. Tranquillité assurée. Grande villa proposant des chambres tout confort. Beau jardin. Parking privé.

I●I 🍷 ***Black Bull Inn :*** *Old Dublin Rd, Wheaton Hall. ☎ 98-37-139. Env 1,5 km au sud de la ville, sur la gauche. Tlj 9h30-23h30 (0h30 ven-sam, 23h dim). Plats 12-20 € (sauf les steaks env 20-29 €).* Early bird *(lun-ven 17h-19h30) 18 et 20 €.* Immense pub-resto, ou plutôt gastro-pub, offrant une excellente cuisine depuis plus de 30 ans. Possède ses propres producteurs, que du frais. Très populaire et particulièrement animé. Grands volumes intérieurs diminuant largement le niveau sonore. Ne pas être affolé par le côté usine, tout est maîtrisé ! Service dynamique et souriant. Une demi-douzaine de *juicy burgers,* poisson, pâtes, bons desserts.

À voir

Il subsiste quelques témoignages architecturaux de la ville médiévale, mais assez peu quand on sait que la ville était entourée de murailles avec 10 tours ! Au bout de la rue principale parallèle à la Boyne s'élève ***Saint Laurence's Gate,*** énorme porte de la ville, vestige des remparts. En haut, sur la colline, la ***Magdalen Tower,*** avec son arche gothique surmontée de 2 étages, est tout ce qui reste d'une ancienne abbaye. Au sud de la Boyne, dominant la rivière, le ***fort de Millmount*** est édifié sur un ancien tumulus celte, où l'on trouve un intéressant petit ***Musée régional*** *(mai-sept, lun-sam 10h-17h30h, dim et j. fériés 14h-17h ; oct-avr, mer et w-e 15h-18h. Le billet – 3,50 € – ne donne pas accès à la tour Martello, pour laquelle il faut débourser 3 € de plus, sauf si l'on opte pour le billet combiné à 6 €).*

Saint Peter's Church : *West St. Dans la rue principale.* On y voit la tête embaumée de saint Oliver Plunkett, archevêque d'Armagh, exécuté en 1681 par les Anglais après un procès truqué. Vieille porte de prison également exposée.

LA VALLÉE DE LA BOYNE

• Carte *p. 125*

Dans cette région où se déroula la célèbre bataille de la Boyne (1690) se trouve surtout le plus important ensemble préhistorique mégalithique d'Europe, qui figure sous l'appellation d'« ensemble archéologique de la vallée de la Boyne » ***(Brú na Bóinne),*** **dans la liste du Patrimoine mondial de l'Unesco. Bon fléchage d'un lieu à l'autre.**

Où dormir ?

Newgrange Lodge : *à* ***Donore,*** *à 3 mn à pied du site de Newgrange et Knowth. ☎ (041) 98-82-478. • newgrangelodge.com • Tte l'année. Lits en dortoir 15-20 € ; doubles 69-89 €. Parking gratuit.* Grande demeure en pierre en retrait de la route (ancienne ferme restaurée). Offre une vingtaine de chambres agréables et de bon confort, ainsi que des dortoirs de 6 et 10 lits très corrects. Sanitaires impeccables. Quelques chambres avec bain à remous *(bath tubes).* Lobby reposant et super deck-terrasse. Possibilité de camper sur un terrain adjacent *(15 € pour 2, petit déj au lodge en sus).*

Slane Farm Hostel : *Harlinstown House, à* ***Slane.*** *☎ 98-84-985. • slanefarmhostel.ie • En venant de Navan, prendre à gauche à hauteur du château de Slane, 1 km avt le centre du village. Congés : nov-janv. Compter 22 €/pers en dortoir 6-12 lits ; double 70 € ; 55 €/pers pour 1 appart en cottage (½ tarif moins de 12 ans). Possibilité de camping (12 €/pers).* Une adresse à la campagne à des prix défiant toute concurrence. Cet ancien corps de ferme rénové dispose de 2 dortoirs avec cuisine et laverie à disposition. Idéal pour les familles : 6 cottages aménagés dans les anciennes écuries avec tout le confort. Location de vélos.

Crannmór *(chez Anne O'Regan) : Dunderry Rd,* ***Trim,*** *Co. Meath. ☎ (046) 94-31-635. • crannmor.com • À 1,5 km au nord de Trim. Congés : nov-fév. Double 90 €.* Sympathique *B & B* dans une jolie demeure, style *georgian country house,* entourée d'un agréable jardin. Pas de demi-mesure question déco avec des meubles bien imposants, des bibelots parfaitement astiqués et une dominante de couleurs vives.

Où boire un verre ? Où écouter de la musique ?

Berningham's : *7, Ludlow St, à* ***Navan.*** *☎ (046) 90-28-483. Tlj 17h-23h.* Un des plus beaux pubs d'Irlande, avec toutes ses superbes boiseries d'origine, datant du début du XXe s. Pour les connaisseurs, une très grande variété de bons vins est en vente. Certains soirs de la semaine, *session* traditionnelle.

À voir

Brú na Bóinne – ensemble archéologique de la vallée de la Boyne : *à 8 km à l'ouest de Drogheda. ☎ (041) 98-80-300. Bus no 163 depuis Drogheda. Newgrange ouv tte l'année sauf 24-27 déc : fév-avr et oct, tlj 9h30-17h30 ; mai et 2de quinzaine de sept, tlj 9h-18h30 ; de juin à mi-sept, tlj 9h-19h ; nov-janv, tlj 9h-17h. Venir très tôt ; en hte saison, compter 1h-1h30 d'attente ! Knowth ouv 1er avr-1er nov, tlj 9h-18h30 ; de mi-sept à fin oct, tlj 10h-17h. Entrée : 18 € pour le tumulus de Newgrange, 12 € pour le tumulus de Knowth (incluant l'entrée au Visitor's Centre) ; réduc étudiants. Billets en vente seulement au centre d'accueil Brú na Bóinne, d'où l'on vous conduit en bus jusqu'aux sites. Heritage Site.* En attendant la visite, le centre d'accueil propose une exposition sur l'histoire du site, un diorama présentant les scènes de la vie au Mésolithique dans la vallée, des vidéos traduites en français, une reproduction grandeur nature d'une demeure du Néolithique, ainsi qu'une grande cafétéria.

Un peu d'histoire

La fondation de ce site remonterait à plus 5 000 ans, mais n'a été découvert qu'à la fin du XVIIe s et, comme toujours, par hasard. Des ouvriers pensaient ouvrir une carrière de pierre quand ils tombèrent sur de magnifiques blocs de pierres gravées. Il faut imaginer le tumulus à l'époque, en partie effondré, une mini-forêt lui ayant poussé dessus. Le site fut fouillé de 1962 à 1975, ce qui permit de comprendre l'importance du soleil pour cet endroit. Sur l'ensemble des 3 tumulus, on découvrit plus de 300 pierres ornées de figures rupestres, représentant 60 % de l'art mégalithique du Néolithique en Europe !

La visite

– Le ***tumulus de Newgrange*** (en anglais *Passage Grave*), de 85 m de diamètre et couvrant 0,5 ha, est loin d'avoir révélé tous ses mystères. On évalue qu'il fallut 200 000 t de pierres et de terre pour l'édifier. À l'intérieur, grand couloir avec des pierres dressées, chambre funéraire, roches ornées de volutes et spirales. Dans la chambre, noter la superposition des pierres de la coupole, particulièrement élaborée. Dans une petite pièce contiguë, vaste vasque. Les archéologues purent constater que, grâce à un système de drainage des eaux particulièrement ingénieux, pas une goutte d'eau ne pénétra le sanctuaire.
Tous les ans, au moment du solstice d'hiver (le 21 décembre à 8h58), le soleil pénètre jusqu'au cœur de l'édifice par une petite fenêtre au-dessus de l'entrée principale. À cet instant précis, le génie des constructeurs est en phase avec celui de la nature. Le rayon du soleil court au long des 19 m du couloir et vient illuminer le sanctuaire. Pour assister à cette visite unique et émouvante, pensez

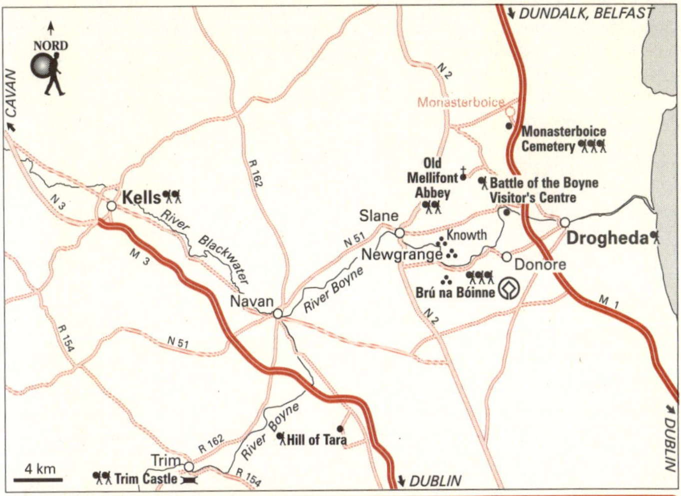

LA VALLÉE DE LA BOYNE

à déposer votre nom à la loterie du centre. Une cinquantaine de noms est tirée au sort chaque année ! Pour les malchanceux, l'arrivée du soleil est gentiment reconstituée à chaque visite.

– Le ***tumulus de Knowth,*** moins spectaculaire, est tout de même la plus grande tombe à galerie de la vallée de la Boyne. Surtout, elle présente 127 très intéressantes pierres gravées, disposées tout autour du tumulus. Les guides ont souvent d'amusantes interprétations des graphismes, spirales et autres cercles gravés.

Le site fut longtemps occupé, notamment à l'âge de bronze, puis par les Celtes et à l'ère chrétienne. Vers l'an 900, il fut transformé en fort par le clan O'Neill, puis occupé par les Normands au XIIe s et abandonné le siècle suivant. Tout autour, vestiges de ces périodes.

Battle of the Boyne Visitor's Centre : *Oldbridge, à 4 km à l'ouest de Drogheda. ☎ (041) 98-09-950. • battleoftheboyne.ie • Depuis Drogheda, on peut accéder au site à pied ou à vélo par une belle promenade aménagée de 4 km le long de la rivière. Par la route, c'est à 8 km. Tlj 9h-17h (16h oct-avr). Entrée au Visitor's Centre : 5 € ; réduc (accès libre au site).* Heritage site. La bataille de la Boyne (1690) est l'un des événements les plus importants de l'histoire irlandaise. La défaite de la coalition de 25 000 soldats irlandais catholiques et français conduits par Jacques II face aux partisans protestants de Guillaume III (Guillaume d'Orange) imposa la domination anglaise en Irlande et réduisit du même coup les prétentions françaises sur la couronne d'Angleterre. Ce coup de force est retracé au *Visitor's Centre* au travers d'une petite mise en scène et d'un film (13 mn) destinés avant tout à ceux que les questions de stratégie militaire intéressent. Le site lui-même, un beau et grand parc, est un lieu de promenade agréable, où l'on croise des locaux.

Le *Tea Pavilion,* dans le *Walled Garden,* constitue un bon endroit pour faire une pause.

Monasterboice Cemetery : *à 6 km au nord de Drogheda (bien signalé). D'avr à mi-oct. GRATUIT.*

Dans ce petit cimetière perdu dans la campagne s'élève la croix de Muiredach (Muiredach's Cross ou South Cross), probablement la plus belle croix sculptée d'Irlande (Xe s), vestige d'un monastère fondé au VIe s. Véritable B.D., elle a la particularité d'être sculptée sur toutes ses faces. Sur la « tête » de la face est (côté entrée), on reconnaît nettement le Jugement dernier. Sur la face ouest (côté tour), une Crucifixion orne la « tête ». En dessous, 3 scènes : le Christ entre Pierre et Paul (clé et livre comme symboles), puis l'Incrédulité de saint Thomas et, tout en bas, l'Arrestation du Christ. Sur les tranches, festival d'entrelacs et de graphismes gaéliques. Le cimetière abrite également une tour ronde bien conservée et 2 autres croix sculptées d'un grand intérêt.
La West Cross, très haute, présente une grande variété de scènes à personnages, hélas assez effacées par les outrages du temps. Elle est, elle aussi, surmontée d'un reliquaire (en forme de châsse). Côté ouest (face à la tour), Crucifixion également.
Enfin, un peu isolée au fond du cimetière, la North Cross à l'ornementation beaucoup moins riche.

Old Mellifont Abbey : *à 6 km au sud-ouest de Monasterboice. ☎ (041) 98-26-459. Visites guidées début juin-début sept, tlj 10h-18h. Entrée : 5 € ; réduc.* Heritage Site. Cette abbaye cistercienne fut fondée au XIIe s par Malachy, archevêque d'Armagh. C'est ici que se rendit le grand Hugh O'Neill à lord Mountjoy, en 1603 (la 1re véritable défaite qui signait la fin de l'Irlande gaélique). Les ruines, ici, ne sont pas très spectaculaires, mais le lavabo, de forme octogonale, a encore belle allure. Quelques arches romanes du cloître subsistent également.

Kells (Ceanannas) **:** *à 15 km à l'ouest de Newgrange. Rens à l'*Heritage Centre *: ☎ (046) 92-47-508. Tlj 9h30-17h30 (fermé dim sept-juin). GRATUIT.* Lieu de naissance du célèbre livre de poche enluminé visible à Trinity College à Dublin (dont on ne voit ici qu'un fac-similé). Sur le site du monastère, il y avait 4 croix : on y voit toujours la superbe croix sculptée de 3,3 m, la South Cross (près de la tour ronde qui est le seul vestige de l'ancien monastère). Datée du IXe s, elle fut dédiée à saint Patrick et à saint Colomba (ou Columbkille). Scènes bibliques et Crucifixion.

Trim Castle : *à l'ouest de Drogheda. Tte l'année : de mi-mars à fin sept, tlj 10h-17h ; de mi-fév à mi-mars et oct-début nov, tlj 9h30-16h30 ; le reste de l'année, seulement le w-e 9h-16h. Entrée (visite guidée, sauf le donjon) : 5 € ; réduc.* Heritage Site. Pour les amoureux de beaux châteaux médiévaux. Situé sur la Boyne, c'est le plus important édifice anglo-normand d'Irlande. Construit aux XIIe et XIVe s. Cromwell s'en empara en 1649. Donjon (avec tourelles d'angle) dont les murs font plus de 3 m d'épaisseur. De l'autre côté de la Boyne, le château de Talbot et les vestiges de l'abbaye Sainte-Marie (haute tour).
– Intéressant ***Heritage Town Centre,*** où l'on peut découvrir l'histoire de la vallée de la Boyne et de la ville. Également une cafétéria.

Hill of Tara : *non loin de Trim.* Tara est la colline où se réunissaient les rois d'Irlande jusqu'au début du XIe s. Daniel O'Connell, qui avait le sens des symboles, y organisa en 1843 un immense meeting de près d'un million de personnes. Possibilité de visiter le site *(de mi-mai à mi-sept, tlj 10h-18h ; 5 € ; réduc ;* Heritage Site*)*, mais rien de bien spectaculaire. À l'entrée, plan pour s'y retrouver dans les divers tertres et tumulus. Les découvertes qui y ont été faites sont exposées au National Museum of Archaeology de Dublin.

HOMMES, CULTURE, ENVIRONNEMENT

ARCHITECTURE

Le centre-ville de Dublin se caractérise par la relative homogénéité de ses bâtiments historiques. Au début du XIXe s, le développement de Dublin a été stoppé net quand le Parlement irlandais a été supprimé. La ville a stagné pendant des décennies et le patrimoine architectural a ainsi été conservé, faute d'initiatives et de nouveaux investissements. En clair, l'architecture victorienne n'a pas massivement remplacé le style georgien.
Le style architectural qui a dominé tout le XVIIIe s dans l'Empire britannique, et qui s'est même étendu jusqu'aux années 1820, a donc été nommé « georgien », du nom de 4 rois d'Angleterre successifs. Pour faire simple, ce style néoclassique s'inspire de l'architecture palladienne, inspirée par Palladio, le grand architecte italien du XVIe s (d'où parfois un autre nom, plus savant, de néopalladianisme).
Le Dublin médiéval avait commencé à évoluer dès le XVIIe s, notamment lorsque James Butler, duc d'Ormonde (1610-1688) avait pris une décision radicale : forcer les façades des maisons à faire face aux quais de la Liffey. Ainsi arrêterait-on de jeter les eaux usées, par l'arrière, dans les eaux de la rivière. On créa alors de véritables quais, afin de pouvoir circuler plus confortablement.
La période georgienne proprement dite débute dans les années 1720 avec la construction de bâtiments sur la 1re rue, Henrietta Street (à l'ouest de Parnell Square), qui fut le modèle type de la rue de style georgien. Car initialement, c'est au nord de la Liffey qu'il fallait être et c'est là, dans le *northside,* que l'on édifia les nouveaux bâtiments destinés à l'aristocratie. Tyrone House sur Marlborough Street, construite par l'architecte Richard Cassels (1690-1751), fut l'un des 1ers grands hôtels particuliers de la ville. D'autres grands architectes exercèrent leurs talents à Dublin : sir Edward Lovett Pearce (1699-1733) qui construisit l'ancien parlement, récupéré par la Bank of Ireland en 1804. Ou James Gandon (1743-1823), petit-fils d'un huguenot français réfugié en Angleterre : on lui doit plusieurs bâtiments importants (Custom House, Four Courts, King' Inns).
Parallèlement une commission pour l'élargissement des rues de la ville fut créée en 1757 : parmi les décisions prises, la création de l'axe nord-sud de Sackville Street (aujourd'hui O'Connell Street), puis l'élargissement de Dame Street, entre Trinity College, à l'est et Cork Hill, à l'ouest.
Le comte de Kildare, par ailleurs duc de Leinster, créa la surprise dans les années 1740 en décidant de faire édifier au sud de la Liffey Kildare House (devenue aujourd'hui Leinster House, siège du Parlement de la république d'Irlande), prédisant que les autres le suivraient. Il y mit les moyens : Kildare House, autre réalisation de Richard Cassels, fut bientôt la résidence aristocratique la plus grande de Dublin. Et bientôt, comme il l'avait dit, le *southside* devint le coin à la mode : Merrion Square, Fitzwilliam Square et Saint Stephen's Green en témoignent aujourd'hui.
Comme on s'en doute, les propriétaires de ces luxueuses résidences appartenaient tous à la petite élite protestante de la Church of Ireland (anglicane). Les choses commencèrent à changer avec la suppression, en 1801, de l'Irish Act of Union : certaines grandes figures de l'*ascendancy,* comme le duc de Leinster ou le vicomte de Powerscourt, quittèrent même Dublin et vendirent leur *townhouse.* Grandeur et décadence dans quelques cas : certains des hôtels particuliers les

plus luxueux, ceux du *northside,* devinrent des habitations collectives, des quasi-bidonvilles comme vers Mountjoy Square. Il faut dire qu'on n'avait pas forcément une grande sympathie pour ce patrimoine qui rappelait une période honnie... Aujourd'hui, c'est différent, et les Dublinois sont fiers de leur patrimoine.

BOISSONS

Que boire ?

On a dit de l'Irlande : « C'est un pays où il faut s'abstenir de tout, sauf de boire ! » Ici, de fait, la terre absorbe la pluie aussi bien que les Irlandais absorbent la bière !

– D'abord, parlons du ***whiskey*** irlandais. Ses laudateurs estiment que le *Scotch whisky* (écossais, donc) n'en est que le frère cadet, à l'exception, peut-être, de certains pur malt de plus de 20 ans d'âge, et qu'à côté du Jameson ou du Bushmills, ce que font les Écossais, eh bien, c'est de la bibine ! Plus délicat, plus fruité, plus équilibré, le whiskey surprend et séduit même certains de ceux qui avaient un jour décrété leur aversion pour le whisky.

D'ailleurs, on dit ici qu'il n'est de whiskey qu'irlandais et, pour certains spécialistes « en Jameson vit toute l'âme irlandaise ». À notre avis, les meilleurs crus parmi les plus répandus et les plus abordables : le Blackbush et, justement, le Jameson 12 ans d'âge.

ORIGINE CONTRÔLÉE

C'est en Irlande que le whiskey a été inventé. Eh oui ! Saint Patrick lui-même, grand voyageur, rapporta d'Égypte au Ve s un engin bizarre : l'alambic, qui servait jusqu'alors à distiller les parfums. Les Irlandais détournèrent rapidement l'engin pour la distillation à base d'orge et d'eau. À l'origine, on disait en gaélique uisce beatha *(« eau-de-vie »), devenu par altération whiskey. Les Écossais volèrent la recette de ce trésor « béni des dieux » et développèrent leurs industries grâce aux lois anglaises qui interdisaient aux Irlandais de distiller.*

La fabrication du whiskey se déroule en plusieurs étapes : tout d'abord le maltage, qui consiste à transformer l'orge en malt par la germination et le séchage. Place ensuite au brassage *(mashing),* qui transforme l'amidon contenu dans le malt en sucres par addition d'eau chauffée à haute température. La fermentation, 3e étape dans l'élaboration du whiskey, consiste en la transformation du sucre contenu dans le moût *(worting)* issu du brassage en alcool *(washing)* par l'addition de levures. Vient ensuite la distillation par laquelle est extrait l'alcool du *wash* (une sorte de bière à malt) par chauffage et condensation successifs. C'est par cette opération que le whiskey, distillé 3 fois, se distingue du scotch (whisky écossais qui a subi une double distillation) et du bourbon (whisky américain généralement distillé une seule fois). Le vieillissement en fût de chêne est l'ultime phase d'élaboration : la durée minimale est de 3 ans en Irlande. Depuis quelques années de nouvelles marques apparaissent, bien décidées à piquer des parts de marché comme la *Teeling,* 1re distillerie à se réinstaller à Dublin depuis le transfert en province de la production de *Jameson...*

– ***L'Irish coffee*** se prépare dans un verre ballon, préalablement rincé d'eau très chaude pour l'amener à la bonne température. On verse 1/3 de whiskey, 2/3 de café brûlant sucré à la cassonade et, chapeautant le tout, de la crème liquide battue qu'il faut laisser doucement couler sur le dos d'une cuillère pour qu'elle ne se mélange pas au café. On savoure lentement. Le secret consiste à très bien mélanger le sucre.

– Côté ***bières,*** il est bon de savoir qu'il faut un tour de main particulier pour servir le *stout* à la perfection, et les habitués n'accordent leurs faveurs qu'à quelques

« tireurs ». Vous apprendrez à mesurer du doigt la qualité du breuvage : il doit être servi à la température exacte. Malheureusement, les touristes imposent de plus en plus souvent leur goût pour les bières fraîches. La mousse, bien dense, doit aussi être crémeuse, onctueuse et subsister jusqu'à la fin. Un bon truc consiste à marquer ses initiales ou à dessiner un trèfle dessus et à vérifier qu'à la dernière gorgée les traces figurent encore. Les caprices de l'histoire ont fait de l'Irlande le pays du stout, tandis que l'Angleterre devenait la patrie de la *pale ale.* Le stout a pour origine l'incendie qui ravagea la City en 1666 : le roi Charles II décida d'utiliser les orges calcinées pour la fabrication de la bière. Il fut même le 1er à en boire avant d'en ordonner de larges distributions gratuites pour familiariser le peuple avec cette nouvelle saveur.

Goûtez évidemment la *Guinness,* qui est un « monument national ». Cette soupe d'orge fermentée, extrêmement nourrissante, apparaît à certains comme une sorte de boisson divine qui tient lieu de nourriture. C'est même une véritable religion. D'ailleurs, communier à la *Guinness,* c'est quand même autre chose que d'aller à la messe !

A GUINNESS, PLEASE !

Ce monument historique doit être servi à 6°. Au pub, elle est tirée en 2 fois, afin que la mousse, dense et crémeuse, puisse redescendre. On dit que cette tradition est d'origine religieuse : Arthur Guinness, le fondateur, aurait commencé à servir une pinte quand l'heure de la messe retentit. Il s'arrêta pour se recueillir et continua quand la cloche finit de sonner. Rituel immuable : verre penché à 45°.

Guinness, c'est d'abord le nom d'un homme, Arthur Guinness, qui décida en 1759 que son nom traverserait les siècles parce qu'il allait proposer une bière unique au monde. Il voyait loin, car lorsqu'il s'installa sur quelques ares de terrain au bord de la Liffey à Dublin, il signa un bail de 9 000 ans ! Actuellement, la *Guinness* a débordé : plus de 10 millions de verres sont servis chaque jour à travers le monde.

À Cork, et dans tout le sud-ouest du pays, les connaisseurs ont un sérieux penchant pour la *Murphy's* (stout plus doux que la *Guinness,* elle-même plus difficile à trouver dans le Sud). Selon eux, c'est l'une des rares bières qui ne donnent pas mal au crâne. Un autre stout qui marche bien dans la région, la *Beamish,* un peu moins chère. Quant à la *Beamish Red,* elle est de couleur rousse comme son nom l'indique. *Murphy's* et *Beamish* appartiennent au géant *Heineken.*

En fait de bière rousse, la *Kilkenny*, anciennement *Smithwick's* (prononcer « Smiticks ») est très agréable avec son goût léger, sans excès et délicatement parfumé, genre malt caramélisé. Et, bien que nous soyons dans un pays où la plupart des habitants préfèrent les brunes, parlons tout de même des blondes *(lager)* : l'Irlande en produit quelques-unes, dont une pas mauvaise, la *Harp,* qui pèse cependant peu face à l'universelle *Heineken...* que les Dublinois ont tendance à apprécier ! Enfin, c'est l'explosion des bières artisanales, de plus en plus de pubs *brew* eux-mêmes leurs propres « *craft beers* »...

– Il existe une ***liqueur*** à base de 4 alcools forts et de 4 herbes aromatiques, l'*Irish mist,* assez sucrée, mais qui titre quand même dans les 35°. On en trouve parfois en France. En Irlande, il y en a dans presque tous les pubs. À goûter sans faute.

D'autres préféreront peut-être le *Baileys* (17°), qui est plus doux. C'est un mélange de liqueur de whiskey et de crème. La *Sheridan's* (15,5 %) est une liqueur de vanille avec du chocolat et de la liqueur de café.

– Typique aussi, l'***Irish Flag Drink,*** constitué d'une couche de crème de menthe (verte), d'une de Baileys (blanche) et d'une de brandy (orange). À boire cul sec !

– Et puis n'oubliez pas le ***cidre*** (notamment *Stag*). Marques les plus populaires : *Bulmers,* qu'on trouve assez facilement à la pression et *Orchard's Thieves*.

– Le ***poteen*** (de *poitín* : petit pot qui servait à recueillir l'alcool) est une eau-de-vie fabriquée clandestinement en Irlande. La tradition remonte très loin, et on pense

qu'au XVIIIe s, dans certains coins, 1 famille sur 2 avait son propre alambic. On y distillait un liquide obtenu du pressage à froid de la pomme de terre et mélangé depuis plusieurs semaines à de l'eau, du sucre et de la levure. L'Angleterre tenta par tous les moyens de l'interdire et introduisit même, en 1760, une loi déclarant crime toute distillation illégale. Il en résulta une augmentation notable des distilleries clandestines : ce fut une des formes de résistance du peuple irlandais.
Aujourd'hui, dans le Donegal, le Connemara et ailleurs, on continue à faire le *poteen* par tradition, mais on n'en trouve pas en s'adressant au pub du coin. Il faut nécessairement connaître quelqu'un qui connaît quelqu'un qui... Sans pour autant être invité dans un *shebeen* (un bar clandestin), peut-être aurez-vous l'occasion un jour d'y goûter ; alors, prenez le godet d'une main et le pied de la table de l'autre, parce que c'est raide au-delà de ce que vous pouvez imaginer. Et ne vous laissez pas abuser par le pseudo-*poteen* vendu dans les boutiques... c'est seulement pour les touristes !
– Enfin, n'oublions pas, héritage anglais oblige (eh oui... !), le ***thé.***

LA BOISSON STAR

Les Irlandais tiennent la 3e place de buveurs de thé au monde. Le thé est d'ailleurs la boisson la plus absorbée sur terre, après l'eau. Un avantage : il contient moitié moins de caféine que le café. Et contrairement aux idées reçues, plus il est infusé, moins il en contient !

CUISINE

Autrefois, on ne parlait pas de gastronomie irlandaise. Elle se cantonnait aux « fondamentaux », comme *l'Irish stew* (ragoût de mouton, d'agneau ou de bœuf), aux plats simples offerts dans les pubs (appelés *pub grub*) et aux traditionnels *fish & chips.* Puis quelques châteaux-hôtels, manoirs de campagne commencèrent à proposer une cuisine de qualité (mais élitiste et très chère). Les fastes années *Celtic Tiger* ont bien entendu beaucoup changé les choses. Quelques chefs, qui avaient fait leurs classes dans les meilleures cuisines européennes (notamment françaises), ont peu à peu réinventé la cuisine irlandaise en fusionnant tradition et créativité. Cette évolution a été favorisée par la très grande variété des productions du pays. Maintenant, l'Irlande est devenue l'un des grands pays du fromage, des poissons et fruits de mer et des belles viandes.
Aujourd'hui, beaucoup de pubs jouent dans la cour des grands et offrent des plats fort bien préparés à des prix encore relativement démocratiques. Quant aux adresses chics, elles se sont adaptées aux circonstances économiques et proposent de très intéressants menus *early bird* (grosso modo 18h-19h), où l'on a l'occasion de goûter à une très belle cuisine sans attentat au portefeuille !
– L'*Irish breakfast* traditionnel se compose en général de saucisses, d'1 ou 2 tranches de bacon, de haricots blancs à la sauce tomate (pas toujours), de tomates poêlées et d'œufs cuits à votre convenance. Il existe différentes variantes : avec des champignons ou des *ashbrowns,* galettes de pommes de terre râpées, avec du *pudding* (sorte de boudin blanc ou noir), du saumon fumé ou du haddock. Le tout accompagné de toasts et de plus en plus de *soda bread,* un délicieux pain brioché et dense

FAUX AMI

Dans le menu de votre full Irish breakfast, *on vous proposera peut-être de commencer la journée par un* white *ou un* black pudding. *Attention, il s'agit de boudin blanc ou noir ! Et pour cause : le mot anglais* pudding *dérive directement du français... boudin.*

typiquement irlandais. Il paraît que c'est le meilleur remède pour faire disparaître les excès de la veille. Excellent rapport quantité-prix. En revanche, vous pouvez être certain d'avoir fait le plein de cholestérol pour la journée.
Heureusement, les *B & B* proposent d'autres formules : céréales, yaourt, porridge, fruits frais, *pancakes*... Chez les hôtes les plus consciencieux, on trouve du pain et des *scones* faits maison, parfois aussi des confitures locales. Profitez bien de ce 1er repas de la journée, ça vous permettra peut-être d'éviter le suivant et de faire quelques économies si vous avez un petit budget !

Quelques spécialités

– ***Côte sud :*** les boudins blancs et noirs de Clonakilty, l'agneau du Kerry, les pieds de cochon cuits ou marinés, la viande de bœuf du Tipperary et du nord de Cork, les fraises, les fruits de mer et une vingtaine de savoureux fromages fermiers.
– ***Côte ouest :*** l'agneau du Connemara, le saumon et l'anguille fumés, les huîtres de la baie de Galway (se mariant si bien avec la *Guinness*), le miel, les myrtilles et autres baies du Burren, les saucisses parfumées aux algues marines du Mayo...
– ***Côte est :*** les crevettes de la baie de Dublin, le bleu du Wicklow, le mouton de la péninsule de Cooley, le fameux bœuf Hereford, le *coddle* (plat dublinois : saucisses, petit salé, pommes de terre et oignons).

CURIEUX, NON ?

– Les Irlandais ont inventé des jours fériés qui ne commémorent rien de spécial : il s'agit des 1ers lundis de juin et août ainsi que du dernier lundi d'octobre.
– Le vendredi saint (semaine de Pâques), la vente d'alcool a été interdite pendant 90 ans, elle est à nouveau autorisée depuis... 2018, tourisme oblige. Jusque dans les années 1960, elle était aussi interdite le jour de la Saint-Patrick !
– Le jour des crêpes *(Pancake Tuesday)* n'est pas le jour de la Chandeleur mais celui de... Mardi gras !
– En république d'Irlande, la plupart des policiers de la Garda ne sont pas armés et ce, depuis sa création (1922). C'est l'exact contraire en Irlande du Nord où les policiers le sont, alors que sur le reste du territoire du Royaume-Uni, ils ne le sont généralement pas... !
– Les églises irlandaises ont des prie-Dieu et, signe de ferveur religieuse, les fidèles passent une bonne partie du temps de la messe... agenouillés.
– Les courses de lévriers restent très populaires dans les villes et beaucoup d'argent circule dans les stades : 3 % des paris sont prélevés pour la retraite des chiens de course.

ÉCONOMIE

Avant la crise financière, le PIB par habitant occupait le 2e rang de l'Union européenne, pas loin derrière celui du Luxembourg. Tous les indices étaient au beau fixe et la richesse s'étalait au grand jour. C'est dire si l'ancien « homme malade » de l'Union européenne (16 % de chômeurs en 1993) avait fait du chemin. Le boom économique avait été tel que tout le monde avait parlé, dans les années 1990, du « miracle irlandais » et du « tigre celte ». Record en 1999, avec un pic de croissance à 11 % !
Le niveau très bas des impôts prélevés sur les entreprises avait attiré dans le pays un nombre important de sociétés de services en tout genre (centraux de réservations mondiaux d'hôtellerie, de location de voitures...), ainsi que des services informatiques et des multinationales de l'industrie pharmaceutique. C'est donc essentiellement l'explosion du tertiaire qui avait fait faire un bond à l'économie,

avec un fort développement des secteurs bancaire et financier. Beaucoup d'entreprises en avaient profité, comme IBM, Apple, Microsoft, eBay, Google et Yahoo.
Mais la crise financière est passée par là. L'Irlande a été le 1er pays européen à entrer en récession, dès 2008, en raison de la crise des *subprimes*. La spéculation immobilière déraisonnée qui avait provoqué une flambée des prix (loyers à Dublin aussi chers qu'à Londres ou à Paris) s'est transformée en une bulle prête à éclater. Comme aux États-Unis, les Irlandais avaient emprunté de fortes sommes d'argent à taux variable et sans aucun apport personnel. Bon nombre de ménages ont donc dû vendre leur maison, et des milliers de maisons neuves, voire inachevées, attendent sagement qu'on veuille bien les acheter... En un mot, les Irlandais ont payé très cher le prix de leur insouciance.
La faillite du système bancaire a, quant à elle, été évitée de justesse (l'Irlande a dû accepter en 2010 un plan de sauvetage de 85 milliards d'euros de la part de l'Union européenne et du FMI) mais le taux de chômage a alors explosé.
Après une politique d'austérité sévère (2009-2013), avec diminution des salaires (publics et privés), hausse des impôts et coupes budgétaires se traduisant par des prestations sociales revues à la baisse, les indicateurs économiques officiels sont progressivement repassés au vert depuis 2012. Certains investisseurs reviennent, séduits par un immobilier désormais à prix réduit et par les faibles taux d'imposition sur les sociétés destinés à redresser la compétitivité du pays. L'Irlande est officiellement sortie du programme d'aide financière fin 2013. Le taux de croissance réel (on peut mettre de côté le taux miraculeux de 2015, plus de 25 %, dû à la relocalisation de multinationales en Irlande) a atteint 7,2 % en 2017 et 6,7 % en 2018. La dette publique du pays, de 24,9 % du PIB, est passée à 94 %... avant de retomber à 69 %.
Quant au taux de chômage, en baisse, il s'élevait en mars 2019 à 5,6 %. Seule ombre au tableau : le Brexit et une possible dépréciation de la livre, alors que la Grande-Bretagne demeure un partenaire économique privilégié de l'Irlande.
Structurellement, le secteur des services représente un peu moins de 60 % du PIB du pays et emploie 75 % de la population active contre 40 % du PIB pour le secteur industriel et 20 % de la population active. Les multinationales continuent à investir massivement dans l'économie irlandaise : on a beaucoup parlé, à l'automne 2016, de l'amende record (13 milliards d'euros) infligée à Apple par la Commission européenne qui a ordonné à l'Irlande de récupérer cette somme, correspondant aux avantages fiscaux dont avait bénéficié le géant californien. Non seulement Apple a fait appel de cette décision, mais le gouvernement irlandais aussi ! Apple a commencé à payer en mai 2018.

Le remède au chômage : l'émigration !

Les jeunes diplômés restent majoritairement sur le carreau et n'ont d'autre solution que celle de l'émigration. Un chiffre éloquent : le gouvernement a estimé que plus de 100 000 Irlandais ont quitté le pays depuis le début de la crise, principalement vers le Canada et l'Australie. Sur une population de 4,5 millions d'habitants, cette perte d'énergie vitale ne passe pas inaperçue...
Pas ou peu de réactions violentes ou syndicales fortes dans le pays. En 5 ans, on a compté à peine 5 manifestations d'envergure ! Il semble que cette douloureuse résignation soit à mettre surtout sur le compte du manque de mémoire ouvrière des Irlandais et, d'une certaine manière, à leur sens de la dérision et de l'humour sur la situation... Toutefois, de nombreuses actions de protestation ont eu lieu, notamment dans le cadre du mouvement « Occupy Dame Street » à Dublin (c'est dans cette rue que la banque centrale d'Irlande a son siège). Les étudiants sont à la pointe de ces actions. Beaucoup disent que les Irlandais ont connu bien des épreuves par le passé et que celle-là sera surmontée comme les autres ! D'ailleurs, aujourd'hui, avec l'embellie sur l'emploi, de nombreux jeunes sont revenus au bercail, encouragés par le gouvernement qui se mobilise pour faire rentrer au pays sa diaspora.

HISTOIRE

Quelques dates

– ***8000-7000 av. J.-C. :*** 1er peuplement de l'île, dès le Mésolithique.
– ***500 av. J.-C. :*** arrivée des Celtes, venant de (l'actuelle) Grande-Bretagne et d'Espagne. Parmi eux, les Gaëls qui s'imposent et essaiment en Écosse et sur l'île de Man. N'ayant jamais connu l'invasion romaine ni les autres, la civilisation celte se développe de façon homogène en *Hibernia* (nom latin de l'Irlande).
– ***Vers - 450 av. J.-C. :*** un roi siège à Tara (actuel comté de Meath). Mais les 4 grandes provinces (Connaught, Leinster, Munster, Ulster) sont autant de petits royaumes dirigés par de grandes familles, tels les *Ui Neill* (O'Neill), au nord de l'île.
– ***432-461 apr. J.-C. :*** saint Patrick évangélise les Gaëls, non sans avoir – selon la légende – débarrassé le pays de tous ses serpents. Malgré ses successeurs, les rites celtiques et les épopées mythiques ne seront jamais tout à fait oubliés par la population.
– ***VIIIe s :*** l'âge d'or de l'Irlande, « l'île des saints et des savants ». Les moines irlandais parcourent l'Europe afin de prêcher la bonne parole. Considérable épanouissement artistique : l'enluminure atteint un degré de perfection inégalé (livre de Kells), l'orfèvrerie est remarquable.
– ***Fin VIIIe s-début IXe s :*** 1res invasions vikings. Leurs raids entraînent le déclin des monastères, mais sont à l'origine des 1res villes irlandaises. Dublin devient le camp principal des Vikings, qui s'implantent partout, sauf en Ulster, où les O'Neill sont trop puissants.
– ***1014 :*** bataille de Clontarf. Les Gaëls, menés par Brian Boru, un chef gaël du Munster (le sud de l'île) qui unifie une grande partie de l'île, triomphent des Vikings, mais Brian Boru est tué à la fin du combat. Arrêt des grands raids scandinaves.
– ***1169 :*** début de la conquête de l'île par les Anglo-Normands qui profitent des rivalités entre grands chefs gaëls. Un siècle plus tard, ils occupent toute l'île, sauf l'Ulster. À défaut de pouvoir battre les Anglo-Normands militairement, les Irlandais, comme pour les Scandinaves, les... assimilent. À la fin du XIVe s, tout est à refaire !
– ***1541 :*** les Anglo-Normands persistant à se celtiser, Henry VIII d'Angleterre envoie des colons protestants en Ulster et édicte des lois interdisant l'usage du gaélique et le port du costume national.

FILS À PAPA

Quelques patronymes irlandais très répandus (Fitzgerald, Fitzpatrick, Fitzmaurice...) remontent à la période anglo-normande. Le nom de famille de ces nobles normands venus guerroyer en Irlande était à l'origine composé d'un prénom, celui du chef du clan, précédé de « fils de » (en français dans le texte), transcrit par fitz. Pratique d'autant plus courante que, en gaélique, on procédait de la même façon pour former les noms de famille, avec Mac (« fils de ») et O' (« petit-fils de » ou « descendant de »).

– ***1563 :*** Elizabeth Ire promulgue les Trente-Neuf Articles, listant les divergences en matière de dogme entre protestants et catholiques, et donnant prétexte à de cruelles persécutions.
– ***1592 :*** création de Trinity College à Dublin, université interdite aux catholiques, marquant la volonté de l'Angleterre d'asseoir son hégémonie culturelle.
– ***1594-1603 :*** guerre de Neuf Ans. Toute l'Irlande (mais surtout l'Ulster...) se soulève derrière une puissante alliance des comtes, sous la direction de Hugh O'Neill. Malgré le renfort de troupes espagnoles, les comtes sont battus à Kinsale en 1602.
– ***1607 :*** départ des chefs anglo-irlandais qui se réfugient sur le continent ; c'est la « fuite des comtes » *(Flight of the Earls).* Les Anglais décident d'une

politique massive d'implantation de colons en Ulster. Dépossédé de ses terres, le paysan catholique est tout juste admis comme ouvrier agricole. Ainsi est né le 1er apartheid...

– ***1649 :*** à l'occasion de la guerre civile anglaise, les paysans catholiques se révoltent en de violentes jacqueries, provoquant l'intervention, en 1649, du tristement célèbre Cromwell. Le pays est mis à feu et à sang, les populations massacrées, des villes mises à sac, les châteaux et les églises détruits. Les paysans irlandais sont rejetés dans les terres arides de l'Ouest, dans la province de Connaught. Cromwell ne leur laisse pas le choix : « En Connaught ou en enfer ! »

– ***1689 :*** le catholique Jacques II débarque en Irlande, pour livrer bataille à Guillaume le Protestant. Enjeu : le trône d'Angleterre. Jacques échoue devant les remparts de Derry et doit battre en retraite. Son armée est ensuite écrasée en 1690 à la décisive bataille de la Boyne.

– ***Fin du XVIIe s :*** l'administration anglaise édicte les iniques « lois pénales » ; les catholiques ne sont ni éligibles ni même électeurs, sont exclus de l'armée, des services publics, de la magistrature et de toutes les professions libérales. Les prêtres doivent prêter serment et demander l'autorisation de dire la messe...

– ***1759 :*** un parlementaire – et avocat – protestant, Henry Grattan, fonde le Parti des patriotes en vue de l'abrogation des lois pénales. Les Anglo-Irlandais protestants nourrissent un violent ressentiment contre la « mère patrie ».

– ***1782 :*** Londres redonne certains pouvoirs au Parlement irlandais... qui abroge aussi sec les lois pénales et redonne aux catholiques le droit à l'éducation et à la propriété, mais pas leurs droits politiques.

– ***1791 :*** un jeune avocat protestant, Theobald Wolfe Tone, crée le mouvement des *United Irishmen,* ayant pour but l'établissement d'une législation garantissant les libertés politiques et religieuses pour tous.

– ***1798 :*** des insurrections de paysans catholiques éclatent, rejoints par des presbytériens d'Ulster. Les rebelles, trop faiblement armés, sont battus. Wolfe Tone sollicite une intervention française, mais elle vient trop tard.

– ***1801 :*** le 1er ministre anglais William Pitt rétablit l'Acte d'union avec l'Angleterre. Le Parlement irlandais est supprimé, et le Royaume-Uni de Grande-Bretagne et d'Irlande est né.

– ***1803 :*** échec de la rébellion de Robert Emmet, qui essaie de s'emparer du château de Dublin.

– ***1829 :*** Londres accorde le *Catholic Emancipation Act* autorisant les catholiques à participer aux élections. Daniel O'Connell reprend le combat sur d'autres objectifs : la suppression de l'impôt dû à l'Église anglicane, puis l'abrogation de l'Union avec l'Angleterre.

– ***1843 :*** O'Connell appelle à un rassemblement de masse à Clontarf, aux portes de Dublin. Mais le meeting ayant été interdit, il l'annule au dernier moment, refusant l'épreuve de force et perdant de ce fait beaucoup de crédit politique. Découragé, il meurt peu après.

– ***1845-1850 :*** le mildiou, maladie de la pomme de terre, ravage la plupart des cultures. La famine ne tarde pas à frapper violemment et décime les populations rurales. Les conséquences humaines de la famine et de l'émigration sont désastreuses : en 10 ans, la population de l'île passe de 8,5 à 6 millions d'habitants.

– ***1858 :*** fondation de l'*Irish Republican Brotherhood* à Dublin et à New York, qui reste dans l'histoire sous le nom de *Mouvement fenian.* Elle compte rapidement plusieurs milliers de membres et improvise 2 insurrections qui

GÉNÉROSITÉ CONTRARIÉE

Pendant la Grande Famine, le sultan de l'Empire ottoman vint en aide aux Irlandais et offrit 10 000 £. Manque de chance, la reine Victoria avait fait un don nettement inférieur (2 000 £). Le sultan dut donc revoir son offre à la baisse pour ne pas choquer Sa Royale Majesté, mais il fit envoyer des bateaux avec des vivres.

échouent. En 1867, une campagne d'attentats frappe l'Angleterre. 3 *fenians* sont pendus et la plupart des dirigeants arrêtés.
– ***1868 :*** Gladstone, un libéral, arrive au pouvoir à Londres et assouplit quelque peu la position de l'Angleterre.
– ***1870 :*** création du *Home Rule Party* (Parti pour l'autonomie). En 1874, le parti remporte plus de la moitié des sièges irlandais au Parlement britannique. Londres ne fait aucune nouvelle concession.
– ***1879 :*** le fenian Michael Davitt fonde la Ligue agraire, afin de restituer aux Irlandais leur droit ancestral à la terre.
– ***1881 :*** face à l'agitation paysanne, Gladstone se résout à entamer une vraie réforme agraire et fait voter plusieurs lois autorisant la redistribution aux petits paysans de la plupart des grands domaines.
– ***1885 :*** le parti du Home Rule rafle tous les sièges aux élections irlandaises (sauf les bastions loyalistes d'Ulster), acquérant une position d'arbitre à Westminster.
– ***1889 :*** le très populaire avocat protestant Charles Stewart Parnell, président de la Ligue agraire, devient pour les conservateurs britanniques l'homme à abattre. Une liaison adultère avec la femme d'un député sera son talon d'Achille. Il meurt en 1891.
– ***1893 :*** une loi sur le Home Rule est votée par la Chambre des communes (mais rejetée par la Chambre des lords). Les loyalistes protestants d'Ulster créent le Parti unioniste pour s'opposer au Home Rule.
– ***1884-1893 :*** création de la Ligue gaélique de sauvegarde de la langue, de l'Association athlétique gaélique pour promouvoir les anciens sports irlandais, et enfin de l'*Irish Literary Theatre* autour de lady Gregory et du poète Yeats.
– ***1905 :*** création du Sinn Féin (« nous seuls » en gaélique). De nombreux Irlandais le rejoignent, notamment les militants de l'*Irish Republican Brotherhood.*
– ***1910 :*** après les élections générales, le vieux parti du Home Rule est à nouveau en position d'arbitre à la Chambre des communes. En 1914, le roi George V signe enfin le décret d'application du Home Rule... qui diffère sa mise en œuvre à la fin du conflit mondial qui vient de commencer. Immense déception des nationalistes.
– ***1916 :*** une insurrection éclate à Dublin. La Grande Poste est occupée par les Irish Volunteers et la Citizen Army. James Connolly et Patrick Pearse proclament la république. Une semaine plus tard, les rebelles doivent se rendre. Tous les chefs républicains sont fusillés, sauf De Valera, sauvé par sa nationalité américaine.
– ***1918 :*** aux élections générales, 73 des 105 élus à Westminster sont membres du mouvement indépendantiste Sinn Féin, désormais dirigé par De Valera.
– ***1919 :*** les députés du Sinn Féin refusent de siéger à Londres et constituent le Parlement libre d'Irlande, le *Dáil Eireann,* qui nomme un gouvernement présidé par De Valera.
– ***1919-1921 :*** guerre d'Indépendance.
– ***1921 :*** les 2 parties négocient un cessez-le-feu. Signature d'un traité assez hypocrite. Les Anglais reconnaissent la souveraineté de l'État libre sur toute l'île, mais exigent la création dans le Nord d'un mini-État transitoire de 6 comtés (à majorité protestante), à qui serait donné le droit de choisir de rester ou non membre du Royaume-Uni.
– ***1922 :*** partition de l'Irlande, votée par l'Ulster.
– ***1922-1923 :*** une guerre civile éclate entre pro- et anti-traité, dont De Valera. Elle dure 2 ans et fait plus de victimes que la guerre d'Indépendance. Le 27 avril 1923, De Valera appelle à déposer les armes et à lutter par d'autres moyens.
– ***1926 :*** avec l'aile la moins extrémiste, De Valera fonde un parti républicain, le Fianna Fáil, visant à stabiliser le jeune « État libre » tout en maintenant l'idée de la réunification de l'île à long terme.
– ***1932 :*** De Valera arrive au pouvoir (il y reste jusqu'en 1948) et mène ensuite une longue guerre économique contre le Royaume-Uni. En 1937, il fait voter au *Dáil* la Constitution du pays. Elle affirme en son « point 2 » que « le territoire national consiste en l'île tout entière, ses îles et ses eaux territoriales », ce qui donne une légitimité constitutionnelle à la réunification du pays.

– ***1939 :*** l'IRA, ne renonçant pas à la libération totale de l'île, lance dans l'action la *Bombing Campaign* visant les villes britanniques.
– ***1949 :*** l'Irlande du Sud devint officiellement une république et quitte le Commonwealth.
– ***1956-1962 :*** l'IRA s'attaque aux postes-frontières avec l'Ulster. C'est la *Borders Campaign* (« campagne des frontières »).
– ***1969 :*** le Nord s'embrase quand le mouvement pour les droits civiques est réprimé.
– ***1972 :*** Londres décide le *Direct Rule* de Westminster sur l'Irlande du Nord en dissolvant son Parlement.
– ***1973 :*** adhésion à la Communauté économique européenne.
– ***1990-1997 :*** le président de la république d'Irlande est une présidente, Mary Robinson, mariée à un protestant, militante de longue date pour le droit à la contraception, au divorce, à l'homosexualité, à l'égalité des sexes et à l'avortement.
– ***1992 :*** le traité de Maastricht est approuvé par 70 % des Irlandais alors qu'un nouveau référendum rejette le droit à l'avortement.
– ***1993 :*** les Britanniques admettent de respecter le vœu de la majorité des habitants d'Irlande du Nord, si un jour ceux-ci se prononçaient en faveur du rattachement au Sud. L'Irlande accepte de ne pas rechercher la réunification de l'île sans le libre consentement de la majorité de la population du Nord. Et elle confirme, en cas de réunification, la nécessité de changements en profondeur de sa Constitution pour tenir compte de sa nouvelle minorité.
– ***1998 :*** responsables politiques nord-irlandais, dublinois et londoniens tombent d'accord sur les modalités de pacification des provinces. Un processus largement adopté par la population du Nord comme par celle du Sud.
– ***2001 :*** les électeurs de la république d'Irlande refusent une 1re fois de ratifier le traité de Nice. Le 2e référendum verra, lui, la victoire du « oui ».
– ***2008 :*** le 1er ministre Bertie Ahern, mis en difficulté par des enquêtes pour enrichissement personnel, doit passer la main à Brian Cowen, dont le 1er geste est de rencontrer son homologue nord-irlandais, Peter Robinson, pour signer des accords de coopération économique.
– ***2009 :*** la crise économique touche de plein fouet l'Irlande. Après avoir renfloué les principales banques du pays, le gouvernement annonce un plan d'austérité avec une augmentation importante des impôts sur le revenu.
– ***2011 :*** le Fianna Fáil, au pouvoir depuis 1987, connaît une véritable bérézina aux législatives. Les partis de gauche (Sinn Féin, qui obtient son meilleur score depuis 1948, Labour et extrême gauche) obtiennent la majorité absolue à Dublin. Visite historique de la reine Elizabeth II, la 1re d'un souverain britannique depuis 1922.
– ***2014 :*** les résultats des élections européennes montrent une stabilisation du paysage politique. 3 partis arrivent en tête : Fianna Fáil, Fine Gael et Sinn Féin.
– ***2015 :*** en mai, les Irlandais se prononcent à 61,2 % en faveur du mariage homosexuel, désavouant le clergé, hostile à ce projet gouvernemental soutenu par la quasi-totalité des partis politiques.
– ***2016 :*** à l'issue des élections législatives de février, les 2 partis ennemis (mais proches quant à leurs programmes) Fianna Fáil et Fine Gael se retrouvent condamnés à travailler ensemble, dans le cadre d'un gouvernement de coalition minoritaire.
– ***2017 :*** démission du 1er ministre. C'est Leo Varadkar, 38 ans, fils d'un immigré indien et d'une Irlandaise, homosexuel (l'Irlande change vraiment vite !), qui le remplace.
– ***2019 :*** le gouvernement irlandais déclare l'état d'urgence climatique.

Les origines

Au 1er siècle de notre ère, le géographe Ptolémée cite le nom d'une localité, *Eblana,* située approximativement à l'endroit où se trouve la capitale actuelle de l'Irlande. Des Celtes s'étaient installés, dès l'époque préhistorique, sur les bords de la Liffey, que l'on franchissait facilement à gué, d'où son nom en gaélique :

Baile Atha Cliath, la « ville du gué des haies de roseaux ». *Dubh Linn,* la « mare noire », était probablement un quartier du village celtique, qui devait son nom aux eaux noires de l'estuaire. Au IXe s, sans doute vers 840, des Vikings y construisent un fort : pour leurs raids lancés sur l'île, ils ont besoin de bases permanentes. Petit à petit, ces forts deviennent de petites colonies de peuplement. Pourtant, la municipalité de Dublin, obligée de trouver une date de naissance pour le millénaire de la ville, choisit 988, date de la 1re trace écrite du paiement d'un impôt ! À cette époque, Brian Boru, roi du Munster, réussit à unifier la plus grande partie de l'Irlande et à s'imposer comme roi de l'Irlande, empêchant ainsi les Scandinaves de faire main basse sur l'île. Il est victorieux en 1014 à la bataille de Clontarf, près de Dublin, mais il est tué après le combat. Les Scandinaves, désormais sans ambition militaire, se « celtisent » peu à peu.

Dublin, ville anglo-normande

À partir de 1169, l'Irlande tombe aux mains des nouveaux envahisseurs de l'île, les Normands, eux-mêmes descendants des Vikings, mais passés par la France... Les Normands viennent de conquérir l'Angleterre et continuent ainsi leur expansion. Richard Fitzgilbert de Clare, dit Strongbow, qui travaille pour le compte d'Henry II d'Angleterre, s'empare de Dublin fin 1170. En 1204, le château de Dublin est construit et la cité fortifiée. Il en reste aujourd'hui une tour et quelques vestiges de remparts. La ville n'est encore qu'une grosse bourgade : elle compte environ 8 000 habitants à la fin du XIIIe s.

De cette période à 1921, Dublin symbolise le pouvoir britannique. Elle est la « capitale » du *Lordship of Ireland* (Seigneurie d'Irlande) et son territoire, connu sous le nom anglais de *Pale,* est le seul sur l'île qui soit véritablement contrôlé par la couronne d'Angleterre. Ce qui ne va pas sans conflits : à plusieurs reprises, ce qui tient lieu de parlement irlandais se délocalise, comme en 1366 quand Kilkenny est choisie comme siège du Parlement anglo-irlandais. Ce territoire se réduira même considérablement vers 1450.

Un nouvel élan

Au XVIe s, la ville voit pourtant son rôle de centre administratif se réaffirmer. La création de l'université protestante de Trinity College (1592) manifeste le désir de la couronne d'Angleterre de marquer sa domination culturelle. Mais la cité ne s'affirme vraiment qu'au XVIIIe s : la population passe de 20 000 habitants en 1640 à 50 000, puis à 60 000 en 1700. Des Huguenots, qui quittent la France à la suite de la révocation de l'édit de Nantes (1685), s'installent dans le quartier des Liberties : parmi eux, de nombreux artisans qui excellent dans le tissage de la soie et apportent leur savoir-faire, reconnu et apprécié (un petit cimetière huguenot, près de Saint Stephen's Green, témoigne de la présence de cette communauté).

Au milieu du XVIIIe s, la ville deviendra même la 2e ville de l'Empire britannique. L'enrichissement d'une partie de la classe commerçante a débuté et la prospérité, si elle n'est pas partagée, est bien réelle. Le commerce maritime florissant et l'exploitation forcenée de la paysannerie irlandaise favorisent ainsi l'apparition d'une riche bourgeoisie protestante. La ville se couvre de monuments civils prestigieux, de belles demeures et de romantiques jardins : c'est la période georgienne, du nom de 4 rois d'Angleterre nommés George, régnant de 1714 à 1830. Les nouveaux riches tournent le dos au Dublin médiéval et font construire de nouveaux quartiers. On parle alors de l'*ascendancy,* ce terme désignant la classe dirigeante qui accapare postes et richesses, excluant les catholiques.

Grandeur et décadence

En 1759, la brasserie *Guinness* est fondée. En 1782, avec l'autonomie octroyée au Parlement irlandais, Dublin atteint le sommet de sa splendeur, même si, bien sûr,

l'enrichissement est réservé aux classes moyenne et supérieure. Pourtant, suite à la révolte des *United Irishmen,* en 1800, la suppression du Parlement, la reprise en main directe de l'Irlande par l'Angleterre, le départ de l'*ascendancy* et des grands propriétaires pour Londres provoquent le déclin rapide de la ville, au profit de Belfast. Les masses paysannes ruinées, affamées, s'entassent bientôt dans Dublin. La ville compte alors 180 000 habitants. Pendant la Grande Famine, Dublin souffre relativement moins que les campagnes : l'exode rural est alors à son comble.
Au moment de la révolution industrielle, Dublin se prolétarise au point qu'au début du XXe s elle est l'une des villes les plus pauvres d'Europe. La grande grève générale de 1913, qui dure 6 mois, se déroule sur un fond de misère effroyable. Le taux de cas de tuberculose y est le plus élevé de toutes les capitales de l'époque. On estime qu'1/4 des familles vit dans une seule chambre. Le découragement de la population est à son comble.
Pourtant, la ville avait connu à la fin du XIXe s un extraordinaire bouillonnement culturel. Lady Gregory et Yeats ont rallié tous ceux qui voulaient faire revivre la culture gaélique. La création de l'*Abbey Theatre* en 1904 fut un grand événement. Une pièce de Yeats, *Cathleen ni Houlihan,* fit pleurer tout Dublin. Parallèlement, l'agitation politique reprend (création du Sinn Féin, etc.). Et c'est dans ce terreau culturel et politique que se préparent la grande insurrection de Pâques 1916, la prise de la Grande Poste et la proclamation de la république. La répression est terrible : 15 insurgés sont exécutés.

Ville grise tout en couleurs

De 1921 aux années 1970, la cité n'évolua guère, gardant quasiment intacte son apparence de ville du XIXe s. Les immeubles se dégradaient, tombaient plutôt, comme ça, de temps à autre, au milieu de modernes et incongrues nouvelles pièces rapportées. Les taudis faisaient place à d'immenses parkings, faute de moyens pour construire autre chose. Puis les subventions de l'Union européenne et le boom de la Net-économie passèrent par là. Des quartiers entiers jaillirent de terre, comme celui de Docklands, avec son lot de sièges d'entreprises internationales, de centres commerciaux, d'hôtels dédiés au tourisme d'affaires, d'appartements pour *golden boys.* Au début des années 2000, le modernisme sans état d'âme semblait avoir pris le pas sur les autres. Depuis, la crise financière et immobilière est passée par là et a laissé nombre de personnes sur le carreau. Mais on ne doute pas un seul instant que l'énergie des Dublinois leur permettra de surmonter les difficultés.

JAMES JOYCE, *ULYSSE* ET DUBLIN

Peu de héros de roman ont eu droit à une consécration posthume de la part de leur pays d'origine. Leopold Bloom, le héros d'*Ulysse* de James Joyce (voir « Livres de route » dans « Dublin utile »), fit pourtant scandale en son temps, au même titre que le bouquin. Tous les ans depuis 1954, à la même date (le 16 juin, et même un peu avant car conférences, *walking tours* ou *bus tours* sont organisés sur une petite semaine), Dublin célèbre le ***Bloom's Day,*** une grande fête destinée à rendre hommage à ce personnage hors du commun et, à travers lui, à Joyce. Le principe de cette fête haute en couleur consiste à entraîner le grand public (les initiés autant que les néophytes) sur les traces de Bloom, ce héros peu banal. Dans le livre, le jeudi 16 juin 1904, Bloom effectue environ 18 miles (dont 8 au moins à pied) dans Dublin, et ce entre 8h et 2h. Au fil des pages, le lecteur se retrouve ainsi au 7, Eccles Street (son domicile), chez *Sweny's* (« the Chemist »), à l'*Ormond Hotel,* à la Jesuit House de Gardiner Street, au pub *Barney Kiernan's,* chez Bella Cohen... Autant de lieux en partie disparus de nos jours et pourtant bien réels, décrits avec une extrême précision par Joyce. Du coup, le chemin suivi par Bloom en centre-ville à l'heure du déjeuner a pu être reconstitué en 14 étapes. En 1988,

à l'occasion de la célébration du millénaire de Dublin, des plaques en bronze ont été scellées entre les bureaux de l'*Evening Telegraph* et le Musée national.
De même, le Bloom's Day se propose de suivre à la lettre les étapes et le rythme du roman : de 6h à 20h, toutes sortes de manifestations littéraires, de spectacles de rue, de sketchs et de lectures se déroulent sur les lieux mêmes où Joyce fait passer Leopold Bloom. Une carte spéciale, *Ulysse's Map of Dublin,* détaille même à l'intention des disciples de Joyce l'itinéraire exact et les lieux de Leopold Bloom (en vente en librairie).
Chaque année, tout Dublin semble communier dans un même élan, comme dans une transe littéraire collective. Phénomène fascinant que cette capitale se retrouvant elle-même dans le miroir d'un personnage maudit par les milieux bien-pensants d'alors.
Puis la fête commence : petit déj à l'aube à Sandycove et lectures à la tour James-Joyce (voir « Dans les environs de Dublin ») où se déroulent les 1res scènes du roman, rallye de vieilles automobiles, lectures à nouveau au *James Joyce Centre,* rallye de bicyclettes soutenu par la compagnie Guinness. Puis les joyeux drilles se retrouvent au coude à coude au pub *Davy Byrne's,* sur Duke Street, pour avaler un sandwich au gorgonzola arrosé d'un verre de bourgogne (comme Bloom dans le livre)... et mille autres réjouissances jusque très tard dans la nuit. Difficile, vraiment, de dénicher une autre capitale dans le monde capable de générer un tel engouement collectif autour d'un simple héros de roman.

■ ***Infos :*** *The James Joyce Museum (dans la James Joyce Tower), à* ***Sandycove,*** *☎ 01-280-92-65 ; ou au Dublin Writers Museum, ☎ 01-872-20-77.* Ces 2 hauts lieux littéraires sont décrits dans « À voir » et « Dans les environs de Dublin ». Et surtout : *James Joyce Centre, 35, North Great George's St ; ☎ 01-878-85-47 ; ● jamesjoyce.ie ●*

MÉDIAS

VOTRE TV EN FRANÇAIS : TV5MONDE la 1re chaîne culturelle francophone mondiale

Avec ses 10 chaînes et ses 14 langues de sous-titrage et sa nouvelle plateforme numérique TV5MONDEplus, TV5MONDE s'adresse à 353 millions de foyers dans 198 pays du monde par câble, satellite et sur IPTV est présent dans plus de 3 millions de chambres d'hôtels. Vous y retrouverez de l'information, du cinéma, du divertissement, du sport, du documentaire... Préparez votre séjour grâce à son site voyage ● *voyage.tv5monde.com* ● et en voyage, restez connecté avec les applications et le site ● *tv5monde.com* ● Demandez à votre hôtel le canal de diffusion de TV5MONDE et contactez ● *tv5monde.com/contact* ● pour toutes remarques.

Presse, télévision, radio

Ceux dont le niveau en anglais le leur permet peuvent regarder les chaînes britanniques (BBC 1 et BBC 2, Channel 4) ainsi que les chaînes irlandaises RTE 1, RTE 2, TV3 (chaîne privée genre TF1) et TnaG, qui diffuse des programmes en gaélique sous-titrés en anglais.

MUSIQUE

Un peu d'histoire

La musique en Irlande imprègne tous les aspects de l'existence. En témoigne la harpe, emblème traditionnel du pays. Ce n'est pas par hasard si c'est un instrument de musique mythologique, utilisé par les bardes celtes, qui a été choisi.

Les chansons se faisaient autrefois le véhicule des espoirs, des révoltes. Elles racontaient les exploits des héros de l'Irlande et se transmettaient aux 4 coins du pays. Tout y est spiritualité et poésie, et la musique y est restée très populaire.
Ce sens profond de la musique, ce lien social entre les gens, cette absence totale de timidité quand il s'agit de chanter en public seront à l'origine de vos plus belles soirées irlandaises. Beaucoup de chansons ont été écrites spontanément et sont parties d'un pub. Le cas le plus célèbre est *Helicopter Song,* qui raconte l'évasion de 3 dirigeants de l'IRA depuis la prison de Mountjoy… en hélicoptère ! Le soir même, leur exploit était chanté par tout Dublin.
Si la musique traditionnelle ne s'est jamais totalement éteinte, elle n'a connu une véritable renaissance qu'au début des années 1960, avec principalement des groupes ou des chanteurs irlandais (ou écossais) émigrés à Londres. C'est l'exemple de Christy Moore qui a commencé à faire la manche à cette période dans les rues de Londres. D'autres ont suivi, comme Andy Irvine ou Donal Lunny. Le 1er groupe à entrer dans les *charts* est Planxty, au tournant des années 1960 et 1970. Puis Bothy Band et Clannad, dont le style (influencé par le *progressive folk,* façon Alan Stivell, avec guitare électrique et tout) s'est également beaucoup éloigné de la musique traditionnelle pure.
Et puis il y a tous les grands anciens : Sean O'Riada, les Chieftains, Furey Brothers, Wolfe Tones et même les Dubliners. Et puis les classiques (des jeunes qui ont pris de la bouteille) comme Oisín, Davy Spillane, De Dannan (superbe *Ballroom*), Nancy Black… À signaler aussi, les Waterboys, aujourd'hui séparés, l'un des groupes folklo-rock préférés des Irlandais, Arcady, Four Men and A Dog.
Dans toute l'Irlande, vous pourrez trouver des concerts ou des sessions dans les pubs, mais c'est quand même dans la capitale que vous aurez le plus de chances d'écouter les meilleurs concerts.
Donner une liste de groupes ou de musiciens à voir ou à écouter remplirait facilement quelques pages. Signalons que les femmes ont pris la tête avec Sharon Shannon à l'accordéon, les Fallen Angels (5 femmes qui chantent a cappella), la célèbre Enya, issue du groupe Clannad, et puis Eleanor McEvoy, une chanteuse multi-instrumentiste qui passe sans aucun problème du classique au rock, en passant par la musique traditionnelle. Autres groupes à ne pas manquer, un trio de chanteurs a cappella eux aussi, The Voice Squad, puis Fisherstreet, un groupe de musique du comté de Clare, et enfin un duo fabuleux : Steve Cooney à la guitare (remplacé par Tim Edey) et Seamus Begey à l'accordéon ou encore Altan, groupe originaire du Donegal dont les joueurs de *fiddle* (Máiréad Ni Mhaonaigh, Paul O'Shaughnessy et Ciárán Tourish) sont représentatifs du style de ce comté.
Et le meilleur pour la fin, Christy Moore, poète, inclassable, indémodable, merveilleux, un grand, quoi ! C'est LE chanteur irlandais ; essayez absolument de le voir en concert. D'ailleurs, en Irlande, tout le monde l'appelle Christy.
Citons en particulier 3 superbes disques : *The Long Long Note* et, surtout, *Sunshine Dance,* tous les 2 par Deiseal, un excellent groupe de musique traditionnelle, et *Angel Candles* par Máire Breatnach, compositrice et violoniste traditionnelle et classique qui a joué avec tous les plus grands.
Il serait trop long de dresser la liste de tous les musiciens d'aujourd'hui qui ont une origine irlandaise. Donnons juste un aperçu : The Cranberries, au succès mondial, avec leur chanteuse Dolores O'Riordan (prématurément disparue en janvier 2018) dont la voix rappelle celle de Sinéad O'Connor (une autre très grande !), Loreena McKennitt, qui, partant du terreau familier de la côte ouest de l'île, recherche l'interpénétration des cultures musicales (par exemple celles des troubadours, de l'Andalousie et du Maroc). Ce renouveau, consacré par l'organisation de festivals, coïncide avec un regain d'intérêt sur le plan international pour la musique celtique.
Depuis 2010, de nouveaux groupes sont apparus et d'autres ont confirmé leur place. Petite sélection parmi les meilleurs :
– ***Lúnasa :*** un des plus grands groupes irlandais, à la renommée internationale. Une géniale innovation dans ses arrangements et une grande capacité à intégrer,

à sa manière, les musiques bretonne, galicienne, écossaise, alliant subtilement instruments traditionnels et instruments rythmiques (comme la basse et la guitare). En 2013, ce fut le 1er groupe de musique folk à faire un concert avec l'Orchestre symphonique de la RTE (radio-télévision nationale).
Quelques CD : *Otherworld, Merry Sisters of Fate, Redwood, The Kinnitty Sessions, The Story so far, La Nua,* etc.
– ***Danú :*** ce groupe originaire de Waterford s'est fait un nom à Lorient, au Festival interceltique. *Uilleann pipes,* violon, accordéon diatonique, flûte, chant, tous les ingrédients sont là ! Les derniers titres, *Up in the air* et *When All is said and done,* ont crevé les *charts.* Voir aussi leur super DVD *One Night Stand...*
– ***Niall et Cillian Vallely :*** des frangins d'Irlande du Nord qui forment un duo du tonnerre : *uilleann pipes* et accordéon. Ils ont vraiment la musique dans le sang. Pas un hasard, leurs parents ont fondé le *Armagh Piper's Club* et ont défendu avec passion la musique traditionnelle irlandaise en Irlande du Nord. Cillian a d'ailleurs tourné avec ***Lúnasa.*** Merveilleux album : *Callan Bridge.*
– ***Flogging Molly :*** un groupe irlando-californien grandement influencé par les ***Pogues.*** Mélange de punk-rock et de musique irlandaise (mandoline, violon, accordéon), accompagné de textes politiques, évoquant bien sûr l'Irlande, le pays natal du chanteur.
Écouter *Drunken Lullabies...* quelle pêche !
– Et puis, ***John McSherry,*** un formidable joueur de *uilleann pipe.* Il fit partie, à un moment donné, du groupe ***Lúnasa.***
– Et encore ***Solas,*** considéré comme le groupe irlando-américain le plus influent, avec une douzaine d'albums à son actif. *Shamrock City* (2013) est considéré comme le meilleur : une histoire, des chansons faites de larmes, de sang, d'espoirs et de solidarité de l'immigration irlandaise en Amérique.
– ***Kila :*** a acquis une renommée internationale avec sa musique enrichie de rythmes africains, mêlant djembé, *bohdran,* cornemuse, violon et *whistle...* ***Ronan O'Snodaigh*** chante merveilleusement en gaélique et tout le groupe manifeste sur scène une énergie incroyable.
– ***Arcanadh :*** une dominante de magnifiques voix féminines, un retour remarqué pour cet ensemble, sacré meilleur groupe celte au festival interceltique de Lorient en 2002. 2 CD à écouter : *Light from the Water* et *Turning of the Day.*
– ***Athrú :*** le jeune groupe qui monte, influencé par les milieux musicaux de Belfast, mêlant musique traditionnelle et sons rigoureusement modernes, tout en restant harmoniques. Déjà, de nombreux prix.
– ***Socks in the Frying Pan :*** trio originaire du comté de Clare, révélation de ces dernières années et meilleur groupe jeune 2014 au *Live Ireland Awards.* Déjà 3 albums avec un mélange de morceaux traditionnels et d'adaptations plus modernes, de belles ballades et mélodies, ainsi que de remarquables arrangements de voix.

Festivals, *fleadhtha* et *seisiúin*

Si une bonne part de la vie musicale est concentrée dans les pubs, il est bien d'autres lieux où elle s'exprime. Un *fleadh* (prononcer « fla », pluriel *fleadhtha*), par exemple, est un rassemblement populaire de musique traditionnelle irlandaise. Dans les villes où ils se tiennent, les pubs ferment beaucoup plus tard et il règne une ambiance de folie. Pour ces soirées improvisées, les *seisiúin* (pluriel de *seisiún,* prononcer « shèshoun »), arrivez de bonne heure dans les pubs, sous peine de ne pas y trouver de place.
L'événement musical majeur en Irlande est le *All Ireland Fleadh,* finale de tous les *fleadhtha* locaux, qui se tient en général l'avant-dernière semaine d'août. Il change de ville chaque année. Apportez votre duvet ou votre tente, mais il y a des chances que vous passiez au moins une nuit blanche. Allez assister aux concours entre orchestres, puis précipitez-vous dans les pubs, où les mêmes groupes vont

continuer à jouer. C'est bien souvent meilleur, plus chaleureux, et une part plus grande est laissée à l'improvisation sur des thèmes connus. On y retrouve les instruments traditionnels : l'*uilleann pipes,* sorte de cornemuse qui se joue assis en appuyant avec le coude au lieu de souffler dedans comme les Écossais, le *bodhran* (prononcer « bôrône »), grand tambourin fait d'une peau de chèvre tendue, sur laquelle on frappe avec un morceau de bois poli et dur, et bien sûr le violon *(fiddle)* et la flûte irlandaise *(tin whistle).* Parfois, les instruments s'échangent. Certains participants se font une spécialité des *bones* et, à défaut des 2 côtes de mouton usuelles, ils utilisent 2 cuillères pour obtenir le *clickaty-clack* qui rythme les morceaux. D'autres préfèrent le *washboard,* où l'on tapote une planche à laver avec des dés à coudre. Quelque chose de vraiment étonnant, ce sont les compétitions de *whistling* et de *lilting,* où les siffleurs ou chanteurs interprètent des airs traditionnels. Il existe aussi un savoir-vivre en *session.* Il y a un ordre de passage pour lancer un morceau et rien n'est plus détestable que d'entendre un touriste, aussi bon soit-il, se lancer dans des acrobaties instrumentesques dès la fin d'un 1er morceau. Il faut également savoir faire court lorsqu'on est le seul à connaître et jouer un morceau. En revanche, les Irlandais seront les 1ers à vous proposer de chanter ou de jouer, ce qu'il est de bon ton de faire (en se faisant prier !). Plus c'est court, plus ça plaît !
À propos des *seisiúin,* les vraies ont lieu en hiver. En été, dans les endroits touristiques, elles sont organisées à l'avance, et 2 ou 3 musiciens (pas toujours les mêmes) sont payés pour former un noyau autour duquel viendront se greffer d'autres musiciens au gré de leur humeur du moment (non payés, ceux-là).
Une autre forme de rassemblement musical est le *festival* fréquenté surtout par les jeunes. Folk irlandais bien sûr, mais il s'ouvre en général à d'autres genres de musiques : blues, jazz, rock... Les festivals se déroulent généralement en pleine campagne, en plein air ou sous chapiteau, et durent 3 jours. Parmi les plus connus : Cork (pour le jazz) fin octobre, Castlebar (pour le rock) en été, Miltown Malbay (musique traditionnelle) en juillet.
À mettre dans le sac à dos, *La Musique irlandaise* d'Erick Falc'her-Poyroux et Alain Monnier (éditions Coop Breizh). Un excellent petit ouvrage sur l'histoire de la musique irlandaise.

Le rock irlandais : une sacrée santé

Se conter et se raconter en vers est, depuis la nuit des temps, presque un réflexe conditionné chez l'Irlandais. Avec l'émigration vers le Nouveau Monde au XIXe s, les Irlandais apportèrent dans leurs bagages ce don de capter l'histoire d'un peuple. Romances, héros, scélérats, beaucoup de faits et personnages légendaires du Far West sont parvenus jusqu'à nous dans des ballades telles que celle de *Jesse James.* D'ailleurs, à l'époque, les cow-boys de souche irlandaise étaient les plus prisés par les gros propriétaires de bovins, car leurs chants mélodieux apaisaient les vaches. Et puis, en inventant le whiskey (dont dérivera le bourbon), l'Irlande a quand même désaltéré toute la musique américaine, jazz compris !
L'Irlandais est né en colère. Et, avant tout, le rock est une musique de révolte... sur 3 accords. En raccourci, on peut dire que l'esclavagisme et la Grande Famine sont les sources de ce fleuve qui inonde le monde d'aujourd'hui. Si, à ses balbutiements, ce sont les Noirs qui ont monopolisé le rock au travers du blues et du rhythm'n'blues, les Blancs étaient de grands consommateurs de country & western (où la musique irlandaise entrait pour une grande part). Un beau jour, un certain Chuck Berry chanta une espèce de dérivé du country & western d'une façon si originale, grâce à sa culture noire, que le succès fut quasi instantané : le rock avait pris forme.
Et les Irlandais dans tout ça ? Eh bien, ils ont fait comme d'habitude, ils se sont exportés. Présents partout à la fois, dans le sang de Joan Baez (dont l'autre moitié est mexicaine), dans les chansons de Judy Collins et Van Morrison, avec la guitare de Rory Gallagher, pour ne citer que quelques exemples. Il y eut ***Phil Lynott*** et le

groupe ***Thin Lizzy,*** pionnier du hard rock. Au début des années 1980, ***U2*** devint le plus grand groupe mondial ; même s'ils ne portent pas vraiment l'Irlande traditionnelle dans leurs gènes, ils sont d'origine dublinoise et, à une exception près, anglo-protestants. Citons encore ***Bob Geldof*** avec ses *charity concerts* comme « Band Aid ». Puis, l'incandescent ***Gary Moore*** (mort en 2011) et son mythique *Parisienne Walkways* (un des plus beaux solos de guitare). Enfin, n'oublions pas ***The Corrs*** (3 sœurs et 1 frère), groupe pop aux fortes influences celtiques...
Mais l'histoire du rock irlandais prend, au début des années 1980, un tournant décisif avec les ***Pogues.*** Originaires d'Irlande, ces Londoniens partent à la recherche de leurs racines. C'est le retour aux sources : les chants traditionnels sont passés à la moulinette punk. Le nom complet original des Pogues est Pogue Mahone – « Embrasse mon cul » en gaélique – ; insolents, alcooliques et poètes, ils doivent leur 1er grand succès à Ewan McColl : *Dirty Old Town.* Puis ***Shane McGowan*** (l'ex-chanteur) prit petit à petit les rênes créatives avec le guitariste Philip Chevron, et ça donna une suite de chansons poignantes sur l'immigration, les fantômes du passé et la difficulté d'assumer son identité irlandaise dans un monde anglo-saxon qui les méprise. Même en Irlande, leur cote était mitigée... car cet autoportrait pas toujours flatteur dérangeait. Mais les Pogues sont certainement quelque part à l'origine du mouvement des Commitments à Dublin aujourd'hui (de *to commit* : « commettre, s'engager »). S'engager, oui : à être irlandais. À rester à Dublin, à ne pas s'exporter au travers du showbiz anglo-américain... Du coup, 1 200 groupes dublinois jouent dans les pubs irlandais et enregistrent leurs disques en Irlande. Bref, l'antithèse de U2...

PERSONNAGES

– ***Gerry Adams*** *(né en 1948)* **:** né à Belfast, ce militant républicain, plusieurs fois emprisonné pour ses activités politiques, était interné au sinistre camp de Long Kesh quand on vint le chercher, en hélico (excusez du peu !), pour négocier une trêve de l'IRA. Élu président du Sinn Féin en 1983, plusieurs fois député de West Belfast, il s'est battu avec une incroyable détermination pour mettre fin à la politique abstentionniste des républicains lors des élections, lui aussi qui fut à l'origine de la victoire de Bobby Sands comme député aux Communes en 1981. On retrouve le même courage, la même obstination à convaincre les loyalistes protestants d'engager le dialogue, la même résolution pour arriver au cessez-le-feu puis pour obtenir le démantèlement de l'arsenal de l'IRA et son abandon de la lutte armée. Sans pour autant renoncer à ses convictions. Il s'est retiré de la vie politique en 2018.

– ***Samuel Beckett*** *(1906-1989)* **:** brillant rejeton d'une famille de la minorité protestante de Dublin ; études de français à Trinity College, suivies d'un 1er séjour à Paris comme lecteur d'anglais à l'École normale supérieure. Secrétaire de James Joyce, il se fixe en France en 1937, et mène une existence matériellement difficile. C'est bien sûr son œuvre théâtrale qui lui a apporté la célébrité, assez tardivement (sa 1re pièce, *En attendant Godot,* écrite en français, est écrite en 1953). Ce chef-d'œuvre est suivi de *Fin de partie* (1957) et *Oh ! les beaux jours* (1960). Le prix Nobel de littérature lui est justement décerné en 1969. Exilé volontaire, cet homme a toujours soigneusement vécu à l'écart de la scène médiatique.

– ***Michael Collins*** *(1890-1922)* **:** né près de Cork, c'est un héros pour les uns et un traître pour les autres. D'abord fonctionnaire à Londres, il rejoint le camp des patriotes. Membre du Sinn Féin, il prend part à l'insurrection de Pâques 1916. Mais, rallié à De Valera, le chef du Fianna Fáil, il change progressivement d'avis et se veut l'artisan d'un compromis avec la Grande-Bretagne qui donnerait, dit-il, « suffisamment de liberté pour parachever la liberté ». Il signe le traité de Londres en 1921. Renié par De Valera, il devient président du gouvernement provisoire. Lors de la guerre civile qui suit, il est tué par des républicains extrémistes.

– ***Seamus Heaney*** *(1939-2013)* **:** le dernier en date des Prix Nobel de littérature irlandais (millésime 1995). Ce poète et essayiste, né dans le comté de Derry, est issu d'une famille catholique. Il s'est installé en république d'Irlande. Son œuvre, qu'on qualifie poliment d'« érudite », s'appuie sur un héritage profondément gaélique, mais trouve aussi ses racines dans la dure réalité d'un pays déchiré.
– ***James Joyce*** *(1882-1941)* **:** il suit des études classiques et se dirige très vite vers la littérature. Mais cet Irlandais critique choisit rapidement l'exil : à 20 ans, il est à Paris, puis à Trieste où il enseigne pour assurer la subsistance des siens (en 1904, il rencontre Nora Barnacle, et 2 enfants naissent en 1905 et 1907). Après 1912, il restera définitivement sur le continent, en France, en Italie ou en Suisse. Et pourtant Joyce ne parlera guère dans son œuvre que de l'Irlande, en particulier de sa ville, Dublin. Peu de villes au monde ont eu droit à un pareil hymne d'amour comme Dublin dans *Ulysse,* un des sommets de la littérature romanesque du XXe s (voir « Livres de route » dans « Dublin utile »). Après *Ulysse,* qui pousse déjà très loin la technique d'écriture romanesque, Joyce se lance dans un projet encore plus ambitieux, aux limites de la lisibilité, *Finnegans Wake,* auquel il consacre 15 ans de sa vie.
– ***Seán McBride*** *(1904-1988)* **:** son père est l'un des héros des Pâques sanglantes de 1916. Sa mère est l'une des pasionarias de la cause nationaliste qui a enflammé le cœur de W. B. Yeats. Le jeune Seán rejoint l'IRA, en devient son chef d'état-major, puis il se consacre à son métier d'avocat et défend les militants républicains emprisonnés. En 1946, il crée un parti nationaliste et occupe le poste de ministre des Affaires étrangères dans un gouvernement de coalition. Il est parmi les fondateurs d'*Amnesty International* en 1961, et honoré à ce titre par le prix Nobel de la paix en 1974. Il restera jusqu'au bout fidèle à la cause républicaine.
– ***George Bernard Shaw*** *(1856-1950)* **:** romancier, essayiste et dramaturge, ce grand pessimiste maniant l'ironie et la dérision comme personne reçut le prix Nobel de littérature en 1925. Pamphlétaire dénonçant l'hypocrisie et l'injustice de la société victorienne, Shaw se fait connaître dans le monde entier avec 57 pièces en tout ! Parmi ses œuvres, citons *Le Héros et le Soldat,* qui tourne l'héroïsme en dérision, *La Profession de Mme Warren,* qui dénonce la prostitution, tandis que *Sainte Jeanne,* plus lyrique, juge Jeanne d'Arc comme la « femme fatale » du catholicisme. Mais c'est *Pygmalion,* sa pièce la plus célèbre, qui va crever le rideau, puis l'écran, à travers son adaptation au cinéma rebaptisée *My Fair Lady.*
– ***Jonathan Swift*** *(1667-1745)* **:** né à Dublin, le père de Gulliver est probablement le fils non reconnu d'un notable anglo-irlandais. Ordonné prêtre, il occupe des emplois de secrétaire avant de se faire connaître comme pamphlétaire à Londres. Swift dérange. Son œuvre majeure, *Les Voyages de Gulliver* (1726), a d'abord été publiée anonymement. Il savait très bien ce que ce conte philosophique pouvait faire encourir à son auteur. Cet homme d'Église, qui ne dédaignait pas écrire des textes antireligieux, a été l'amant de 2 femmes : Stella, sans doute sa nièce, à qui il a écrit de nombreuses lettres, et Vanessa, dont il fut le précepteur et avec qui il vécut maritalement pendant quelque temps. Swift a régulièrement pris parti pour l'Irlande opprimée, même s'il n'adhérait pas aux valeurs de ce pays. Sa *Modeste proposition au sujet des enfants pauvres,* acte de naissance de l'humour noir (Swift propose de faire des enfants pauvres, une fois bien nourris, un mets de choix pour les riches), est la preuve de sa profonde compassion pour les souffrances du peuple irlandais.
– ***Oscar Wilde*** *(1854-1900)* **:** il connaît 2 vies bien différentes dans sa courte existence. Auteur à succès dans différents genres (poésie, théâtre, roman), il semble promis à une brillante carrière londonienne. Mais, dans la prude société victorienne, il commet l'erreur d'attaquer en justice le père de son amant, qui avait révélé les *unnatural practices* dont Wilde se rendait coupable, selon lui, avec son fils. L'écrivain aura beau citer la Bible en se plaçant sous le patronage de David et Jonathan, rien n'y fait, il est condamné à 2 ans de travaux forcés. Libéré en 1897, il est ruiné et ne peut plus espérer retrouver sa place dans la société. Exilé à Paris, il meurt d'une méningite en 1900.

– ***William Butler Yeats*** *(1865-1939)* **:** né à Dublin, protestant d'ascendance anglaise, Yeats est devenu un des chantres du nationalisme irlandais, à la suite de sa rencontre avec l'actrice Maud Gonne. L'œuvre poétique de W. B. Yeats illustre une certaine tendance du romantisme irlandais, nourri de thèmes de l'Irlande païenne et de mysticisme. Prix Nobel de littérature en 1923, il est enterré à Drumcliff (comté de Sligo), dans la région qui a le plus inspiré sa poésie.

POPULATION

L'Irlande ne compte que 4,97 millions d'habitants environ dans les 26 comtés de la république (et 1,89 million dans les 6 comtés d'Irlande du Nord). Quelques chiffres : en 1841, l'île comptait 8,5 millions d'habitants ; en 1951, elle n'en comptait plus que la moitié. La Grande Famine et l'émigration avaient accompli leur œuvre... Pendant plus de 100 ans, le phénomène chronique qu'était devenue l'émigration a vidé l'Irlande de ses forces vives : le pays perdait entre 20 000 et 60 000 habitants par an, le nombre des émigrants excédant celui des naissances. Il a fallu attendre les années 1970 pour que le phénomène s'amenuise et que de nouvelles perspectives d'emploi en Irlande même retiennent au pays bras et cerveaux. L'immigration a été jugée excessive, et la loi irlandaise qui permettait d'accorder la nationalité irlandaise à tout enfant né sur le sol irlandais, même de 2 parents étrangers, a été modifiée en 2004.

On a calculé que, sans toutes les vicissitudes de l'Histoire, l'île compterait aujourd'hui autour de 15 millions d'habitants. À titre de comparaison, il y a environ 40 millions d'Américains d'origine irlandaise ! Voilà pourquoi, lors de votre voyage en Irlande, vous aurez peut-être l'impression que les Américains sont partout : ils reviennent en pèlerinage sur la terre de leurs ancêtres...

La densité de population est inégale : le Grand Dublin (Greater Dublin Area) concentre aujourd'hui 40 % de la population du pays. Il s'agit de l'addition de Dublin City, des banlieues de Dublin situées dans les 3 comtés de Dún Laoghaire-Rathdown, South Dublin et Fingal, ainsi que ce qu'on appelle Outer Greater Dublin (comtés de Meath, Kildare et Wicklow). Dublin, c'est avant tout ses habitants. Les vrais. Les yuppies et autres bobos y sont encore minoritaires. En revanche, les Molly Malone, les truculents et incroyables personnages de Brendan Behan, sont encore nombreux et se laissent découvrir par ceux qui s'en donnent la peine, par ceux qui prennent le temps de parcourir d'autres quartiers. Allez dans les Liberties ou sur Rathmines Road, à la recherche de ces gens extraordinaires qui répondaient autrefois aux noms de Jembo no Toes, Johnny Forty Coats, Damn the Weather ou Jack the Tumbler et qui ont toujours des héritiers... Trop de visiteurs ratent ces Dublinois exceptionnels et pleins d'humour parce qu'ils ne vont pas aux courses de lévriers ni dans les pubs les plus perdus, hors des sentiers battus.

Les *tinkers*

En caravane moderne, ou en roulotte, les *tinkers* (ou *Irish Travellers*) n'ont pas la même origine que les « gens du voyage » de chez nous. La majorité d'entre eux sont la conséquence directe des expulsions de paysans pauvres de leurs terres par les *landlords* anglais, et surtout de la Grande Famine de 1845. Les *tinkers* n'ont, pour ainsi dire, jamais arrêté de marcher depuis. Ils sont spécialistes des petits métiers de la route et font de jolies choses en vannerie, et surtout en cuivre et en étain (« tin » en anglais, d'où leur nom). Selon le dernier recensement, ils seraient 31 000. À signaler que le mot *« tinkers »* possède en Irlande une connotation péjorative ; *« travellers »* est largement plus correct. Délaissés, voire ignorés par la population, ils ont de plus en plus tendance à s'implanter autour des banlieues défavorisées de Dublin.

RELIGIONS ET CROYANCES

On ne vous l'apprendra pas, l'Irlande est un pays de forte tradition religieuse. Vous aurez de nombreuses occasions de vous en rendre compte : statues de la Vierge au détour du chemin, affluence à la messe du dimanche et, sur certaines radios, minute de silence pour la prière du soir. Tous les ans, l'ascension du Croagh Patrick rassemble plusieurs centaines de milliers de pèlerins, et la minuscule île du Purgatoire-de-Saint-Patrick, sur le lough Derg dans le Donegal, peut recevoir jusqu'à 2 500 pénitents pour 3 nuits de prières et de mortification.

NOM DE DIEU !

Depuis 2010, une loi punit tout blasphème d'une amende de 25 000 €. L'Europe laïque n'est pas pour demain ! Ces réglementations d'un autre temps s'en trouvent même renforcées. Pour être honnête, il faut préciser qu'en Alsace le blasphème est (en principe) puni de 3 ans de prison.

Pour comprendre une telle ferveur, il faut faire un petit retour en arrière. Le christianisme s'est imposé en douceur et n'a pas relégué les anciens lieux et personnages sacrés au rang d'antiquités diaboliques. Il les a assimilés. Ainsi, Brigid, plus ou moins déesse de la Fertilité, est devenue sainte Brigitte et assure, avec saint Patrick, la protection de l'Irlande. Les puits à souhaits *(wishing wells)* et les sources restent, mais leur histoire est modifiée : tel saint y a bu, tel autre l'a fait jaillir. N'oubliez pas que les 1ers évêques étaient des druides convertis. Ainsi, on n'a pas systématiquement interdit les anciennes pratiques comme on l'a fait sur le continent : pas de conflit avec une religion qui respecte les convictions profondes de ceux qui la pratiquent. Il reste aujourd'hui de nombreuses traces de cette époque. On n'aime pas trop parler des « Forts des Fées », ces points de passage avec l'autre monde, et on fait parfois des offrandes au « petit peuple ».

La religion catholique est alors devenue le symbole de la résistance irlandaise face à l'envahisseur anglican. Daniel O'Connell a fondé l'Association catholique et réuni, en 1843, près d'1 million de personnes à Tara (ancienne capitale des rois celtes) ; enfin, la Constitution de 1922 présente un aspect résolument clérical.

Ces dernières années, les choses ont beaucoup bougé. L'homosexualité masculine n'est plus un crime depuis 1993, le divorce est légal depuis 1996 (mieux vaut tard que jamais !), l'avortement depuis seulement 2018.

N'oublions pas non plus que les révélations, ces dernières années, sur les agissements scandaleux de religieuses à la tête de blanchisseries pour mères célibataires ainsi que les dénonciations de prêtres pédocriminels ont mis à mal la foi sans mesure que les Irlandais vouaient à l'Église. Dernières preuves en date : l'adoption du mariage gay en 2015, et ce malgré la très vive opposition du clergé... puis la légalisation de l'avortement en 2018, par référendum. Et désormais près d'1 Irlandais sur 10 se déclare « sans religion ». Les catholiques, quant à eux, ne constituent plus « que » 78,3 % de la population.

LE DROIT À LA VIE

En juin 2014, la découverte de 800 squelettes de nourrissons, dans une fosse commune près d'un couvent à Tuam (au nord de Galway), a glacé les Irlandais d'effroi. Une historienne a démontré, registres à l'appui, qu'il ne s'agissait pas des restes des victimes de la Grande Famine, comme on le disait. Ces enfants étaient morts de faim ou de négligences. Petit rappel : le 1er avortement n'est totalement légal en Irlande que depuis... 2018.

SAVOIR-VIVRE ET COUTUMES : LE PUB IRLANDAIS

Comment boire ?

Le pub est probablement l'une des institutions irlandaises les plus connues. Il évoque irrésistiblement des images colorées, animées, pleines de chaleureuses discussions, d'odeurs fortes de moquettes imprégnées de bière... Avant l'immersion, voici quelques us et coutumes à connaître.

D'abord, à moins que vous ne vouliez seulement humer l'atmosphère et vous pénétrer de l'ambiance, ne vous écroulez pas sur la banquette en criant « Garçon, un demi ! », vous auriez encore le gosier sec à l'heure de la fermeture. Ici, on va chercher sa consommation au comptoir, difficile à atteindre aux heures de pointe et on paie sitôt servi. Le barman sait exactement l'ordre d'arrivée des clients.

Même si vous avez très, très soif, ne vous impatientez pas la 1re fois que vous commandez de la *Guinness,* puisqu'elle se tire en 2 fois, amoureusement. Le midi, et le soir parfois aussi, les pubs vous offrent une restauration copieuse et variée : soupes, sandwichs ou le *pub grub,* plat consistant à prix raisonnable.

À moins d'être particulièrement asocial, vous ne resterez pas souvent seul plus de 10 mn devant votre verre. Les Irlandais sont d'adorables bavards et voudront tout connaître de vous. Important ! Si l'on est invité par des Irlandais, on ne paie pas la 1re tournée *(round),* et surtout, on n'insiste pas... sous peine de s'exposer à de graves ennuis diplomatiques. On paiera la suivante... Il est d'usage de boire aussi souvent que l'Irlandais qui est avec soi.

GUINNESS : PRESSION OU BOUTEILLE ?

À la pression, bien sûr. D'abord parce que la mousse si crémeuse s'obtient uniquement avec une tireuse à azote (et non avec du vulgaire CO_2). En plus, les pubs utilisent un ustensile secret : une microgrille dans le robinet qui fait éclater les bulles et qui rend la mousse si compacte. Enfin, seule une tireuse sort la bière à exactement 6 °C.

En octobre 2018, face aux problèmes liés à l'alcoolisme dans le pays, la tolérance zéro alcool au volant (ou tout comme, pas plus d'une *half-pint* de Guinness...) a été renforcée et les contrôles multipliés. Résultat : lors d'une soirée, vous verrez de plus en plus d'Irlandais déguster des boissons non alcoolisées. Ils tiennent à leur permis qui leur serait sinon retiré sur le champ ! Une révolution en soi dans la société irlandaise, surtout en campagne où la voiture est indispensable pour rallier le pub le plus proche.

Un conseil précieux : que vous veniez à pied ou que l'on vous conduise, si vous n'êtes pas habitué à la bière ou si vous en faites d'habitude une consommation mesurée, commencez par des *half pints* (ou *glasses* en Eire). Pour les soiffards, il est bon de savoir qu'il est plus intéressant de descendre des *pints,* car une *pint* revient moins cher que 2 *half pints.*

Bon, maintenant, quelques termes rituels : si l'on vous propose un *half one,* sachez qu'il ne s'agit pas d'une *half pint,* mais d'un de ces verres de whiskey qui vous tombent comme une bombe au phosphore droit dans l'intestin ! De même un *chaser* est une *pint* accompagnée de whiskey, et le *black and tan* un mélange de *Guinness* et de bière rousse ou blonde (une invention des Anglais !).

Recommandation essentielle ! À l'approche de la fermeture, au moment des « *last orders* », prévoir large et commander 2 ou 3 pintes, sous peine de se retrouver sans stock si la résistance à la fermeture se révèle plus longue que prévu ! Ne tremblez pas si le patron vous intime l'ordre de finir votre verre et de vider les lieux. Ses expressions favorites sont : « *Are you right there, folks?* » ou « *All together now*

» ou encore « *Come on now, finish up your drinks!* », etc. Regardez autour de vous : les Irlandais s'en fichent complètement. Ils ont effectué à temps des réserves et éclusent tranquillou. C'est une sorte de jeu. Pour finir, ne pas croire que, les dernières lumières éteintes, la vie s'arrête ; on continuera à boire chez quelqu'un dans une *party,* parfois jusqu'à l'aube. Si vous êtes invité à l'une d'entre elles, avant d'y aller, achetez donc dans un pub *off-license* (c'est-à-dire qui vend pour la consommation à l'extérieur) un *six-pack* de bière, ça sera toujours apprécié, surtout que, maintenant, la *Guinness* pression existe en boîte !

Enfin, il est de bon ton de se lever avec les Irlandais quand parfois ils entonnent l'hymne national pour clore la soirée. Dans le Nord, dans les *social clubs* et pubs, c'est un moment très émouvant.

LA DANSE DU BALAI

Demandez dans quelle salle ou pub vous pourrez assister à une « broom dance *». Les danseurs tournoient avec élégance autour de leur balai, en jouant des claquettes. Très vite l'atmosphère s'échauffe, on claque des mains. L'ambiance devient énorme. De quoi remiser notre ridicule « Danse des canards » dans le placard... à balais.*

Guide pratique

À la différence de l'Angleterre, les enfants accompagnés sont acceptés dans les pubs (sauf exceptions). Leur présence y semblera normale jusque vers 18h ou 19h, voire plus tard.

De nombreux pubs pratiquent les *happy hours* entre 17h et 19h, où les prix diminuent d'environ 20 %.

Aux *pub addicts,* rappelons les ***horaires d'ouverture*** :

– Théoriquement du lundi au jeudi de 10h30 à 23h30, les vendredi et samedi de 10h30 à 0h30 et le dimanche de 12h à 23h ; en hiver, parfois fermeture 30 mn plus tôt le soir. Cela dit, la pression (sans jeu de mots) des proprios de pubs s'est intensifiée ces derniers temps pour que cette limite soit reculée de 30 mn ou même de 1h. Dans les faits, les pubs ferment rarement à l'heure légale. Certains se transforment en *late bars* (mi-discothèque, mi-bar) qui ne ferment que vers 2h ou 3h.

SPORTS, JEUX

Le sport occupe une énorme place en Irlande, et ce serait une erreur de croire que le rugby est le jeu le plus prisé par les Irlandais, même s'il compte beaucoup. Le *hurling* et le football gaélique, sports typiquement irlandais, pratiqués par des centaines de milliers de joueurs regroupés dans la *GAA (Gaelic Athletic Association),* sont infiniment plus populaires. La *GAA* est elle-même une expression du nationalisme irlandais et possède des sections dans le monde entier, partout où se trouvent des communautés irlandaises. Pour en savoir plus, visiter le musée des Sports gaéliques à Dublin ou consulter le site ● *gaa.ie* ●

LE SPORT ADOUCIT LES MŒURS

*L'équipe nationale d'Irlande de rugby est un cas unique puisqu'elle représente 2 entités politiques différentes, la république d'Irlande et l'Irlande du Nord. Un hymne a été spécialement créé en 1995, l'*Ireland's Call, *joué après l'*Amhran na bhFiann *(hymne de l'Eire) lorsque les matchs ont lieu à Dublin. En déplacement, c'est en principe l'*Ireland's Call *et le* God Save the Queen *qui sont joués. Même subtilité pour le drapeau : celui de la république d'Irlande est déployé à Belfast tandis qu'un drapeau supplémentaire représentant les 4 provinces irlandaises flotte à côté lors des matchs à Dublin.*

– ***Le hurling :*** c'est un genre de hockey sur gazon, longtemps interdit lors de l'occupation britannique, et qui mérite le titre de jeu de balle le plus rapide du monde. En Irlande, on y joue depuis des siècles, et aujourd'hui encore dans les écoles. Ce sport assez brutal se pratique à 15 avec une batte en bois de frêne, appelée *hurley* en anglais et *camán* en gaélique, et une balle de cuir, le *sliotar.* Les buts se composent de poteaux de rugby avec une cage de football en dessous... étonnant ! Il faut expédier le *sliotar* entre les poteaux. 3 points au-dessous de la barre (mais il y a un gardien !) et un point au-dessus. Souvent, la balle va si vite qu'on ne la voit pas voler. De mai à septembre, les clubs s'affrontent pour tenter d'atteindre la finale qui a lieu au Croke Park, à Dublin, le 1er dimanche de septembre. Ambiance assurée. Le *camogie* est la version féminine du *hurling.*

– ***Le football gaélique :*** probablement le sport le plus cher au cœur des Irlandais. 15 joueurs, dans chaque camp, tous amateurs. On peut au choix jouer au pied ou à la main, mais si l'on porte le ballon à la main, il faut dribbler ou passer au bout de 4 pas. Les points s'obtiennent de la même manière qu'au *hurling* : 3 en dessous de la barre et un au-dessus. Le championnat dure de mai à juillet, et la sélection des gros bras et des gros mollets s'opère au niveau des comtés, puis des 4 provinces pour les *semi-finals,* pour aboutir au *All Ireland Final* qui se joue également à Croke Park, à Dublin. Kerry et Dublin sont les 2 clubs les plus titrés.

– ***Le golf :*** en Irlande ce sport est celui de monsieur Tout-le-Monde (près de 300 terrains 9 et 18 trous). Les débutants peuvent toujours affiner leur talent au *pitch-and-putt,* sorte de golf d'entraînement limité à 2 gestes (*pitch,* « lancer », et *putt,* « faire rouler »). Assez amusant, même pour un néophyte.

– ***Les fléchettes (darts) :*** revoilà le pub... Le jeu remonterait à la guerre de Cent Ans. La légende veut qu'un jour où il faisait un temps de chien, des archers anglais, abrités sous une grange, s'amusèrent à lancer des flèches sur la tranche d'un billot de bois. Ils en vinrent vite à raccourcir leurs projectiles jusqu'à obtenir des « *dartes* » (le mot est d'ailleurs français), proches des fléchettes actuelles. Les divisions en secteurs de la cible moderne s'inspireraient de même des veines d'éclatement du bois. Ainsi naquit ce jeu célèbre aux règles compliquées. On peut jouer individuellement ou par équipes. Le but du jeu est de partir d'un chiffre donné et d'arriver le 1er à 0, en déduisant à chaque fois les points obtenus. Ce chiffre est généralement de 301 lorsqu'il s'agit de 2 joueurs et de 501 pour 2 équipes. Chaque joueur dispose de 3 fléchettes et tente de les placer dans la cible posée à 1,73 m du sol et située à 2,74 m d'une ligne appelée *hockey line.* Les secteurs sont numérotés de 1 à 20, apparemment dans le désordre ; en fait, les numéros les plus élevés sont encadrés des numéros les plus faibles. Chaque fléchette marque les points correspondant au point d'impact. Le cercle extérieur double les points, celui du milieu les triple, le centre (*bull eye,* de couleur rouge ou noire) vaut 50 points, et le petit cercle vert autour 25 points. Les fléchettes qui se plantent mais finissent par tomber ne comptent pas. Ce sont les règles pratiquées en compétition officielle. Maintenant, ça se complique encore : chaque pub a ses habitudes, ses propres règles. Il existe d'autres jeux de fléchettes comme le *killer*, le *cricket* et bien d'autres encore. Les fléchettes dans les pubs sont avant tout un passe-temps, un jeu qui se termine toujours autour d'une bonne pinte de bière.

– ***Les courses de lévriers :*** encore un must pour qui veut approcher l'âme irlandaise. Tous les jours (généralement le soir), sauf parfois le dimanche, dans toute l'Irlande, sur une vingtaine de cynodromes. Ambiance indescriptible. Les paris sont innombrables et des millions d'euros changent de mains chaque semaine... Consulter • *grireland.ie* •

les ROUTARDS sur la FRANCE 2022-2023

(dates de parution sur • *routard.com* •)

Découpage de la FRANCE par le ROUTARD

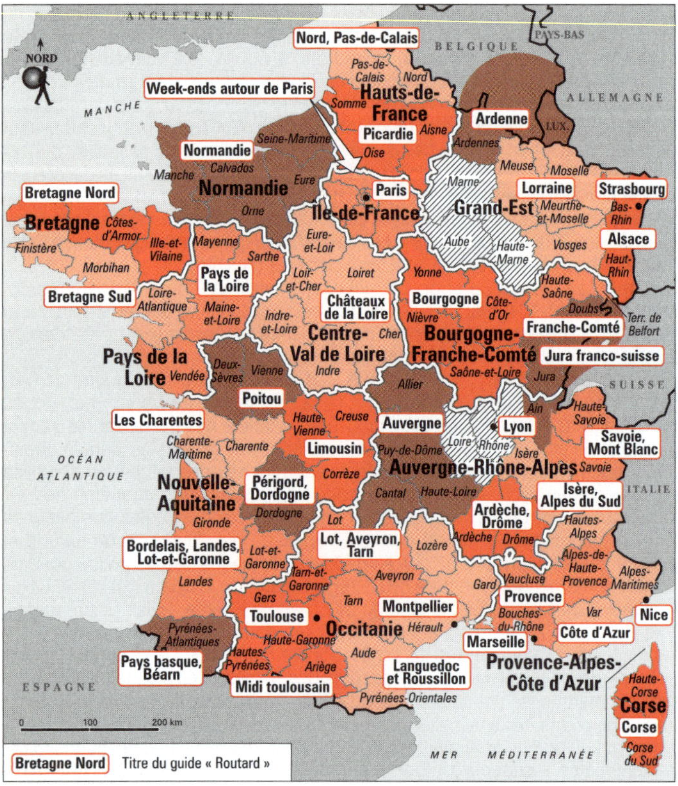

Autres guides sur la France

- Nos meilleurs campings en France
- Nos meilleures chambres d'hôtes en France

Autres guides sur Paris

- Paris
- Paris balades
- Restos et bistrots de Paris
- Le Routard des amoureux à Paris
- Week-ends autour de Paris

Le Routard à vélo

- EuroVelo6
- La Bourgogne du Sud à vélo
- La Flow Vélo
- La Loire à Vélo
- La Vélo Francette
- La Vélodyssée (Roscoff-Hendaye)
- Le Canal des 2 mers à vélo
- Paris Île-de-France à vélo
- ViaRhôna
- Les plus belles escapades à vélo en France

les ROUTARDS sur l'ÉTRANGER 2022-2023

(dates de parution sur • **routard.com** •)

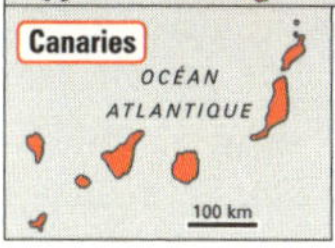

Découpage de l'ESPAGNE par le ROUTARD

Découpage de l'ITALIE par le ROUTARD

Autres pays européens

- Allemagne
- Angleterre, Pays de Galles
- Autriche
- Belgique
- Bulgarie
- Crète
- Croatie
- Danemark, Suède
- Écosse
- Finlande
- Grèce continentale
- Hongrie
- Îles grecques et Athènes
- Irlande
- Islande
- Madère
- Malte
- Norvège
- Pays baltes : Tallinn, Riga, Vilnius
- Pologne
- Portugal
- République tchèque, Slovaquie
- Roumanie
- Suisse

Villes européennes

- Amsterdam
- Berlin
- Bruxelles
- Budapest
- Copenhague
- Dublin
- Lisbonne
- Londres
- Moscou
- Naples
- Porto
- Prague
- Saint-Pétersbourg
- Stockholm
- Vienne

les ROUTARDS sur l'ÉTRANGER 2022-2023

(dates de parution sur • **routard.com** •)

Découpage des ÉTATS-UNIS par le ROUTARD

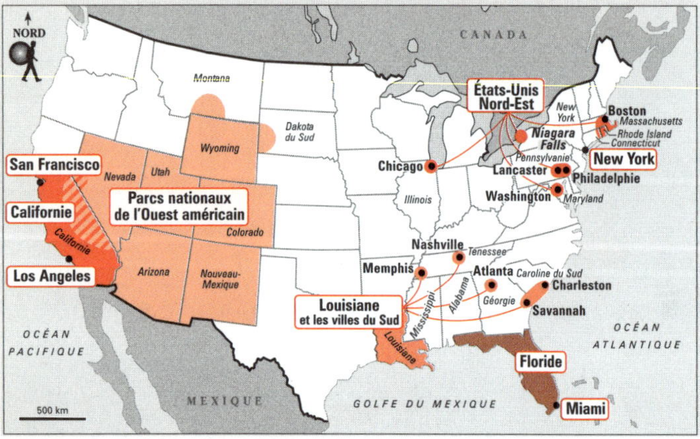

Autres pays d'Amérique

- Argentine
- Brésil
- Canada Ouest
- Chili et île de Pâques
- Colombie
- Costa Rica
- Équateur et les îles Galápagos
- Guatemala, Belize
- Mexique
- Montréal
- Pérou, Bolivie
- Québec et Ontario

Asie et Océanie

- Australie côtes est et nord + Red Centre
- Bali, Lombok
- Bangkok
- Birmanie (Myanmar)
- Cambodge, Laos
- Chine
- Hong Kong, Macao, Canton
- Inde du Nord
- Inde du Sud
- Israël et Palestine
- Istanbul
- Jordanie
- Malaisie, Singapour
- Népal
- Shanghai
- Sri Lanka (Ceylan)
- Thaïlande
- Tokyo, Kyoto et environs
- Turquie
- Vietnam

Afrique

- Afrique du Sud
- Égypte
- Kenya, Tanzanie et Zanzibar
- Maroc
- Marrakech
- Sénégal
- Tunisie

Îles Caraïbes et océan Indien

- Cuba
- Guadeloupe, Saint-Martin, Saint-Barth
- Île Maurice, Rodrigues
- Madagascar
- Martinique
- République dominicaine (Saint-Domingue)
- Réunion

Guides de conversation

- Allemand
- Anglais
- Arabe du Maghreb
- Arabe du Proche-Orient
- Chinois
- Croate
- Espagnol
- Grec
- Italien
- Japonais
- Portugais
- Russe
- G'palémo (conversation par l'image)

Livres-photos/Livres-cadeaux

- 50 voyages à faire dans sa vie
- 52 escapades nature en France (**nouveauté**)
- 52 week-ends coups de cœur en Europe (city trips)
- 52 week-ends coups de cœur en France
- 120 coins secrets en Europe
- 1 200 coups de cœur en France
- 1 200 coups de cœur dans le monde
- Cahier de vacances du Routard
- La France de Stéphane Bern
- Nos plus belles balades et randos en France (**nouveauté**)
- Road Trips Monde
- Road Trips en France
- Sacré : 100 lieux d'inspiration divine (**nouveauté**)
- Voyages
- Voyages : États-Unis
- Voyages : France
- Voyages : Italie

Nous tenons à remercier tout particulièrement Loup-Maëlle Besançon, Thierry Bessou, François Chauvin, Grégory Dalex, Fabrice Doumergue, Cédric Fischer, Carole Fouque, Nicolas George, Michelle Georget, David Giason, Claude Hervé-Bazin, Emmanuel Juste, Dimitri Lefèvre, Fabrice de Lestang, Romain Meynier, Éric Milet, Pierre Mitrano, Jean-Sébastien Petitdemange, Thomas Rivallain et Jean Tiffon pour leur collaboration régulière.

Guillem Aurenche
Jean-Jacques Bordier-Chêne
Gérard Bouchu
Camille Campet
Philippe Coupy
Agnès Debiage
Jérôme Denoix
Tovi et Ahmet Diler
Clélie Dudon
Agustina Ernesta
Alain Fisch
Hermine Frachon
Adrien et Clément Gloaguen
Simon Hafi
Chloé Iacono
Thelem Jolliot-Curie
Maeva Libessart
Marine Lucas
Lise Machu
Louis Nagot
Martine Partrat
Odile Paugam et Didier Jehanno
Orianne Pouchard
Alexia Poulain
Marva Prevost
Alexia Rambaud
Prakit Saiporn
Lara Tantawi
Sarah Toson
Emma Vadillo Quesada

Direction : Sidonie Chollet
Direction éditoriale : Élise Ernest
Édition : Matthieu Devaux, Olga Krokhina, Gia-Quy Tran, Julie Dupré, Pauline Janssens, Amélie Ramond, Margaux Lefebvre, Lucie Léna, Joséphine Bonneau et Morgane Zambrelli
Ont également collaboré : Brigitte de Vaulx, Alba Bastida Diaz et Jeanne Labourel
Cartographie : Frédéric Clémençon et Aurélie Huot
Contrôle de gestion : Jérôme Boulingre et Yannis Villeneuve
Secrétariat : Julia Lorrain
Fabrication : Nathalie Lautout et Liza Sacco
Relations presse : COM'PROD, Fred Papet. ☎ 01-70-69-04-69.
• *info@comprod.fr* •, Martine Levens (Belgique) et Maureen Browne (Suisse)
Marketing : Clotilde Tougeron et Elise Sylvestre
Couverture : le-bureau-des-affaires-graphiques.com
Silhouette du Routard : Clément Gloaguen (d'après Solé)
Maquette intérieure : le-bureau-des-affaires-graphiques.com, Thibault Reumaux et npeg.fr
Contact Partenariats : Jérôme Denoix • *jeromedenoix@gmail.com* •
Contact Partenariats et régie publicitaire : Florence Brunel-Jars
• *fbrunel@hachette-livre.fr* •

INDEX GÉNÉRAL

INDEX GÉNÉRAL

LISTE DES CARTES ET PLANS

Remarque importante aux hôteliers et restaurateurs

Les enquêteurs du *Routard* travaillent dans le plus strict anonymat. Aucune réduction, aucun avantage quelconque, aucune rétribution n'est jamais demandé en contrepartie. Face aux aigrefins, la loi autorise les hôteliers et restaurateurs à porter plainte.

Avis aux lecteurs

Le Routard, ce n'est pas comme le bon vin, il vieillit mal. On ne veut pas pousser à la consommation, mais évitez de partir avec une édition ancienne. Les modifications sont souvent importantes.
Les réductions accordées à nos lecteurs ne sont jamais demandées par nos rédacteurs afin de préserver leur indépendance. Les hôteliers et restaurateurs sont sollicités par une société de mailing, totalement indépendante de la rédaction, qui reste donc libre de ses choix. De même pour les autocollants et plaques émaillées.

Avec routard.com, choisissez, organisez, réservez et partagez vos voyages !

✓ Rejoignez la plus grande communauté francophone de voyageurs : **plusieurs millions d'internautes.**

✓ Échangez avec les routarnautes : forums, photos, avis d'hôtels.

✓ Retrouvez aussi toutes les informations actualisées pour choisir et préparer vos voyages : près de 300 guides destinations, une centaine de dossiers pratiques et un magazine en ligne pour découvrir tous les secrets de votre destination.

✓ Enfin, comparez les offres pour organiser et réserver votre voyage au meilleur prix.

Les **Routards** *parlent aux* **Routards**

Faites-nous part de vos expériences, de vos découvertes, de vos tuyaux et de vos coups de cœur. Aidez-nous à remettre l'ouvrage à jour. Indiquez-nous les renseignements périmés. Faites profiter les autres de vos adresses nouvelles, combines géniales... On adresse un exemplaire gratuit de la prochaine édition à ceux qui nous envoient les meilleurs courriers, pour la qualité et la pertinence des informations.
Quelques conseils cependant:
– Envoyez-nous votre courrier le plus tôt possible afin que l'on puisse insérer vos tuyaux sur la prochaine édition.
– N'oubliez pas de préciser l'ouvrage que vous désirez recevoir, ainsi que votre adresse postale.
– Vérifiez que vos remarques concernent l'édition en cours et notez les pages du guide concernées par vos observations.
– Quand vous indiquez des hôtels ou des restaurants, pensez à signaler leur adresse précise et, pour les grandes villes, les moyens de transport pour y aller.
Si vous le pouvez, joignez la carte de visite de l'hôtel ou du resto décrit.
En tout état de cause, merci pour vos nombreux mails.

122, rue du Moulin-des-Prés, 75013 Paris

• *guide@routard.com* • *routard.com* •

Routard Assurance *2022*

Enrichie au fil des années par les retours des lecteurs, *Routard Assurance* reste l'assurance voyage référence des globe-trotters. Tout y est inclus, même la **Covid** : frais médicaux, assistance rapatriement, bagages, responsabilité civile... Avant votre départ, appelez *AVI* pour un conseil personnalisé. Besoin d'une **attestation Covid,** d'un avis médical, d'une prise en charge dans un hôpital ? Téléchargez l'appli mobile *AVI International* pour garder le contact avec *AVI Assistance* et disposer d'un vaste réseau médical à travers le monde. *AVI Assistance* est disponible 24h/24 pour une réponse en temps réel. De simples frais de santé en voyage ? Envoyez les factures à *AVI* dès votre retour, ils vous remboursent sous une semaine. *Le Colisée Gardens, 10 avenue de l'Arche, CS 70126, 92419 Courbevoie Cedex.* ☎ *01-44-63-51-00.* • *avi-international.com* • Ⓜ *La Défense.*

Édité par Hachette Livre (58, rue Jean-Bleuzen, CS 70007, 92178 Vanves Cedex, France)
Photocomposé par Jouve (1, rue du Docteur Sauvé, 53100 Mayenne, France)
Imprimé par Dupliprint (Quai n° 2, 733, rue Saint-Léonard, BP 3, 53101 Mayenne Cedex, France)
Achevé d'imprimer : février 2022
Collection n° 13 - Édition n° 01
13/8713/1
I.S.B.N. 978-2-01-717197-3
Dépôt légal : février 2022

PAPIER À BASE DE FIBRES CERTIFIÉES